16	3	2	13
5	10	11	8
9	6	7	12
4	15	14	1

Lúcio Kowarick

VIVER EM RISCO

Sobre a vulnerabilidade socioeconômica e civil

Fotografias
Antonio Saggese

editora 34

EDITORA 34

Editora 34 Ltda.
Rua Hungria, 592 Jardim Europa CEP 01455-000
São Paulo - SP Tel/Fax (11) 3811-6777 www.editora34.com.br

Capa, projeto gráfico e editoração eletrônica:
Bracher & Malta Produção Gráfica

Fotografias das páginas 174-5, 192-3, 206-7, 236 e 276:
Thomaz Farkas

Fotografias das páginas 254-5, 256 e 257:
Lúcio Kowarick

Revisão:
Mell Brites

1ª Edição - 2009 (1ª Reimpressão - 2019)

CIP - Brasil. Catalogação-na-Fonte
(Sindicato Nacional dos Editores de Livros, RJ, Brasil)

Kowarick, Lúcio
K88v Viver em risco: sobre a vulnerabilidade socioeconômica e civil / Lúcio Kowarick; fotografias de Antonio Saggese — São Paulo: Editora 34, 2009 (1ª Edição).
320 p.

ISBN 978-85-7326-429-6

Inclui bibliografia.

1. Sociologia urbana. 2. Movimentos sociais. 3. Política urbana. 4. São Paulo (SP) - Condições sociais. I. Saggese, Antonio. II. Título.

CDD - 307.76

VIVER EM RISCO

para Bel, Marcelo, Miguel e Clarisse, elos de vida

para Cristina, com amor

... E, passo e pedaço,
ligados em estreito laço,
juntei esta intensa colcha (de retalhos).

("Colcha de retalhos", 17/9/1975)

PREFÁCIO

Vera da Silva Telles

Cortiços, favelas, moradias autoconstruídas. Variações do "viver em risco" que marca as condições urbanas de vida dessas populações. Perspectivas diferentes pelas quais se faz a experiência da cidade sob o signo da vulnerabilidade e da ausência de garantias sociais. É isso e mais do que isso o que o leitor apreende e aprende ao longo da leitura deste novo livro que Lúcio Kowarick agora nos entrega. Os diversos perfis da cidade de São Paulo vão sendo desenhados a partir das falas e narrativas dos diversos personagens que comparecem ao longo destas páginas, encenando os dramas do cotidiano vivido nos cortiços do centro da cidade (Capítulo 3), nas moradias autoconstruídas em um bairro distante da periferia paulista (Capítulo 4) e em uma favela situada na zona oeste da cidade (Capítulo 5). Resultado de uma pesquisa desenvolvida com uma equipe formada por pós-graduandos da Universidade de São Paulo, é sobretudo pelos fios cruzados dessas histórias, nas cenas urbanas em que elas acontecem, que Lúcio Kowarick faz ver e compreender o modo como traços persistentes de uma urbanização excludente e predatória se atualizam e se reconfiguram na São Paulo de hoje, anos 2000.

Na verdade, é na economia interna desse livro notável, na tessitura de cada capítulo e nos fios que os articulam que se tem o registro da importância da discussão proposta. Os avatares de uma urbanização excludente que deita raízes em nossa história, vulnerabilidade e exclusão urbana, os problemas da moradia precária, tudo isso já foi vasculhado por pesquisas várias, já foi estudado, medido, diagnosticado. A importância desse livro não está propriamente na reafirmação desses aspectos conhecidos de nossa história urbana. A novidade vem do modo como as situações são postas lado a lado, no jogo de perspectivas que vão se perfilando ao longo das páginas, seguindo os fios traçados pelas várias histórias encenadas pelos seus personagens que tomam a palavra para falar e dizer não apenas de seus dramas, mas da cidade em que vivem, que conhecem, que experienciam. Aqui, o impacto das imagens oferecidas pelo belíssimo trabalho fotográfico de Antonio Saggese vai muito além da mera ilustração, são imagens que compõem com a escritura, também nos fazem ver e perceber o que está em jogo nas várias cenas e situações aqui descritas. De partida, os sentidos do morar e viver em São Paulo. Sentidos que qualificam cada uma das situações, mas que se especificam no seu contraponto, nas categorias mobilizadas para explicar por que "morar aqui e não lá". Moradores de cortiço: o ajuntamento de pessoas e famílias, cubículos minúsculos e escuros, a convivência difícil, a exasperação com os ruídos, os cheiros, os horários descompassados do entra e sai constante, a privacidade impossível, a humilhação com o uso comum dos chuveiros e das latrinas, por vezes mais de trinta pessoas para cada banheiro, verdadeiras filas de espera para o seu uso. Mas "é melhor aqui do que amassar barro na periferia", o Centro tem de tudo, tudo acontece no Centro, os empregos, os serviços, lazer, sociabilidade, a animação das ruas, tudo ao contrário das distâncias, do isolamento, dos vazios e do barro amassado das periferias. Na ótica desses, dos que "amassam barro", o jogo de perspectivas se altera. É um bairro distante, loteamento aberto na chamada fronteira urbana, histórias recentes, dos anos 1990, ponto de partida para o empreendimento da autoconstrução da moradia, mobilizando os expedientes da autoajuda e solidariedade local: é tudo difícil, os deslocamentos e o acesso aos serviços básicos, mas é melhor isso do que o "gasto inútil do aluguel", porque sem um lugar próprio para construir casa e família, as pessoas têm que se sujeitar ao amontoamento dos "pátios" dos cortiços, e daí "viram bicho", ou então têm que colocar suas vidas sob o signo da sujeira, da desordem, da violência, da bandidagem desses "covis de maloqueiro" que são as favelas. Imagens que carregam a força de todos os estigmas associados a cortiços e favelas, mas que são mobilizados para conferir sentido e plausibilidade a ordens de vida que se estruturam nos frágeis equilíbrios do trabalho incerto e da ausência de garantias: figurações de uma insegurança projetada no "lado de lá", cortiços e favelas, vistos como sina dos que não conseguem garantir um lugar no mundo, mas que, por isso mesmo, sinalizam os sentidos do "viver em risco" que compõe o lote de cada um, e todos, nas periferias urbanas.

Nesse jogo de pontos e contrapontos, os moradores de favelas têm, por sua vez, que lidar com a força dos estigmas que fazem parte das coisas da vida — "morador de favela sofre, tudo de ruim que acontece é nossa culpa, é muita humilhação". Estigmas que persistem ao passar do tempo, apesar das favelas já não serem mais residuais na cidade de São Paulo (1,6% da população em 1950, 8,7% em 2000), apesar de terem deixado de ser lugar transitório, de passagem, para os recém-chegados à "cidade grande", tendo se firmado como alternativa de moradia para os milhares que veem obstadas as chances de acesso à casa própria, mesmo que seja na mais distante das periferias da cidade. São vidas e são gerações que traçam lá mesmo os seus percursos e destinações, entre as vantagens relativas dos baixos custos da moradia e os estigmas que pesam sobre o lugar, além da ameaça sempre presente, real ou potencial, de se verem despojados de tudo por conta de alguma política de remoção, mais uma entre uma longa sequência delas que acompanharam, desde sempre, a história da cidade. Mas é aqui também que se esclarece um dos pontos fortes da discussão proposta por Lúcio Kowarick. Na verdade, uma questão central que perpassa cada uma das histórias relatadas e cada uma das cenas urbanas descritas nesses capítulos: os sentidos da precariedade urbana e da vulnerabilidade de vidas que se estruturam nos limites da pobreza, entre as circunstâncias do desemprego, do trabalho precário e da ausência de garantias sociais.

É verdade, Lúcio Kowarick diz, enfatiza e documenta, que muita coisa mudou na cidade de São Paulo: as periferias estão longe das imagens de desolação de trinta anos atrás, as redes urbanas chegaram lá — também para as favelas, os indicadores de habitabilidade melhoraram; também no caso das favelas, a paisagem urbana é hoje muito diversificada e heterogênea, não mais cabendo na binaridade centro-periferia de tempos atrás. Pois é nesse cenário urbano alterado em relação às décadas passadas que essas histórias acontecem. E são elas que dão como que o roteiro por meio do qual o autor reativa os sentidos do "viver em risco" que já havia sido discutido em livro recente (2008), relança a noção de "subcidadania" trabalhado em seus *Escritos urbanos* (2000) e, ainda mais, reatualiza a pertinência da noção de *espoliação urbana*, título de livro (1979) que marcou toda uma geração de pesquisadores, para dar conta das dimensões de exploração, dominação e controle inscritas nos processos de urbanização. Não por acaso, na abertura de cada um desses capítulos, há a marcação das atualidades de processos históricos e contextos sociourbanos que situam os cortiços, a moradia autoconstruída e as favelas na cidade de São Paulo. Ênfase importante para lembrar a presença das marcas da *longue durée* nas inflexões urbanas recentes. Persistências e diferenças, é disso que é feita a dinâmica urbana e é isso que se faz necessário conhecer. E Lúcio Kowarick não descuida, sobretudo no último capítulo, de mostrar o sentido das mudanças recentes, o feixe de causalidades que regem os descompassos e assimetrias inscritas na modernização urbana dos últimos anos, acarretando uma verdadeira explosão demográfica nas periferias mais distantes, ainda maior nas chamadas fronteiras urbanas: entre as circunstâncias do trabalho precário e a alta dos custos da moradia nas regiões mais urbanizadas, as duas faces da reconfiguração econômica e urbana dos anos 1990, restam as ocupações e as favelas para acolher esses milhares de homens e mulheres em busca de um lugar no mundo para construir casa e família. São esses processos, entre persistências e diferenças, que estão cifrados nas histórias e situações descritas nesses capítulos, e são elas, sobretudo essas histórias, que dão o fio que esclarece os sentidos do "viver em risco" sob as circunstâncias da vulnerabilidade social e ausência de direitos.

Porém, nessas histórias há ainda outros fios que Lúcio Kowarick trata de puxar para falar da cidade e seus sentidos. Ao longo dos capítulos, o que vai sendo figurado é a diversidade interna a cada uma das situações, muito longe das estereotipias no mais das vezes estigmatizadoras que prevalecem quando se fala de cortiços, de favelas ou das periferias distantes, mas também da abstração desencarnada dos indicadores que medem essas realidades. Em cada uma das situações estudadas, com variações próprias aos seus respectivos contextos, há uma vida social intensa, feita de encontros e desencontros, de solidariedades e disputas, de diferenças e convergências, de distâncias e partilha de destinos comuns, de esperança e desencantos, sociabilidades de circunstância ou aquelas tecidas em histórias partilhadas e destinações comuns. Tudo isso em meio a tramas urbanas que estabelecem as relações entre a casa e a rua, de modo que essas vidas abrem-se para uma vida urbana que, no caso das favelas e bairros periféricos, é feita nas trocas e interações por entre os pequenos serviços locais, o comércio de rua, as lojas de variedades, os armazéns, bares, igrejas, jogos de rua, mas também as histórias de crime, de mortes violentas, a truculência da polícia, os medos e a insegurança de vidas que se estruturam no fio da navalha. No caso dos cortiços, as portas se abrem para o caleidoscópio de situações próprias do centro da cidade, com toda sua agitação, movimentação intensa, ruas fervilhantes de pessoas e acontecimentos, de oportunidades de trabalho ou de ganho ocasional que se distribuem entre prestação de serviços, empreendimentos variados, comércio, as miríades de ambulantes que se espalham por todos os lados. Porém, essa circulação variada também desenha a cartografia de uma cidade feita de "vidas em contraste": riqueza e pobreza se cotejam ali o tempo todo, nos usos da cidade, mas sobretudo na disputa acirrada pelos seus espaços, bens e serviços. E é isso que se delineia no contraponto e confronto entre os hoje celebrados e midiatizados projetos de "revalorização urbana", que prometem a "cidade segura", limpa e higienizada, quer dizer, segregada e disciplinada e, de outro lado, o "direito à cidade" vocalizado por miríades de movimentos, associações, fóruns, que articulam sob modalidades diversas a população díspar que, entre cortiços, prédios ocupados ou ruas, habita na região e circula por seus espaços. Confrontos que atualizam a exigência e reivindicação de moradia e direitos agora lançados no coração mesmo de uma disputa em torno dos destinos possíveis desse centro nervoso e pulsante da cidade de São Paulo. No capítulo sobre os cortiços, ao compor a cena urbana em que seus personagens vivem suas histórias, o autor situa esses embates e seus atores e com isso, na lógica mesma da escritura, lança uma questão central nesse livro (e em todos os anteriores): a cidade como espaço de lutas e o conflito como dimensão estruturante das dinâmicas urbanas e suas evoluções no tempo. Esse, a rigor, é o plano de referência conceitual de Lúcio Kowarick e também o horizonte político ao qual seus escritos se abrem. É o que comanda a escritura de cada um dos capítulos deste livro, fazendo aparecer o lugar dos conflitos, dos movimentos, das reivindicações, dos atores em ação nos contextos urbanos em que as histórias se desenrolam.

Em outro registro, esse sentido político está presente logo na abertura do livro. Está presente no andamento interno dos dois primeiros capítulos, no modo como deslinda o "nebuloso e complexo debate" sobre a "parcela dos que estão à margem, desligados, desenraizados dos processos essenciais da sociedade". As categorias explicativas que circulam no debate acadêmico não são entidades conceituais desencarnadas e desligadas dos campos políticos de embates e debates que atravessaram e atravessam as sociedades atuais. É isso que Lúcio Kowarick faz ver com o exercício dos "olhares cruzados" com que busca situar e contrapor a questão tal como posta nos Estados Unidos e na França (Capítulo 1) e, a partir daí, lançar a interrogação acerca do sentido político inscrito nas categorias e chaves explicativas mobilizadas no contexto intelectual e político brasileiro (Capítulo 2). Nos Estados Unidos, *underclass* é a noção que estrutura um debate de aberta conotação político-ideológica no contexto de uma tradição liberal que tem como axioma a autonomia dos indivíduos dotados de vontade e responsabilidade por suas vidas e destinos. Lúcio Kowarick reconstrói os avatares dessa noção, lançada nos debates abertos em meio às turbulências dos anos 1960, marcados pela questão racial, pela luta por direitos civis, pelo questionamento dos mitos da "sociedade da abundância" e que iria se desdobrar nos programas conhecidos como *War on Poverty* da administração democrática de Lyndon Johnson. Nos anos que se seguem, a retórica conservadora ganha terreno, passa a predominar na virada neoliberal dos anos 1980 e 1990 e é nesse contexto que a noção de *underclass* ganha entonações acusatórias relacionadas ao chamado *welfare dependency* para então fixar o seu sentido: uma subclasse, gente incapaz de gerir suas próprias vidas, que vivem na indolência, ociosidade, nas situações de desorganização familiar, álcool, drogas e criminalidade. *Blaming the victim*, feroz culpabilização dos indivíduos pela sua situação de pobreza: é nessa chave que a questão da pobreza é posta e figurada sob uma lógica que retira qualquer legitimidade à própria noção de direitos, enfatizando os deveres e a responsabilidades de cada um por sua situação.

No contraponto da matriz liberal americana, a tradição republicana francesa enfatiza a responsabilidade pública pelos destinos dos seus cidadãos. É nesse contexto que cobra sentido a noção de exclusão que marca o debate acadêmico e político na França. A "questão social" aqui é eminentemente uma questão pública: assume contornos visíveis na crise de moradia que explode no pós-guerra e nos amplos programas de construção dos conjuntos habitacionais que marcam a paisagem urbana francesa; iria ganhar outras conotações ao longo dos chamados "Trinta Anos Gloriosos" nas figuras dos excluídos do "progresso" do período. A partir dos anos 1970, mais intensamente nas décadas seguintes, no contexto da crise da sociedade salarial, entra em cena a figura dos "desfiliados", noção cunhada por Robert Castel, referência obrigatória nesse contexto polêmico, para falar de uma crise que se instaura no núcleo mesmo da sociedade francesa, por conta da erosão da malha de direitos e garantias sociais construídos na relação salarial. Nos embates e polêmicas que atravessam a sociedade francesa nesses anos, se tem os registros do esfacelamento de um modo de vida de tradição operário-popular. É isso o que iria ser dramaticamente encenado nas *émeutes* que explodem nas periferias francesas a partir dos anos 1980: em torno delas, a problemática urbana entra em pauta, ganha nova centralidade, é figurada como um dos eixos da questão social, estruturando todo um campo de debates acadêmicos, de polêmicas políticas, também de intervenção pública.

No Brasil, os percursos são outros. Para situá-los, Lúcio Kowarick toma como ponto de partida a questão posta em nossa atualidade: o descompasso entre a consolidação democrática e a vulnerabilidade em relação aos direitos básicos, sociais e civis. Cidadania truncada, bloqueios à universalização dos direitos civis e sociais: esse é o nó a ser deslindado na sociedade brasileira. E é por referência a essa questão que Lúcio Kowarick propõe recuperar e repensar os debates que aqui se abriram nos anos 1960-1970. Antecedentes teóricos, atualidades conceituais: é nessa dupla chave que o autor reativa o sentido de um debate que, naqueles anos, girava em torno dos destinos possíveis da sociedade brasileira (e da América Latina). O contexto: as perplexidades e dilemas postos pela derrota das esquerdas em 1964, ano do golpe militar, mas também as turbulências que agitavam os países da América Latina. Na pauta: os macroprocessos históricos e estruturais que definiam os rumos e futuros possíveis da sociedade brasileira, e de "*Nuestra América*". Polêmicas, por vezes ferozes, de evidente sentido político em torno do então chamado capitalismo dependente, sua crise e possibilidades de desenvolvimento. A questão das desigualdades e o problema dos excluídos dos processos societários eram então declinados nos termos postos pela noção de marginalidade, do exército industrial de reserva e da superexploração do trabalho. Nos anos 1980, seriam outros os modos de interrogar a questão social. Eram os anos da mobilização democrática, a questão dos direitos pautava as discussões, o movimento operário e sindical ocupava a cena política, os movimentos sociais agitavam as periferias urbanas. A "sociedade salarial" tal como configurada no contexto francês, relações sociais mediadas por instituições, direitos e garantias sociais, nunca se efetivou entre nós, mas era figurada, naqueles anos, como horizonte político, referência e aposta política em uma universalização dos direitos de cidadania a ser conquistada na dinâmica dos conflitos. É essa linhagem do pensamento crítico que Lúcio Kowarick recupera. É nessa linhagem que ele próprio se filia para discutir a conjuntura social aberta nos anos 1990, com o aumento do desemprego, a precarização do trabalho e a vulnerabilidade social. Lúcio recupera a noção de desfiliação lançada por Robert Castel na França, para falar dos sobrantes do mercado de trabalho, os "inúteis do mundo", gente descartada e que vive a experiência do desenraizamento do mundo do trabalho. A questão posta nos anos 1980 é reativada no modo como a noção de exclusão é formulada, como denegação de direitos e privação de reconhecimento sob o signo da estigmatização, das várias modalidades de discriminação. Essa a matriz das desigualdades e das injustiças persistentes, consteladas no cenário de nossas cidades e agora amplificadas por processos intensos de vulnerabilidade socioeconômica e civil. É nisso que se especifica a questão aqui proposta e que será trabalhada em cada um dos capítulos deste livro. Essa é a cunha crítica que Lúcio introduz no debate, nesses tempos em que predomina algo como um pragmatismo gestionário, sob a égide das urgências declinadas no presente imediato. Pois bem, as questões propostas nesse livro não cabem nessa espécie de gestão das urgências a que parece, agora, ter se reduzido a questão social. E esse é o ponto, ponto crítico, talvez o lance mais importante deste novo livro de Lúcio Kowarick.

NOTA INTRODUTÓRIA

Os textos que seguem estão inseridos em um campo teórico de investigação que diz respeito à *vulnerabilidade socioeconômica e civil*. Refere-se à situação de desproteção a que vastas camadas pobres encontram-se submetidas no que concerne às garantias de trabalho, saúde, saneamento, educação e outros componentes que caracterizam os direitos sociais básicos de cidadania. Entre eles destaca-se a questão habitacional que não pode ser reduzida apenas à qualidade da moradia, aspecto importante mas não único, pois implica também a sua localização e os serviços existentes no bairro em que se localiza. A distância em relação aos locais de emprego constitui aspecto crucial quando se sabe que a locomoção em transporte coletivo atinge frequentemente quatro horas diárias, o que, acrescida de uma jornada de trabalho de oito, nove ou dez horas, pode significar grande esgotamento das energias físicas e mentais. Ainda mais quando é necessário nos fins de semana construir a casa própria em loteamentos das periferias ou melhorar e ampliar a moradia nas favelas: tanto os habitantes de cortiços das zonas centrais como aqueles que, para escapar dos aluguéis, entram na longa e penosa trajetória de atingir sua residência estão submetidos a um processo que denomino *espoliação urbana* (Kowarick, 1979).

Este é o lado socioeconômico da vulnerabilidade. O outro lado, a *vulnerabilidade civil*, refere-se à integridade física das pessoas, ou seja, ao fato de vastos segmentos da população estarem desprotegidos da violência praticada por bandidos e pela polícia. Sua expressão máxima é o homicídio, mas também está presente nos assaltos ou roubos, espancamentos, extorsões e humilhações que fazem parte do cotidiano das famílias de baixos rendimentos. Frequentemente essas ocorrências não entram no rol das estatísticas, seja porque as pessoas não acreditam nas instituições judiciárias, seja porque se calam por medo de represálias. Nesse sentido, uma das hipóteses que os textos subsequentes procuram demonstrar é que a violência, nos anos recentes e de forma crescente, tornou-se um elemento estruturador da vida das pessoas, pois, não raras vezes, constitui fator de migração de um local para outro na escolha do local de moradia, além do cuidado em tomar medidas de segurança que minimizem os riscos de sofrer atos violentos.

A pesquisa etnográfica revela estas novas formas de organização do dia a dia. Revela também o esforço e o sacrifício para construir a moradia própria ou a dureza de compartir tanques e banheiros, e ainda o significado da falta de privacidade que caracteriza a vida em um cubículo de cortiço. Mostra também o significado de habitar em uma favela, seja porque a obtenção da propriedade é duvidosa, já que há sempre a possibilidade de remoção, seja porque este tipo de aglomerado é visto como local potencialmente perigoso, objeto especial da ação policial. Cada situação de moradia tem suas desvantagens e vantagens no contexto social em que são raras as políticas habitacionais para os grupos de parca remuneração. À riqueza das falas dos personagens estudados em dois cortiços da área central de São Paulo, em uma favela e em dois loteamentos periféricos foi acrescentado um esforço de contextualização *etnográfica*, *sociológica* e *histórica* de cada uma destas três formas de moradia. De fato, a moradia em cortiços se iniciou no final do século XIX, sendo a forma mais antiga e preponderante de moradia dos grupos pauperizados até meados do século seguinte; no caso da autoconstrução, o processo acelerou-se na década de 1940, quando um conjunto de transformações socioeconômicas e políticas — Plano de Avenidas de Prestes Maia, de 1939, Lei de Inquilinato, de 1942, e a mudança no sistema de transportes — fez a habitação de aluguel declinar na mesma medida que avançou a produção periférica do espaço urbano, marcado pela autoconstrução de moradias, loteamentos desprovidos e ilegais que redundam na casa própria. A favela, fenômeno recente em São Paulo, aumentou a partir da década de 1980. E é sobre a produção e a transformação das periferias, bem como sobre as que ocorrem nas áreas centrais da cidade que incide a análise que procura dar conta de algumas macromudanças urbanas da sociedade brasileira, tendo por referência a cidade de São Paulo.[1]

Vale dizer que fazer pesquisa em profundidade em áreas pobres comporta riscos de segurança: à diferença do que ocorreria até os anos 1980, não se entra mais em um cortiço ou, principalmente, em loteamentos ou favelas sem a apresentação de uma liderança que conviva com os habitantes locais. Isto porque há receio de responder a certas perguntas, sobretudo as ligadas à violência, porque os bandidos estão por lá, a população a conhece, e precisa tomar os cuidados necessários.

Esta foi uma instrução aos pesquisadores que se aventuraram com prudência na pesquisa de campo: jamais sozinhos, nunca à noite, anotando durante e depois das entrevistas, para, após várias conversas, gravar por uma ou duas vezes os aspectos essenciais da pesquisa: moradia, a percepção e as vivências da violência. Instrução complementar: nunca insistir sobre pontos problemáticos, especialmente a presença da bandidagem na vida das pessoas. Ou em situações de sofrimento, como o desemprego, o assassinato de parentes ou mesmo o fato, para alguns humilhante, de ter que dividir privadas e chuveiros, ou ainda perceber a precariedade de suas próprias moradias: é preciso uma ética especial de pesquisa para estudar a *miséria do mundo* (Bourdieu, 1993).

---

[1] Daqui para a frente, o Município de São Paulo (MSP) será também designado São Paulo, Cidade ou Município, enquanto a Região Metropolitana de São Paulo (RMSP) será também chamada de Metrópole ou Grande São Paulo.

O livro divide-se em duas partes. A primeira — "Olhares cruzados: Estados Unidos, França e Brasil" — é de cunho teórico-conceitual e trata da questão da vulnerabilidade socioeconômica e civil: o Capítulo 1 procura explicar a forma como estas questões são tratadas na sociedades americana e francesa; o Capítulo 2 introduz a discussão desta problemática na atualidade urbana brasileira.

A segunda parte — "Vulnerabilidade em bairros populares: sociologia, história e etnografia" — trata da moradia e violência em São Paulo: o Capítulo 3 analisa a vida em dois cortiços do Centro de São Paulo; o Capítulo 4, dois loteamentos clandestinos da periferia sul do Município; o Capítulo 5, a questão das favelas. Finalmente, o Capítulo 6 abarca temas relativos às três modalidades de moradia pesquisadas, as características da expansão urbana recente na RMSP e a temática da violência, fenômeno particularmente presente no cotidiano daqueles que habitam áreas que concentram a população pobre.[2]

Cabe salientar que a escolha das falas que compõem o material etnográfico só pode ter sido arbitrária, no sentido de selecionar algumas em detrimento de outras, a fim de compor um fio narrativo que mostrasse a perseverança daqueles que, em uma situação de vulnerabilidade, procuram enfrentar a *humilhação* co-

---

[2] O Capítulo 1 foi publicado em versão ampliada na *Revista Brasileira de Ciências Sociais*, fevereiro de 2003, e na *Revista de Estudios Políticos*, México, 2005. O Capítulo 2 em *Novos Estudos CEBRAP*, 2002, e nas coletâneas *Ciudadanía, cultura política y reforma del Estado en América Latina*, M. A. Calderon, W. Assis e S. Wilhem (orgs.), México, 2002, cuja versão em inglês, *Citizenship, Political Culture and State Reform in Latin America*, Amsterdã, saiu em 2005. Uma versão resumida destes dois capítulos, "Social, Economic and Civil Vulnerability in the United States, France and Brazil" foi publicada no *International Journal of Urban and Regional Research*, Inglaterra, 2005. O Capítulo 3 apareceu em versão resumida em *Lua Nova, Revista de Estudos Políticos*, CEDEC, 2007. O Capítulo 4, em forma ampliada, em *Ways of Life and Living Conditions in Pour Periferies of São Paulo*, Centre for Brazilian Studies, Oxford, 2004.

mo consequência da condição de subalternidade destituída de direitos: trata-se no fundo da busca de um senso de *dignidade* como forma de existência (Weil, 1979). Nas partes finais dos capítulos e sobretudo no Capítulo 6, as falas aparecem despersonificadas, indicando tratar-se de uma situação comum a vários entrevistados. Este trabalho, realizado entre 2001 e 2003, só poderia ter sido feito com a participação de excelentes entrevistadores, todos bolsistas, alunos do curso de Ciências Sociais da USP.[3] Finalmente, cabe agradecer o apoio financeiro obtido do CNPq e da FAPESP.[4]

Lúcio Kowarick

---

[3] Pesquisadores Bolsistas do CNPq: Adrian G. Lavalle, Cristiana Borges, Daniel Cara, Daniela C. Sequeira, Edson Bicudo, Edson Cortez, Erin Suzuki, Marcel Engelberg, Márcia Gattai de Lima e Maria Encarnación Moya Recio. Especial menção a Daniel Cara e Maria Encarnación Recio, não só por terem participado de todas as fases da investigação e pela qualidade de suas entrevistas, bem como por terem realizado suas dissertações de mestrado abordando as discussões de cursos e seminários sobre os temas em pauta. Adrian G. Lavalle utilizou dados sobre participação para sua tese de doutorado: "tirou água de pedra"!

[4] Entre 1997 e 2003 tive a oportunidade de pesquisar e expor minhas ideias em vários centros estrangeiros cujos agradecimentos seguem em ordem cronológica: Institut de Recherche pour le Développement, IRD, Paris, 1997; Institut de Recherches sur les Sociétés Contemporaines, IRESCO, Paris, 1999; École des Hautes Études en Sciences Sociales, EHESS, Paris, 2000; The Japan Center for Area Studies, National Museum of Ethnology, Osaka, 2002 e Centre for Brazilian Studies, Oxford, 2004. Agradeço também a Pedro Paulo Martoni Branco pela cessão de dados da pesquisa Condição de Vida (PCV), Fundação SEADE, Diretor Executivo, 1991-2001. À Ana Maria Capel, Secretária de Graduação do DCP-FFLCH-USP, pelas massivas revisões que deram origem ao texto final.

Parte I

OLHARES CRUZADOS: ESTADOS UNIDOS, FRANÇA E BRASIL

1. A QUESTÃO DA POBREZA E DA MARGINALIZAÇÃO NAS SOCIEDADES AMERICANA E FRANCESA

INTRODUÇÃO

> "A única unidade que é possível, portanto, reivindicar a respeito destes temas [exclusão, *underclass* e marginalidade] é que eles colocaram em causa, só por sua presença, os princípios que fundamentaram a ordem social."
>
> Didier Fassin (1992)

Este capítulo inicial tem por objetivo analisar os significados de uma discussão que se apoia em temas e termos diversos nos Estados Unidos e na França, ao qual segue outro acerca da sociedade brasileira. Não pretendo fazer um estudo comparativo, pois trata-se antes de realizar o que pode ser designado *olhares cruzados*, captando o que há de essencial no debate acadêmico destas sociedades. O tema diz respeito à vasta parcela daqueles que estão à margem, desligados ou desenraizados dos processos essenciais da sociedade. Trata-se daquilo que se convencionou denominar *os excluídos*, noção ampla e escorregadia que se tornou de uso corrente e que necessita ser trabalhada empírica e teoricamente. É a trajetória desta questão que pretendo realizar e reafirmo que o intento é clarear o nebuloso e complexo debate acerca dos contingentes não incluídos nas cidades, mesmo porque as populações rurais fogem do escopo deste ensaio.

Não são poucos os estudos americanos e franceses que discutem este tema de forma a cotejar os desafios interpretativos que decorrem de realidades nacionais distintas (Silver, 1996 e 1999;

Avenel, 1997; Procacci, 1996; Wacquant, 1996a; Donzelot e Jaillet, 2001), mas são raríssimos os que introduzem nesta discussão a produção latino-americana que tem início no final da década de 1960 (Fassin, 1992).

Vale apontar que o debate americano é abertamente político-ideológico. Isto porque os pesquisadores colocam seus críticos e criticados no campo conservador ou no liberal, na acepção americana do termo, isto é, progressista, pois inspirado nas tradições sociais que fundamentam as políticas de bem-estar social. De um lado, *blaming the victim*, aberta e feroz culpabilização das pessoas que se encontram em precárias condições sociais e econômicas, pois nesta vertente interpretativa esta situação é vista como fruto de sua própria e única (ir)responsabilidade. Mais ainda: nesta visão do problema, as políticas públicas só serviriam para reproduzir ou aumentar a anomia, a ociosidade, a indolência, a desestruturação familiar, o consumo de drogas e as várias formas de criminalidade. De outro lado, os liberais enfatizam que não é no comportamento ou nos valores do indivíduo que se deve buscar as causas do problema, mas nos processos estruturais amplos, na desindustrialização de determinadas regiões, nas transformações tecnológicas e gerenciais, nas mudanças no perfil da mão de obra, transformações sociais e urbanas das grandes cidades ou no secular preconceito racial que desaba particularmente sobre a população afro-americana. Como será detalhado, a hegemonia do pensamento liberal dos anos 1960-1970 é superada pelo conservadorismo predominante na década de 1980. No decênio seguinte, com a administração Bill Clinton, fundamentalmente no seu segundo mandato, com maioria parlamentar republicana, há uma aproximação destas duas visões: as concepções liberais tradicionais que apregoavam a prerrogativa de direitos (*entitlement*) são solapadas pela noção de deveres e, em boa medida, passam também a responsabilizar os indivíduos por sua condição de vida. O conceito que alimenta o debate acadêmico e político até o início dos anos 1990 é o *underclass*, subclasse à margem da sociedade.

O debate francês, por seu turno, baseia-se em conceitos como *exclusão*, *relegação*, *desqualificação* ou *desfiliação social*. Afirma que não se trata apenas daqueles que não puderam pagar o preço do progresso, ficando escanteados de uma sociedade que se modernizava, mas, cada vez mais, após os anos 1980, também dos que ocupam posições centrais no sistema produtivo do qual foram desconectados: seguindo as trilhas da *tradição republicana e jacobina*, as análises, variando nos diagnósticos e nas propostas, enfatizam a necessidade de forte presença estatal, que tem como responsabilidade primeira fornecer os recursos materiais e culturais que promovam a (re)inserção social e econômica dos grupos marginalizados. O fundamento da própria democracia residiria na dinamização de formas de solidariedade que não deixassem aqueles que estivessem fora lá permanecer, pois isto significaria a reprodução das iniquidades e injustiças que a ação estatal priorizou combater desde 1789 em nome da defesa dos direitos básicos de cidadania. Ação que foi aprofundada pelos socialistas e comunistas durante o *Front Populaire* de 1936 e, fundamentalmente, após a Segunda Grande Guerra.

Analisarei, inicialmente, o teor das discussões nos Estados Unidos para, em seguida, passar para o caso francês. A partir do que estou designando *olhares cruzados*, na parte final deste artigo retorno alguns pontos sobre a sociedade brasileira. O objetivo deste ensaio não é efetuar um balanço crítico da literatura mas, a partir de alguns textos seminais, mostrar os conteúdos e contornos que a *questão social* adquire em função das especificidades próprias de cada ambiente sociopolítico nacional.

A DISCUSSÃO AMERICANA: CULPAR OU NÃO CULPAR A VÍTIMA

> "A mera existência de um sistema de bem-estar social [...] [tem] [...] como consequência inevitável minar o caráter moral do povo. Não trabalhar é mais fácil que trabalhar."
>
> Charles Murray (1994)

LIBERAIS *VERSUS* CONSERVADORES

Underclass: subclasse, desclassificado, ralé, também constitui uma questão amplamente pesquisada nos Estados Unidos. Vale dizer que a maioria dos estudos procura checar, apoiada em universos empíricos restritos, geralmente um gueto negro de cidades de médio e grande porte, resultados emanados de abordagens mais abrangentes. Neste sentido, os trabalhos de William Julius Wilson, principalmente *The Truly Disadvantaged*, foram objeto de atenção de inúmeros estudiosos que procuraram testar os resultados de suas investigações: entre outras questões, as mudanças na oferta de emprego que começaram a ocorrer a partir da década de 1970, o declínio de taxas de casamento entre a população afro-americana e o decorrente aumento de famílias monoparentais com chefia feminina, a evasão dos estratos afrodescendentes abastados para fora dos guetos, a crescente concentração da pobreza, desemprego e dependência de serviços sociais, e os efeitos deste tipo de vizinhança sobre os jovens no que concerne ao comportamento sexual, abandono de escola, consumo de drogas e atos delinquentes (Wilson, 1987 e 1991-1992; Jenks e Peterson, 1991; Katz, 1993).

Sem penetrar em detalhes históricos, importa notar que a questão da pobreza sempre teve uma tônica fortemente ética, na qual os indivíduos que se encontravam nesta situação eram por ela responsabilizados, pois careciam de atributos como força de vontade e energia moral: "pauperismo", diz um pregador no início do século XIX, "é a consequência de erro intencional, indolência vergonhosa, hábitos viciosos" (Burroughs, 1835, *apud* Katz, 1993: 6). Insisto neste ponto, pois a forma de culpabilizar a pobreza, associando-a à indolência, desorganização familiar e até mesmo à criminalidade, continua sendo uma tônica dominante no debate americano. Este tipo de representação sociocultural esteve ligada ao credo americano de que, ao beber nas águas do puritanismo da ética protestante e do espírito do capitalismo, elege-se o individualismo e a competição enquanto atributos básicos para conquistar os benefícios de uma sociedade que se fundamenta em ideais igualitários, na independência e iniciativa pessoal (Katz, 1993: 6-7). Neste contexto que proclama a igualdade de oportunidades, a marginalização social e econômica passa a ser encarada enquanto fraqueza peculiar de indivíduos ou grupos que, enquanto tais, não possuem a perseverança ou o treinamento moral na vida. Neste sentido, o dilema americano estaria concentrado nas realidades e nas explicações da histórica marginalização social e econômica das populações afro-americanas (Myrdal, 1944).

Nos percursos da história várias denominações foram utilizadas para nomear estas *subclasses*, todas com conotações de cunho incriminador:

> "[...] pedinte, desvalido, classe perigosa, ralé, vagabundo e vadio, e assim por diante, [designações] que os Estados Unidos tomaram emprestadas da Europa. A América também inventou seus próprios termos, incluindo-se preguiçoso, mendigo e idiota e, no final do século XX, outros como desqualificado, marginal, culturalmente deficiente e, mais recentemente, *underclass*" (Gans, 1994: 270).

Este termo foi introduzido no início dos anos 1960 para designar o processo de marginalização do mercado de trabalho assalariado e formal que escanteou parcela da mão de obra de baixa qualificação (Myrdal, 1963): utilizado no âmbito de uma interpretação progressista, apontava como causas deste fenômeno não os fatores sociopsicológicos próximos das pessoas inseridas na situação de desemprego ou subemprego, mas as grandes mudanças que marcam a sociedade americana no segundo pós-guerra. A análise mostrava que as de cunho tecnológico e organizacional tornavam dispensáveis boa parte daqueles que não tinham capacitação profissional para enfrentar as inovações que as empresas passavam a exigir dos trabalhadores.

As interpretações presentes no livro não culpabilizam as pessoas por seu insucesso, por terem ficado à margem da vasta arrancada de mobilidade ascendente que marcou a sociedade americana. Em outros termos, a afluência também marginalizava, o que se mostrou particularmente perverso para parte da população afrodescendente. Isto porque o circuito excludente se completava através do racismo e da segregação racial que recaíam sobre os contingentes dos guetos das grandes cidades. O livro representou poderosa oposição ao clima de otimismo imperante na época, expresso em *A sociedade da abundância* de John Kenneth Galbraith ou em *O fim da ideologia* de Daniel Bell, constituindo-se em veículo que serviu de alarme para implementar as políticas públicas de combate à pobreza dos governos democráticos dos anos 1960 (Wacquant, 1996a).

Esta década foi cenário de enormes debates e embates sobre a questão da pobreza e da desigualdade de oportunidades. Do ponto de vista do ideário progressista, os estudos então realizados serviram de forte estímulo para fomentar políticas públicas que deveriam fornecer condições para retirar as camadas pobres de sua situação de anomia e pobreza (Harrington, 1962). Vale ressaltar que em 1964 é promulgada a lei dos direitos civis referente à discriminação racial, ao mesmo tempo em que a administração democrata Lyndon Johnson faz aprovar pelo Congresso os programas conhecidos como *War on Poverty* que, ao privilegiarem políticas de proteção e integração social e econômica, deveriam acelerar a emergência da *Great Society* (Wilson, 1987, caps. 6 e 7).

É neste contexto social e político que deve ser inserido o *Relatório Moynihan*, confeccionado por um jovem assistente da Secretaria do Trabalho vinculado à Casa Branca (Moynihan, 1965; Rainwater e Yancey, 1967). O trabalho ressaltava a crescente incidência entre a população de desempregados, famílias monoparentais com chefia feminina, filhos ilegítimos e dependência dos serviços assistenciais, cuja consequência mais grave era a emergência do que foi então designado "matriarcado negro". Neste sentido convém ressaltar que as lideranças dos direitos civis consideraram o relatório "ofensivo", "empiricamente falho", "difamante", "desviando a responsabilidade das causas da pobreza para suas vítimas" (Katz, 1993: 13): esta é uma época de violentos conflitos e manifestações antirraciais que culminaram no assassinato de Martin Luther King e no surgimento dos Panteras Negras. A consequência destes violentos embates e debates foi o recuo dos liberais. A fim de escapar da pecha de racistas, deixaram de se debruçar sobre situações e comportamentos que caracterizavam de forma crescente os guetos da população negra. Neste clima de acirramento ideológico, as explicações centraram-se em causas como o racismo e a exploração econômica, deixando um vazio analítico que foi apropriado pelo pensamento conservador:

> "[...] se esta matriz de crítica ideológica desencorajou a pesquisa de estudiosos progressistas, os pensadores conservadores não ficaram inibidos. Desde os inícios da década de 1970 até a primeira metade dos anos 1980, seus escritos sobre a cultura da pobreza e os efeitos deletérios da política progressista de bem-estar da *Great Society* sobre o comportamento da *underclass* dos guetos dominou o debate acerca das políticas públicas no que diz respeito à diminuição dos problemas sociais das áreas centrais das cidades" (Wilson, 1987: 150).

As explicações conservadoras acerca dos habitantes *negros* das grandes cidades tornaram-se hegemônicas por um longo período, coincidente com as administrações republicanas de Reagan e Bush. Conservadoras porque, emprenhadas de conteúdos moralizadores, responsabilizavam as pessoas por sua condição de marginalização e anomia. O foco de análise privilegiava os componentes culturais, deixando de lado as dimensões estruturais dos problemas que afetavam estas populações: falava-se em carências culturais e comportamento deficiente — *cultural and behavioural deficiencies* — ao invés de focalizar os macroprocessos que se enraizavam nas causas destas situações de escanteamento social e econômico. Acusação de cunho moralista, pois originava-se na "[...] ausência de ética do trabalho, valores familiares e religiosos, respeito pela lei e outros atributos invocados pela Nova Direita" (Silver, 1999: 345). Neste tipo de abordagem, a parcela mais pobre dos grupos afro-americanos teria atitudes semelhantes ao refugar o trabalho e preferir a dependência dos serviços sociais. Uma obra pioneira que serviu para alimentar os estudos que enfatizaram a assim chamada *welfare dependency* foi a de Oscar Lewis (Lewis, 1961a, 1961b, 1965, 1966).

A partir de observação participante o autor de histórias de vida constrói o conceito de *cultura da pobreza*, cujos traços essenciais seriam a resignação, a passividade e o fatalismo, círculo de relações sociais restrito e pouco diferenciado, respostas voltadas ao imediato, aspirações limitadas e sentimento de inferioridade. Estes traços forjaram um conjunto de valores, crenças e atitudes relativamente homogêneo, reproduzido de geração em geração, que se contrapunha ao referencial cultural dominante marcado pelo sucesso advindo de trajetórias de vida marcadamente competitivas. Não cabe, no âmbito deste capítulo, retomar as críticas feitas ao modelo analítico proposto em torno do conceito de cultura e pobreza (Kowarick, 1975: 34-8). Importa, contudo, apontar que estes escritos tiveram em décadas posteriores enorme influência no que diz respeito às concepções e políticas relativas à questão da marginalização: "[...] a *cultura da pobreza* tornou-se um eufemismo para a patologia dos pobres inúteis e uma explicação para a sua condição" (Katz, 1993: 13). Teve vastas consequências no que concerne ao encolhimento das políticas de bem-estar social nos governos republicanos dos anos 1970 e 1980. Inspiradas em uma espécie de "darwinismo social", afirmava-se que elas fomentavam a ociosidade e o pauperismo, na medida em que o subsídio público tornava desnecessário o trabalho regular. Em consequência disso, estes grupos não deveriam "[...] ser ajudados devido a suas patologias destrutivas e antissociais. Esqueçam-se os fatores estruturais ou o generoso sistema de bem-estar: culpe a vítima" (Robinson e Gregson, 1992: 40).[1]

Na esteira deste pensamento condenatório, ressalte-se que o termo *underclass* foi amplamente popularizado através de longas reportagens que apareceram com destaque em revistas como *Newsweek*, *Fortune* ou *Readers Digest*. A tônica das apreciações enfatizava a pobreza que se avolumava nos grandes centros urbanos ou a falta de oportunidade de ascensão que marcava o destino de milhões de pessoas, principalmente os afro-americanos: "[...] acrescia-se à criminalidade violenta [...] a depravação moral, a sexualidade incontrolada das adolescentes filhas-mães do gueto e o peso fiscal, julgado sem limites, dos programas sociais instaurados pela pressão dos movimentos reivindicatórios dos anos 1960" (Wacquant, 1996a: 254). Menção especial deve ser feita à revista *Time*, que no percorrer de um amplo dossiê de catorze páginas caracterizava o *American underclass* como "[...]

---

[1] Vale insistir neste ponto: "[...] o crescente antagonismo foi ainda mais agravado pela atmosfera política conservadora, particularmente durante o governo Reagan, que não só reforçou o sistema de crenças americanas, segundo a qual a pobreza é reflexo de inadequações individuais, mas também desencorajou iniciativas para novos e mais vigorosos programas sociais dirigidos aos crescentes problemas de desigualdade urbana" (Wilson, 1991-1992: 65).

pessoas que são mais intratáveis, mais socialmente alienadas e mais hostis [...]" (Russell, 1977: 18).

Contudo, foi sem dúvida com os escritos que apareceram em três números de enorme sucesso da revista *New Yorker* em novembro de 1981, depois transformados em livro (Ken Auletta, *The Underclass*, 1982), que a palavra se popularizou, tornando--se tema de debate cotidiano, com vastos reflexos sobre a opinião pública e de extrema valia para fundamentar a desativação de políticas públicas de bem-estar social das administrações republicanas. Vale transcrever a longa citação do início dos anos 1980, período de intensa recessão, conhecida como *reaganomics*:

> "[...] não há números precisos, mas estima-se que nove milhões de americanos não são assimiláveis. Eles constituem a *underclass*. Em termos gerais, podem ser agrupados em quatro categorias distintas: (a) os *pobres passivos*, que, no mais das vezes, são recipientes de longo prazo de serviços sociais; (b) o *hostil* criminoso de rua que aterroriza grande parte das cidades, e que, geralmente, foi expulso da escola e é consumidor de drogas; (c) o *escroque* (*hustler*) [...] que ganha a vida na economia subterrânea [...]; (d) os *bêbados* traumatizados, vagabundos, moradores de rua [...] e os doentes mentais que frequentemente vagueiam ou morrem nas ruas da cidade" (Auletta, 1981: XVI).

O conservadorismo havia vencido, pois convencera a maioria dos eleitores de que havia um grupo minoritário, porém numeroso, de desajustados, inúteis, ociosos e perigosos, enfim, uma *subclasse* desqualificada e imprestável para a qual as políticas públicas só serviam para reproduzir a indolência, a anomia e a propensão à criminalidade. Neste particular, a obra *Losing Ground,* de Charles Murray, é seminal (Murray, 1994). Ao analisar as políticas de bem-estar social, parte da constatação de que o aumento do orçamento público entre 1950 e 1980 não havia levado à diminuição dos problemas sociais. Ao contrário, pobreza e desemprego, famílias monoparentais chefiadas por mulheres, filhos ilegítimos e gravidez de adolescentes sofreram enorme incremento nos guetos negros. Lá também havia crescido as várias modalidades de violência e criminalidade.

Em outras palavras, os programas da década de 1960 que se condensaram na *War on Poverty* tiveram resultados nefastos: agora, além de culpabilizar as vítimas, estava-se também atacando a "generosidade" dos governos do Partido Democrata. Generosidade que corroía a vontade de trabalhar, solapava a vida familiar estável e estimulava comportamentos ilegais. Isto porque, para a mão de obra braçal ou pouco qualificada, ficar desempregado não significava, necessariamente, ganhar menos e, no caso das mulheres, filhos ilegítimos poderiam representar ganhos superiores aos oferecidos pelo mercado de trabalho: a ajuda vinda principalmente do Aid to Families with Dependent Children (AFDC) estimulava o desemprego voluntário e a desorganização familiar. Produzia-se assim, através das políticas estatais, uma "*cultura da dependência*" ou de "*parasitismo social*" diametralmente oposta ao ideário americano que cultiva aqueles que ganham bem com o esforço do trabalho, pagam impostos, educam os filhos nos padrões da moralidade dominante e participam do desenvolvimento da comunidade em que vivem.

No prefácio à segunda edição de seu livro, publicada em 1994, Charles Murray, após dizer que a obra sofreu "[...] ataques selvagens da esquerda", enfatiza que

> "[...] atualmente é aceito que os programas sociais dos anos 1960 de modo geral falharam; que o governo é grosseiro e inoperante quando interfere na vida local; e que os princípios de responsabilidade pessoal, penalidades para o mau comportamento e recompensas para o bom, precisam ser reintroduzidos nas políticas sociais. [...] [A *underclass*] não tem os mesmos valores que a classe média referentes ao trabalho árduo, ho-

> nestidade e responsabilidade pessoal [...] Há dez anos [eram poucos os estudos que associavam as políticas] de bem-estar com [nascimentos] ilegítimos [...] Atualmente, eles se expandiram consideravelmente. Daqui a dez anos será amplamente aceito entre os pesquisadores que a existência de um extenso sistema de bem--estar constitui condição decisiva para facilitar a ilegitimidade" (idem: XVI-XVII).

O raciocínio do autor no que concerne a filhos ilegítimos está baseado na trama hipotética de dois jovens trabalhadores sem qualificação profissional — Harold e Phyllys —, na qual, não estando casados, ela fica grávida. Em 1950, quando inexistiam subsídios às mães solteiras, seguindo um cálculo racional, eles supostamente escolhem o casamento e a busca de remuneração através da inserção no mercado de trabalho. Dez anos depois, há subsídio para mães solteiras, e, portanto, neste momento, a escolha lógica seria a de não se casarem. Já nos anos 1970, a ajuda é maior do que o salário que Harold poderia obter trabalhando e, assim, enquanto ele opta por permanecer desempregado e não se casar, Phyllys prefere continuar tendo filhos:

> "[Nos anos 70] era mais fácil sobreviver sem ter um trabalho. Era mais fácil para o homem ter um filho sem ser responsável por ele, e para a mulher ter um filho sem ter marido [...] Porque era mais fácil sobreviver sem trabalho, era mais fácil ignorar a educação. Porque era mais fácil sobreviver desempregado, era mais fácil passar de um trabalho para outro e, por meio disso, acumular uma ficha de inempregável" (idem: 175).

Para os estudiosos progressistas da época, era difícil contra-argumentar as colocações conservadoras que insistiam na culpabilização das vítimas e nos nefastos efeitos das políticas de bem--

-estar social em produzir a desnecessidade de trabalhar e a desorganização familiar: "[...] deste ponto de vista, o 'sucesso' atual da noção de *underclass* como figura do *underserving poor* é o sucesso político dos conservadores" (Avenel, 1997: 2).

Isto não significa dizer que vários autores não se opuseram aos modelos explicativos e às políticas conservadoras dos anos 1980 (Ryan, 1976; Jenks, 1985; Wacquant, 1996a; Marks, 1991; Heisler, 1991; Wilson, 1987 e 1993). Neste particular, ganha relevância a obra de William Julius Wilson. Mesmo este autor, cujas pesquisas sobre a pobreza urbana são das mais reconhecidas no meio acadêmico, necessita explicitar no prefácio de *The Truly Disadvantaged*, sua posição política: "[...] eu sou um social-democrata" (Wilson, 1987: VIII). Isto porque, malgrado se situar no campo progressista, em trabalho anterior, ao argumentar que a questão racial explicava cada vez menos a marginalização da população afro-americana, recebera, por esta razão, críticas que procuraram situar sua argumentação no espectro conservador do debate acerca da problemática da *underclass* (idem: 5). O teor da polêmica constitui exemplo flagrante de como o debate americano era abertamente polarizado entre conservadores e liberais. Nas primeiras páginas da obra em pauta pode-se ler:

> "[...] gostaria de sugerir como a perspectiva liberal pode ser reforçada para colocar em xeque a atualmente dominante visão conservadora acerca do *ghetto underclass* e, mais importante do que isto, fornecer uma discussão intelectual mais equilibrada acerca do crescimento dos problemas das áreas centrais [que concentram a população negra]" (idem: 11).

E, neste sentido, Wilson vai insistir: "[...] o racismo constitui uma explicação demasiadamente simples" (idem: 61).

Além do racismo, a explicação proposta pelo autor privilegia os processos já citados. Paradoxalmente, a expansão econômica e a universalização dos direitos civis dos anos 1960 fizeram com que as camadas afro-americanas mais habilitadas para enfrentar as mudanças que ocorriam deixassem os guetos para ir trabalhar e morar em comunidades mais prósperas. Esta evasão foi desastrosa para os estratos negros que lá permaneceram, pois levou não só a uma maior concentração de pobreza, desemprego, desorganização familiar e anomia, como também a um isolamento de graves consequências. A saída de indivíduos e instituições propulsoras de relações e oportunidades sociais e econômicas — escolas, igrejas, associações profissionais — acirrou a marginalização em face das pujantes dinâmicas que ocorriam na sociedade americana: "[...] o conceito teórico, portanto, não é *cultura da pobreza* mas *isolamento social*".[2]

Vale ressaltar que a ambiguidade do termo *underclass* e sua utilização acusatória fez com que o próprio Wilson, que havia defendido a utilização do conceito em *The Truly Disadvantaged*, em agosto de 1990, no discurso oficial enquanto presidente da Associação Americana de Sociologia, recomenda o seu abandono (Wilson, 1990). Em trabalho mais recente, o autor utiliza o termo raramente e de maneira crítica, preferindo a designação *jobless ghetto* para conceituar os assim chamados "novos pobres urbanos" (Wilson, 1997 e 1999). A partir da década de 1990, são raros os pesquisadores progressistas que o utilizam, pois o termo havia se tornado "um instrumento de acusação política" (Wacquant, 1996a: 290).

Conservadorismo e novo liberalismo

"*America is back*": coesão familiar, trabalho árduo, laços comunitários, esforço e responsabilidade individual, diminuição

[2] O autor se refere ao "*Social Buffer*", espécie de colchão social que dinamizava a vida nos guetos e constituía um elo com os circuitos que serviam de canais para o processo de mobilidade ascendente (Wilson, 1987: 56 ss.).

da ação estatal, crença no livre jogo do mercado, patriotismo. Eis algumas ênfases dos valores que caracterizam os discursos e ações da hegemonia conservadora e que se acentuam a partir dos governos Ronald Reagan e George Bush. No âmbito das políticas públicas, cabe destacar a lei de 1988, conhecida como Family Support Act (FSA), que altera as regras do Aid to Families with Dependent Children (AFDC): tratava-se de combater a permissividade dos subsídios públicos. O espírito do novo programa colocava em xeque o princípio de prerrogativas de direitos (*entitlement*) pois a concepção de contrapartida passa a ser condição necessária para a obtenção de benefícios: devem "haver obrigações sociais da cidadania" (Mead, 1986).[3] O clima social e político dominante na década de 1980 permite tornar explícito os pressupostos acerca da pobreza feminina:

> "[...] eles implicam que as políticas de bem-estar causam ruptura familiar, que as mulheres pobres têm filhos para aumentar seus benefícios, que mulheres sem maridos são promíscuas e sexualmente irresponsáveis, e que o casamento constituía uma estratégia eficiente de combate à pobreza para as mulheres afrodescendentes sem recursos" (Abramovitz e Withorn, 1998: 156).

A hegemonia do período republicano produziu novas concepções políticas que aproximam liberais e conservadores no governo democrata subsequente de Bill Clinton: "*the end of the welfare as we know it*", frase da primeira campanha presidencial,

---

[3] Vale insistir no pensamento do autor: "A principal tarefa da política social não é mais a de reformar a sociedade, mas restaurar a autoridade dos pais e outros mentores que moldam os cidadãos [...] A fonte de liberdade para os muito pobres da atualidade não é mais a oportunidade, mas a ordem. Para eles o caminho para avançar não é mais a liberdade, mas a obrigação" (Mead, 1986: 274-5).

sintetiza novos postulados neoliberais que desembocam no estuário tradicional das premissas conservadoras e que, em meados dos anos 1990, com a vitória republicana no Congresso, como será detalhado mais adiante, dará origem ao Personal Responsibility and Work Opportunity Reconciliation Act (PROWORA). Seus pressupostos são a exigência da necessidade de trabalhar e o combate à desestruturação familiar, enquanto o benefício torna-se mais difícil de ser obtido, limitado no tempo e sujeito a constante verificação.

O elã liberal de promover grandes reformas consubstanciais na *War on Poverty* da década de 1960 chegou ao fim, quando o próprio presidente Clinton declara que "*the era of government is over*". Mas não apenas mais mercado e menos Estado passaram a alimentar o inventário dos novos democratas, como também os postulados progressistas tradicionais foram sendo solapados por concepções moralistas acerca dos comportamentos e valores da população pobre: a retórica conservadora triunfava na medida em que as entonações acusatórias relacionadas ao *welfare dependency* ganhavam suporte na opinião pública e traduziam-se em políticas governamentais. Em síntese, tratava-se do "colapso do liberalismo" (Noble, 1997: 135).

Vale insistir na aproximação dos novos liberais com a ação do pensamento conservador:

> "[...] o ataque sistemático nas políticas de bem-estar teria sido outra rodada de reformas historicamente conservadoras, não tivessem sido aprovadas com muito suporte liberal. Os legisladores 'liberais', a mídia 'liberal' e os cientistas sociais 'liberais' apoiaram as reformas de maneira acrítica, justificaram seus ataques ou consentiram através do próprio silêncio" (Abramovitz e Withorn, 1998: 152).

Em páginas anteriores mencionei que o termo *underclass* caiu em desuso nos anos 1990. Desuso relativo, pois o núcleo do pensamento conservador carregou nas tintas que pintavam estas *subclasses urbanas* em termos marcadamente patológicos e imorais. Neste particular, novamente despontam os escritos de Charles Murray:

> "Eles se comportam de maneira diferente de todos os demais [...] O homem na família era incapaz de manter um trabalho por mais de algumas semanas. As crianças estavam negligenciadas e comportavam-se de forma grosseira, criando problemas na escola. Frequentemente os pais destas crianças não eram casados. Alcoolismo e promiscuidade sexual eram comuns. Assim como o crime, pequeno ou grande. Este tipo de comportamento é o que designo pelo termo *underclass* — que não é somente pobreza, mas uma forma de comportamento [...] Dez anos atrás eu não poderia ter escrito os parágrafos precedentes sem ter sido chamado de racista" (Murray, 1996: 91 e 100).[4]

A arrogância deste conservadorismo triunfalista que radicalizou a culpabilização das vítimas continuou, no percurso dos anos 1990, a suscitar fortes críticas. Para citar somente algumas obras recentes: foram denunciadas novas modalidades de racismo que insistiam na falta de motivação por parte dos grupos afrodescendentes e, portanto, na inoperância do apoio público (Wilson, 1999: 21 ss.). Contestou-se a inexistência de aspirações diversas entre camadas pobres, remediadas ou abastadas, e que a questão da pobreza deveria ser equacionada em torno das diferenças de oportunidades socioeconômicas (Gans, 1994). Contudo, a argumentação dominante deixou de estar centrada nas aná-

---

[4] Vale insistir: "[...] a ética da *underclass*: pegue o que você quiser. Responda de modo violento a qualquer um que o antagonize. Despreze a cortesia, pois trata-se de fraqueza. Sinta orgulho em fraudar (furtar, mentir, explorar) com sucesso" (Murray, 1999: 14).

lises macroestruturais, mudanças tecnológicas e organizacionais, desindustrialização, deteriorização e êxodo urbano, dinâmica das classes, preconceito racial, ou na questão feminina. Estes enfoques perderam grande parte de sua capacidade persuasiva, pois sucumbiram na avalanche explicativa que culpabilizava os pobres por sua situação escanteada de existência. Em suma, nas palavras de um texto radical, pois mostra a capitulação dos novos liberais: "a direita venceu" (Abramovitz e Withorn, 1998: 173).

A trajetória do programa Aid to Families with Dependent Children (AFDC) pode dar uma visão da evolução das políticas públicas nos Estados Unidos. Criado em 1935 como uma medida de proteção às viúvas, amplia-se durante a década de 1960, com a implementação da *War on Poverty*, para famílias que têm um ou dois desempregados, bem como para as monoparentais, principalmente mães solteiras. Esta política passa a ser extremamente criticada pelos conservadores e cada vez mais irá prevalecer a concepção de contrapartida para quem é ajudado pelo poder público. Como já mencionado, este é o espírito da lei conhecida como Family Support Act, de 1988, promulgada durante o governo de George Bush: nela o princípio de *welfare* é substituído pelo de *workfare* e *learnfare*, que se tornam condições prévias para a obtenção de auxílios. Bill Clinton não tem posição diversa: em 1994 é aprovada uma lei que substitui a AFDC pela Temporary Assistance for Needy Families (TANF), que possibilita uma ajuda de apenas dois anos consecutivos, ou cinco no total, permitindo a cada estado estipular o montante a ser despendido e legislar sobre as regras para a concessão do auxílio. Finalmente, a reforma de agosto de 1996, quando há maioria republicana, o 103º Congresso, com a adesão de grande fatia dos democratas, aprova um novo "*Contract with America*", o Personal Responsibility and Work Opportunity Reconciliation Act (PROWORA), que torna a concessão de benefícios mais rígida, baseada na emulação da responsabilidade individual: sua finalidade, ao extinguir a prerrogativa de direitos, é combater a assim designada *welfare dependency*.

Vale insistir na importância das mudanças:

> "Esta reforma [PROWORA] efetivamente destruiu a presunção antiga, de sessenta anos, de que as famílias com necessidades tinham 'direito' às políticas de bem-estar social. Pela primeira vez, governos estaduais poderiam negar auxílio às mulheres pobres, mesmo quando se encontravam qualificadas segundo as regras de elegibilidade do programa. O novo nome para o AFDC — Temporary Assistance for Needy Families — assinala o intento destas drásticas revisões" (Abramovitz e Withorn, 1998: 159).

Em síntese: apesar de amortecida a partir dos anos 1990, a discussão americana continua centrada na questão do *welfare dependent* e, em última instância, em *blaming or not blaming the victim*.

O DEBATE NA ATUALIDADE FRANCESA: A RESPONSABILIDADE DO ESTADO

Os percursos da questão social

"Não se constrói cidadania sobre a inutilidade social."

Robert Castel (1995a)

Extraída de obra seminal (*Les Métamorphoses de la question sociale*), esta frase sintetiza a amplidão e o vigor do debate francês. Sintetiza, ao contrário da polêmica americana, que a vulnerabilidade massiva é de responsabilidade do Estado. De fato, com diagnósticos e propostas diversas, os diferentes partidos do espectro político francês, da esquerda à extrema direita, consideram ser função essencial da ação estatal combater a assim chamada exclusão social e econômica.

Por outro lado, vultosos recursos são alocados em áreas degradadas, os "*quartiers difficiles*", que concentram contingentes de estrangeiros mas também grande número de franceses que se encontram desempregados, ou com tarefas precárias, onde é frequente a desorganização familiar, o isolamento social e a delinquência juvenil.

Vale dizer que nenhum agrupamento político, sindical, técnico ou intelectual coloca em xeque a necessidade da atuação governamental: os debates e embates residem no que e como o Estado precisa atuar. Apesar de antigos, eles ganham novos coloridos depois da Segunda Grande Guerra, no contexto de uma nação que havia pouco expulsara os invasores nazistas e fizera as contas com os colaboracionistas de Vichy: era necessário reconstruí-la. Neste sentido, após 1945, inicia-se uma longa fase de crescimento, no qual os órgãos governamentais têm forte interferência econômica. São os "Trinta Anos Gloriosos", caracterizados pelo pleno emprego e pela extensão de vasta gama de direitos que fundamenta a proteção social dos assalariados: mais do que nunca, impulsiona-se a construção do Estado de bem-estar social, ou "*État Providence*" ou "*État Social*".

É neste contexto social e político que se tecem os fios da *questão social* da atualidade francesa.[5] Sua problematização e as políticas sociais dela derivadas podem ser periodizadas em quatro grandes momentos.

O primeiro deles, no esforço de reconstrução do pós-guerra, que se estende até o fim dos anos 1960, a questão a ser atacada centra-se na moradia, principalmente em prédios antigos que abrigam cortiços. Daí a palavra de ordem levada adiante pelo abade Pierre em 1965: "*guerre au taudis!*". Desencadeiam-se ações governamentais de renovação urbana, construção de grandes conjuntos, principalmente os HLM, habitações de aluguel moderado. Na mesma direção deste discurso católico, Jean Labbens, militante da Association Quart Monde (ATD), designação que se refere aos que não conseguiram se manter ou se tornar assalariados, denuncia as injustiças e clama por intervenções que incorporem os "esquecidos" do progresso (Labbens, 1969 e 1978).[6] É este também o posicionamento do abade Wresinski, criador da citada entidade e dinamizador do movimento "*aide à toute détresse*", ou seja, daqueles que não conseguiram acompanhar o dinamismo da sociedade industrial.

Num segundo momento, já em meados dos anos 1970, a problemática transborda o âmbito da moradia e dos deserdados da fortuna. É nesta conjuntura que o termo *exclusão social*, atra-

[5] Robert Castel mostra que a questão social na Europa desponta em 1349 na Inglaterra, quando o rei Eduardo III promulga uma ordenação sobre o estatuto dos trabalhadores; na França, dois anos depois, João II, dito o Bom, edita uma ordem real de combate à vadiagem, isto é, daqueles que podem mas não querem trabalhar, distinguindo-os dos inválidos e dos incapazes que necessitam e merecem proteção (Castel, 1995a: 75).

[6] Vale mencionar que as favelas ainda eram numerosas nos arredores de Paris e Marselha até 1964, quando uma lei obriga sua erradicação (Guerrand, 1999: 226).

vés do livro de René Lenoir, secretário de Estado da Ação Social do governo Chirac, de filiação gaullista, começa a adquirir visibilidade ao instalar-se de forma ainda pouco ruidosa no universo discursivo da política e da imprensa (Lenoir, 1974). Malgrado a análise realçar os problemas pessoais em detrimento dos macroprocessos socioeconômicos, já se aponta para o fato de que o crescimento da riqueza, em si, não reduz os níveis de pobreza que se abate sobre os "*handicapés sociaux*": doentes mentais, alcoólatras, deficientes físicos e mentais e uma gama variada de inadaptados que deveriam ser objeto de políticas específicas de proteção social. Trata-se de uma "outra França [...] à margem da normal [...] mas que, não obstante sua situação de excepcionalidade, constitui uma [...] gangrena que ameaça [...] o conjunto do *corpo social*" (idem: 10 e 36).

A partir da segunda metade da década de 1980, já não são mais os "expelidos pelo dinamismo do progresso", pois os diagnósticos e as proposições calibram-se em torno do que se convencionou chamar de *nova pobreza* (Paugam, 1991 e 1993). Nova pobreza porque a vulnerabilidade deixa de afetar só os grupos periféricos para se tornar um problema que desaba sobre as camadas que ocupam os estratos inferiores da pirâmide social. Não é mais só a fímbria da sociedade, mas se trata agora também de suas bases:

> "Nos anos 1980, o movimento de precarização econômica e social afeta as pessoas de baixa qualificação, os '*handicapés légers*', bom número de pessoas que, durante o período de expansão designado 'Trinta Anos Gloriosos', tinha um emprego. A participação na vida econômica e social torna-se, para estes *novos pobres*, conjunturalmente aleatória. Os mais dotados em capitais escolares e relacionais permanecem, por um tempo ainda, poupados por esta nova pobreza" (Frétigné, 1999: 62).

Lenta e persistentemente a *questão social* adquire novas e amplas configurações, passando dos "esquecidos do crescimento" dos anos 1970 para os "menos preparados" do decênio seguinte, para culminar em situação massiva de vulnerabilidade que em sua plenitude desponta nos primórdios da década de 1990. Em síntese: em vinte anos a *questão social* metamorfoseia-se de "*anormais incapazes*" para "*normais inúteis*" (Donzelot, 1996: 59; Donzelot e Roman, 1991). Ela passa a englobar também estratos com níveis mais elevados de instrução e qualificação, trabalhadores especializados e quadros profissionais que até então trilhavam carreiras estáveis e previsíveis, em um percurso protegido por direitos que lhes propicia a ascensão econômica e social e uma forte presença no cenário político. Inicia-se uma situação de vulnerabilidade advinda do desemprego e da precarização do trabalho, do rebaixamento de *status* e da perda de raízes ligadas à sociabilidade primária. Trata-se de grandes e variados grupos de "excluídos", sobre os quais as ciências humanas produziram dezenas de investigações e inúmeras teorizações sobre esta sempre renovada *questão social* que passa a penetrar o centro dos debates jornalísticos e políticos.

Não pretendo fazer um balanço desta vasta literatura, mas tão somente apontar a caracterização feita por alguns autores que toca em pelo menos três pontos básicos interligados entre si. O primeiro diz respeito à desnecessidade destes grupos para as dinâmicas econômicas. Cito apenas alguns autores: Jacques Donzelot e Philippe Estèbe falam em "normais inúteis", Robert Castel, em "desestabilização dos estáveis" (Donzelot e Estèbe, 1991: 26; Castel, 1991: 154, 1992: 145). Serge Paugam alude ao "descrédito" que se abate sobre os que estão à margem, Vincent de Gaujelac e Isabel Léonetti sublinham a percepção de "inferioridade", de "identidade ferida", Viviane Forrester exagera acerca da "normalização da anulação social", enquanto Pierre Bordieu, em magnífica obra coletiva, descreve o sofrimento físico e mental advindo da extrema pobreza e nos revela o que significa "viver por um fio" (Paugam, 1991: 6; Gaujelac e Léonetti, 1994: 4;

Forrester, 1997: 38; Bourdieu, 1993: 487).[7] Finalmente, há a temática referente à perda das identidades advinda do desenraizamento familiar e comunitário, à queda na participação nas associações recreativas, sindicais e partidárias, processos que conduzem à apatia e ao isolamento em um cenário social e político marcado pela diminuição dos conflitos abrangentes, fragmentação dos atores sociais e diluição de interesses coletivos. É nesta acepção que Jacques Donzelot e Philippe Estèbe referem-se às "não forças sociais, esta classe de desclassificados", Robert Castel acentua a "ausência de perspectivas para controlar o futuro", Pierre Rosanvallon dirá que "os excluídos constituem, de fato, quase que por sua própria essência, uma não classe" (Donzelot e Estèbe, 1991: 27; Castel, 1995a: 427; Rosanvallon, 1995: 203).

Em suma: a *questão social* passa a ser marcada por desenraizamento e vulnerabilidade social e econômica. É o operário, antes sindicalizado e frequentemente simpatizante ou militante de esquerda, comunista ou socialista, que vivia em bairros densos de vida social e política, dos quais se destaca, por suas tradições e experiências de luta, a "*ceinture rouge*", correspondente às áreas que rodeiam Paris (Brunet, 1980 e 1981; Pronier, 1983; Fourcaut, 1986). Nelas ramificavam-se múltiplas formas de sociabilidade operário-popular em torno das associações de bairro e também nas horas de lazer, festas, esportes e no *bistrot*, onde se teciam redes de solidariedade que asseguravam uma *proteção advinda da proximidade social* das classes trabalhadoras (Magri e Topalov, 1990).

Seja pelo aumento do desemprego e trabalho precário, seja pela crise econômica pós-1975, pelas mudanças decorrentes do modo de acumulação flexível, ou por inúmeras outras causas que não cabe aqui aprofundar. O importante a realçar é que estes mundos operário-populares se desfazem: neles, os conflitos e as

---

[7] Na mesma direção, veja também o penetrante estudo etnográfico de Laé e vários autores (1995).

reivindicações contrapunham-se a opositores visíveis — o Estado, a burguesia, o patronato — e a violência inerente a estas lutas construía significados e sentidos políticos que visavam alterar a balança dos benefícios e das riquezas e não raras vezes projetavam valores de uma nova sociedade. Dito de outra forma: é o momento da centralidade das classes trabalhadoras, principalmente da operária, na hegemonização das lutas e das reivindicações socioeconômicas e políticas. Nas áreas em que as indústrias têxtil, metal-mecânica, automobilística, química ou siderúrgica fecharam suas portas, os moradores que puderam sair assim o fizeram, lá permanecendo aqueles que não tinham a alternativa de partir destes bairros, que passaram a ser denominados "difíceis" ou "sensíveis", para permanecer apenas nas designações oficiais mais frequentes. Nesta conjuntura, que se acirra nos anos 1980-1990, desarticulam-se as formas associativas que sedimentavam identidades assentadas no trabalho assalariado e na vida comunitária: trata-se de massivo processo que Castel denomina *crise da sociedade salarial* (Castel, 1995a, caps. 7 e 8).

Por outro lado, vale sublinhar que a assim chamada violência urbana passa a ser frequente também no cotidiano destes bairros, chamados de "relegados" (Delarue, 1991; Rey, 1996; Body-Gendrot, 1993). São manifestações esparsas e descontínuas, um pipocar de depredações, brigas, pequenos delitos ou outros atos predatórios realizados por jovens, "*la galère*". Traduzem sentimentos difusos de "ira", "ódio", "raiva" ou "tédio", "a chatice e o vazio da existência" que em certas ocasiões explodem nas *banlieues*, também chamadas de "exílio" (Dubet, 1987; Dubet e Lapeyronnie, 1996; Lapeyronnie, 1995): "[...] eles se revoltam, mas não reivindicam nada. Expressam pela rebelião um desespero" (Donzelot e Estèbe, 1997: 3). Minguettes, periferia de Lyon, verão de 1981: logo após a vitória dos socialistas, com a eleição de Mitterrand, numa conjuntura política promissora às propostas da esquerda, jovens furtam e queimam automóveis de luxo sob os olhares perplexos da França que a tudo assiste ao vivo pela televisão, e de uma polícia que não sabe o que fazer. Consideram suas trajetórias quebradas: não são delinquentes, mas cometem pequenos delitos, arruaceiros que em bandos perambulam sem rumo, consumidores de drogas, com baixo nível educacional, às vezes desempregados, outros trabalhando, saltitando de estágio em estágio profissional. Seus comportamentos caracterizam-se pela incivilidade e a falta de civismo em relação à família, à escola, ao prédio e ao bairro em que vivem, grandes conjuntos habitacionais, frequentemente degradados e depredados. Suas cóleras voltam-se contra os agentes públicos, professores, assistentes sociais e, sobretudo, contra a polícia. Ativismo que não se canaliza em reivindicações concretas, "nomadismo imóvel", pois, como um relógio, sempre volta para o mesmo ponto; "agitações sem objeto", pois suas energias não se calibram para superar problemas concretos: "[...] zonear significa perambular na superfície das coisas, aprimorar-se em nada fazer, ir de um lugar a outro sem ir a lugar algum" (Castel, 1995b: 14; Donzelot, 1999).

Tudo indica que a "galera" não se caracteriza por uma "cultura da pobreza" *a la* Oscar Lewis ou pelo "isolamento sociocultural", como William Julius Wilson se refere aos *inner-cities ghettos underclass* da América, mas revela atitudes e comportamentos que já foram cunhados de *cultura do aleatório* (Roulleau-Berger, 1992).[8] Contudo, nestas áreas cujas adjetivações revelam intensa vulnerabilidade não existem somente pessoas com rupturas sociais e econômicas ou que nelas prevaleça desesperança, desordem, ou um potencial crônico de agressão. Estes processos lá existem, mas, como mostra a etnografia que se debruçou sobre o significado da vida nestes bairros, lá também se trabalha, se estuda, se ama e, como não poderia deixar de ser, arquitetam-se projetos e aspirações que combinam desânimo, desilusão, esperança e otimismo (Murard, 1995a).

---

[8] Para uma análise que aponta as diferenças entre o gueto negro dos Estados Unidos e as periferias empobrecidas da França, bem como a atuação do poder público nos dois países, veja Wacquant (1996b).

É preciso evidenciar: a problemática urbana e a dos jovens tornou-se no percorrer da década de 1990 um dos eixos que norteiam a *questão social*. Neste sentido, são exemplos a serem destacados o Développement Social des Quartiers de 1981, as Zones d'Éducation Prioritaires no ano seguinte, o Comité Communal de la Prévention de la Délinquance, a Délégation Interministérielle e o Comité Interministériel de la Ville em 1988, que culminam um ano depois no Ministère de la Ville, que coordena a ação de vários órgãos referentes à educação e à saúde, ao emprego, reforma e planejamento urbano, além de programas específicos voltados a jovens, idosos, famílias numerosas ou de chefia feminina (Damon, 1997). Sabe-se que os bairros periféricos são diversos, bem como a população que lá habita (Querrien, 1997). Não obstante esta constatação, as análises insistem na temática da "*fratura urbana*", da "*cidade desfeita, quebrada e implodida*", em síntese, da *sociedade civil* (Donzelot, 1999: 97).

Repita-se quantas vezes necessário for: nestes locais esfacelou-se um modo de vida de tradição operário-popular, ocorreu um processo de urbanização que também produziria a desumanidade dos grandes conjuntos habitacionais, onde houve esvaziamento das atividades fabris e da capacidade organizativa de associações, sindicatos e partidos de esquerda. Nestes locais aonde não se deve ir, o cotidiano é marcado por manifestações endêmicas de violência urbana. Utilizo longa citação de pesquisa que mergulhou no significado de habitar nestas periferias marcadas pela marginalização:

> "[Estas aglomerações são] os lugares aonde não se vai jamais, a não ser quando lá se mora ou quando há razões imperiosas [...] A violência volta-se contra aqueles que dividem o mesmo *habitat*, a mesma comunidade de destino. E, forçosamente, ela transborda para o exterior de maneira errática, não política, ela faz as famílias implodirem [...] São também locais em que bombeiros, policiais e trabalhadores sociais ou outros

visitantes não podem mais ir sem serem insultados ou agredidos [...] não podem mais deixar seus automóveis. [É onde] a lei do silêncio reina sobre os atos cometidos de uns contra os outros, quando a vingança privada suplanta a sanção pública" (Murard, 1995b: 203, 207 e 217).

A presença do Estado

Afirmei que foram inúmeros os autores que trataram deste complexo tema, utilizando conceitos diversos. Para mencionar apenas alguns: *desqualificação social*, que indica os rejeitados do processo produtivo e suas consequências socioculturais, ou *desinserção*, caracterizada pelo enfraquecimento dos laços relacionais e por uma identidade (auto)estigmatizante que acaba por induzir ao retraimento, à resignação ou à rebeldia (Paugam, 1991 e 1999; Gaujelac e Léonetti, 1994). Aponto também as colocações de Touraine, segundo as quais a oposição "no alto ou embaixo" teria sido uma hierarquização típica das sociedades industriais estruturadas na dinâmica das classes sociais e superada pelos solavancos das sociedades pós-modernas. Nelas, as estruturações sociais e econômicas estariam assentadas na dicotomia entre setores "*in*" e "*out*", pois a verticalidade das polarizações teriam sido suplantadas por aquelas de caráter horizontal, isto é, estar ou não nas *banlieues* (Touraine, 1992).

Não obstante estas contribuições, considero, contudo, que a obra de maior envergadura histórica e teórica é a de Castel:

> "[...] silhuetas incertas às margens do trabalho e nas bordas das formas de troca socialmente consagradas — desempregados de longa duração, habitantes das periferias deserdadas, beneficiários da renda mínima de inserção, vítimas das reconversões industriais, jovens em busca de emprego e que perambulam de um

> estágio a outro, pequenas tarefas em ocupação provisória — quem são eles, de onde vêm, como chegaram lá, o que irão se tornar?" (Castel, 1995a: 13).[9]

Situações as mais diversas: ex-operários que possuíam uma profissão, idosos que vivem retirados no seu isolamento, bandos de jovens que vagueiam sem nada fazer. Estas trajetórias nada têm em comum e seus destinos não os unem, salvo a existência vulnerável, a percepção de um destino incerto: desfiliação significa perda de raízes sociais e econômicas e situa-se no universo semântico dos que foram desligados, desatados, desamarrados, transformados em *sobrantes*, *inúteis* e *desabilitados socialmente*.[10] Não se trata, alerta o autor de *Les Métamorphoses de la question sociale*, de um estado ou de uma condição, mas de um percurso que é preciso constantemente perseguir para delinear

---

[9] Silhuetas, indivíduos perdidos, extraviados, maltrapilhos, decompostos nos seus gestos, muitos deles inválidos. Castel faz alusão à pintura de Bosch, que mistura corpos de contornos mal definidos, unificados em movimentos que aludem à alegoria do sofrimento. Impossível deixar de associar esta descrição à análise do quadro de Jean Baptiste Debret, *Primeiro impulso da virtude guerreira*, de 1827, que abre o brilhante ensaio "Neoclassicismo e a escravidão", de Rodrigo Naves. Lá, na formação da sociedade francesa, ocorreram desqualificação e perda de raízes em vários momentos da expansão capitalista: aqui, na nossa formação, prevaleceram o "travo", o "desacerto", a "dissolvência" e o "apequinamento", a "atmosfera viscosa", o "falseamento", pois tudo se estrutura no escravo e, assim, uma massa crescente de homens livres, e pobres, é considerada socialmente desclassificada e inapta para o trabalho, verdadeira ralé destituída de humanidade no olhar dos potentados: prepotência, arbítrio e violência permeiam toda a sociedade. Nas palavras de Rodrigo Naves: "[...] com Debret, a representação do Brasil urbano do começo do século XIX ganha uma nova dimensão, que a miséria contemporânea em parte ainda avaliza" (Naves, 1997: 116).

[10] Redigido de forma saudosa e comovente, Castel se debruça sobre o mito de Tristão e Isolda, paixão impossível, tragédia do amor absoluto, para mostrar os percursos da desfiliação (Castel, 1990).

suas múltiplas metamorfoses, pois a *questão social* só pode ser equacionada do ângulo histórico, por conseguinte, dinâmico, mutável e contraditório. Daí o título do livro: "A questão social é uma aporia fundamental sobre a qual uma sociedade experimenta o *enigma de sua coesão* e procura conjurar o *risco de sua fratura*" (Castel, 1995a: 16 e 18, grifos meus).

De modo esquemático: o modelo formal está apoiado em dois eixos, um de caráter econômico e outro social, nos quais se caminha, de um lado, do emprego estável e regular para modalidades de trabalho precário até atingir o desemprego e, de outro, a plena inserção na sociabilidade primária, família, vizinhança, comunidade, marcada por sólidas redes sociais; seu oposto se configura no retraimento ao universo domiciliar pessoal, enquanto o ponto intermediário seria definido pela fragilização relacional. Daí surgem quatro zonas, cuja serventia reside em descrever uma situação de *integração*, caracterizada por garantias de um trabalho permanente e relações sociais sólidas, outra de *vulnerabilidade*, que conjuga precariedade no trabalho e fragilização da sociabilidade primária, enquanto a zona de *assistência* revela um quadro no qual várias formas de subsídio público tornaram-se imprescindíveis para não ocorrer uma dinâmica de desligamento social e econômico. Finalmente, *desfiliação* significa não só desemprego, mas também perda das raízes forjadas no cotidiano do trabalho, do bairro ou da vida associativa. "[...] atualmente [início dos anos 1990] a zona de integração se fratura, a zona de vulnerabilidade está em expansão e alimenta continuamente a zona de desfiliação. O único recurso reside em reforçar no mesmo ritmo a zona de assistência" (Castel, 1991: 153).

Indivíduos desenraizados sempre existiram e sobre estes errantes de séculos passados desabava uma representação flagrantemente discriminatória e estigmatizante. Sobre as ditas "profissões infames", despencavam os termos vadiagem, malandragem, charlatanice ou patifaria, e no decorrer da história várias foram suas designações: "[...] indigentes franceses, malfeitores ingleses, aventureiros alemães, pícaros espanhóis, larápios, velhacos, excluídos, mendigos, rufiões, truões, malandros, malabaristas, farsantes, devassos, luxuriosos e rameiras" (Castel, 1991: 153).

Estes segmentos marginais não devem ser confundidos com aqueles que se encontram em uma condição de exclusão. Esta diferenciação conceitual é crucial. Crucial porque a noção de exclusão, além de estar saturada de significações, traz consigo a ideia de uma dicotomia estática e, portanto, a-histórica (Castel, 1995a: 151). É também crucial por saber que, já no século XIV, a palavra esteve associada à ideia de não ser admitido, repelido ou de ser mandado embora. Posteriormente, sua significação passa a designar alguém que se encontra desprovido de direitos (Rey, 1992, *apud* Frétigné, 1999: 151), ou seja: significa cercear, separar ou confinar, cujos exemplos recentes foram o *apartheid* da África do Sul ou os negros norte-americanos que até os anos 1960, em estados do Sul, eram impedidos de entrar em determinados locais. Pode ter também o sentido de banimento, e o exemplo clássico foi a expulsão de judeus e mouriscos da Espanha dos reis católicos, que decretaram o exílio daqueles que não se converteram ao catolicismo. Restrição de acesso, confinamento ou expatriação supõem um ato que tenha força legal, até mesmo em situações extremas de extermínio, sejam os considerados heréticos pela Santa Inquisição, sejam os judeus e os ciganos na Alemanha nazista. Não se trata, portanto, de desfiliação, que significa fragilização de laços socioeconômicos, mas da destituição de direitos que, em última instância, pode significar, segundo Arendt, a perda do *direito a ter direitos*.

Por conseguinte, a *questão social*, que caracteriza a *crise da sociedade salarial*, reside em um amplo e variado processo de vulnerabilidade, mas não revela, no caso francês, uma situação de exclusão nos vários graus e tipos antes apontados. Ela é fruto de um percorrer histórico que leva à ampliação e à consolidação de direitos coletivos, relativos à seguridade social e ao trabalho, enfim à constituição de um campo legítimo e legal de reivindicações em que os opositores se chocam nos conflitos e aceitam as regras de sua negociação: é um embate institucionalizado que visa à expansão do *direito a ter direitos*. Ela é, ademais, forjada pela assim chamada *cultura do pobre*, na acepção que Richard Hoggart confere à percepção de pertencer a valores e expectativas, à sociabilidade que aproxima as pessoas em uma metamorfose que entrecruza mundo do trabalho com comunidade de bairro. A sociedade salarial é também constituída pela formação das classes trabalhadoras da qual nos fala Edward P. Thompson, apoiada nas tradições que lapidam *mútuos reconhecimentos e experiências compartilhadas* (Hoggart, 1970; Thompson, 1997; Jones, 1983).

A dignificação do trabalho assalariado é um tortuoso percurso que atravessa todo o século XIX e parte do subsequente. De forma sumária, pode-se dizer que começa a se configurar após 1830 uma *nova questão social*, que se circunscreve em torno do pauperismo imperante com o avanço da Revolução Industrial. A liberdade de contratação vigente produziu uma mão de obra extremamente mal remunerada, frequentemente mutilada por acidentes e dilapidada prematuramente pelas longas jornadas de trabalho que caracterizavam as assim chamadas "*satanic mills*": basta ler o romance *Os miseráveis*, de Victor Hugo, para se ter um quadro dos rigores e dos horrores que significavam o trabalho assalariado e o morar em bairros pobres, onde predominavam a insalubridade e a promiscuidade da vida nos cortiços, e onde também se concentravam as "classes perigosas" dos inícios do século XIX.

A questão social da época residia em regulamentar as condições de trabalho quanto à remuneração, à jornada e à segurança, e criar um leque de proteção social para aqueles que ficassem sem emprego. Basta se debruçar sobre o processo que leva ao reconhecimento do desempregado para perceber que a construção da *sociedade salarial* é plena de conflitos e negociações que produzem o reconhecimento público do assalariado enquanto sujeito de direitos coletivos (Topalov, 1994): férias remuneradas, convenções coletivas e a semana de quarenta horas de 1936, leis da moderna seguridade social após a Segunda Grande Guerra e salário mínimo, em 1950, são degraus que edificam a *sociedade salarial*, ao passo que o controvertido contrato individual referente à renda mínima de inserção (RMI), de 1988, e a redução da jornada de trabalho para 35 horas, promulgada em 2000, já são expressões da crise que se alastra a partir da década de 1980:

> "[...] da mesma forma que o pauperismo do século XIX estava inscrito no coração da dinâmica da primeira industrialização, [...] a precarização do trabalho é um processo central, comandado por novas exigências técnico-econômicas do capitalismo moderno. Nisto residem muitos pontos para colocar uma '*nova questão social*' que tem a mesma amplitude e a mesma centralidade que aquela que o pauperismo colocava na primeira metade do século XIX" (Castel, 1995a: 409-10, grifos meus).

Em suma: quero crer que a questão social na França deve ser equacionada através de sua tradição republicana, que se assenta — do ângulo que aqui cabe salientar — em poderosa maquinaria pública de proteção e regulação econômica e social. Trata-se de instâncias de mediação de interesses conflitantes que têm por objetivo produzir um campo institucional de direitos e obrigações. Além de republicana, sua tradição é também jacobina, no sentido de se opor a privilégios, e de esquerda, posto que, desde o século XIX, bebeu nas águas do sindicalismo e do mutualismo operário, enquanto no século XX os partidos e os comunistas e socialistas exerceram papel decisivo na formatação do Estado de bem-estar já no período entre as duas Grandes Guerras Mundiais. Assim, penso ser possível afirmar que a problemática central do atual sistema político francês reside em gerar instâncias de coordenação de combate à vulnerabilidade econômica, social e urbana. Não é por outra razão que a forte presença da ação pública, ao procurar mediar formas de solidariedade, encontra-se em outro universo da tradição do individualismo americano, apoiada na valorização da *work ethics* e nos perigos, não raramente persecutórios, da *welfare dependency*:

> "[...] exclusão [é] uma 'palavra-chave' *da retórica republicana francesa*. Não só ela se origina na França, mas também está ancorada na interpretação da *história republicana revolucionária francesa e do pensamento republicano*. Deste ponto de vista, a exclusão não é concebida como um simples fenômeno econômico ou político, mas como uma falta de 'nacionalidade', *um esgarçamento do tecido social*" (Silver, 1994: 591-2, grifos meus).

Esta problemática está presente no discurso político oficial faz algumas décadas. Contudo, o termo *exclusão*, no sentido forte de garantir a coesão social, só aparece no âmago do aparelho de Estado em 1991. É quando o Commissariat Général du Plan assume a responsabilidade de promover a inclusão dos segmentos em situação de vulnerabilidade; destacam a cidade, a escola, o emprego e a proteção social, pois, nos bairros periféricos, os jovens que não acompanham a seriação educacional, os desempregados de longa duração e aqueles que necessitavam de assistência despontavam como *questões sociais* que colocavam em xeque a coesão social da sociedade francesa (Fassin, 1996: 43-4).

Desde então o debate penetra no coração dos embates políticos, despontando como a prioridade nacional que articula as plataformas eleitorais e políticas das várias instâncias de governo: a "*fracture sociale*" está no centro da campanha de 1995, quando a direita, com Jacques Chirac, ganha as eleições, assim como dois anos depois, ocasião em que os socialistas, liderados por Lionel Jospin, conseguem a vitória eleitoral: aquele aposta na dinamização da atividade econômica e este, sem disto esquecer, prescreve a diminuição da jornada de trabalho para 35 horas semanais. Na extrema-direita, Jean-Marie Le Pen, no seu "Appel aux Français", impregnado de racismo e xenofobia, também prioriza o combate à pobreza e à desigualdade, vociferando contra a presença de estrangeiros em solo pátrio: o neofascista fala em extirpar a França dos males alienígenas que a contaminam e devolvê-la aos verdadeiros franceses. É também assunto central da grande imprensa, que o aborda em termos indignados, pois considera o massivo alijamento social e econômico verdadeira "vergonha nacional". Um exemplo: "[...] uma sociedade desenvolvida não pode viver com semelhante fratura e tolerar que uma parte importante de sua população arruíne sua coesão social" (*Le Monde*, 1994, *apud* Fassin, 1996: 47).

Para terminar este tópico, convém mencionar algumas ações governamentais para os anos 2000-2006 centradas na "Gestion de la Politique de la Ville", do governo Jospin, dirigidas prioritariamente para a renovação urbana, emprego e desenvolvimento, educação e segurança pública. Trata-se de uma intervenção coordenada a partir de contratos realizados com o Estado em 1.310 bairros prioritários, 750 zonas urbanas sensíveis (ZUS), outras 416 de redinamização urbana (ZRU), 44 denominadas de franquia urbana (ZFU), nas quais ocorrem isenções de impostos e de encargos sociais. Acrescente-se ainda trinta operações de renovação urbana e cinquenta grandes projetos para cidades (GPV), 686 zonas de educação prioritária (ZEP), 850 conselhos comunais de prevenção da delinquência (CCPD) e nada menos que 8.500 agentes locais de mediação social, especialmente treinados para múltiplas atuações a nível comunitário (Délégation Interministérielle à la Ville, s.d.).

Este conjunto de atuações interligadas constitui uma entre muitas formas de intervenção das instâncias públicas no combate da assim denominada "fratura social". Não estou discutindo se a forma mais adequada de reinserção socioeconômica é por meio da questão urbana, apoiada na dinâmica do bairro, pois sabe-se que os processos essenciais da precarização e da vulnerabilidade não estão centrados no âmbito local (Préteceille, 1998: 42). Deve-se até mesmo colocar em xeque estas políticas se estiverem orientadas por uma concepção de segurança pública que visaria, através de órgãos assistenciais, jurídicos e policiais, combater a pequena delinquência praticada por jovens nas ruas dos *bairros sensíveis* ou *difíceis*, fazendo com que "[...] a prevenção estrutural desaparecesse em proveito da prevenção da delinquência" (Bonelli, 2001: 20). Contudo, à diferença do caso americano, o republicanismo francês sempre priorizou a ação estatal enquanto mediadora de interesses e conflitos e, neste sentido, criou aparatos que lhe conferem a responsabilidade de agir contra a marginalização. Os embates e debates não se centram, portanto, na polaridade "culpar ou não culpar as vítimas" — ponto modal da controvérsia norte-americana —, mas procuram criar instâncias públicas que interfiram nestas situações e nas causas que as produzam.

Neste particular, a renda mínima de inserção (RMI) é paradigmática, pois o núcleo do debate não reside no fato de ela provocar uma "cultura da inatividade". Ao contrário, as críticas dominantes são dirigidas por ela não ser um direito de caráter inquestionável e apresentar a formalização de um contrato individual, constantemente submetido a questionamentos de entrevistas, ministrados por agentes dos serviços sociais. Para ter acesso a este direito, a pessoa necessita comprovar sua "desabilitação social" advinda de uma trajetória existencial estilhaçada por sofrimentos e fracassos. Precisa também recompor seu projeto de vida, seja com formação e capacitação profissional, seja com a busca de um emprego ou de uma outra atividade social (Castel e Laé, 1992).

Contudo, diferentemente da concepção americana, prevalece o princípio de prerrogativa de direitos: as políticas sociais orientam-se para reinserir os grupos marginalizados, mas estas não constituem contrapartida necessária para a obtenção de benefício. Em síntese, trata-se de um direito universal e, portanto — ao contrário da responsabilização individual presente nos Estados Unidos —, a fórmula republicana francesa consiste em afirmar que "[...] todo problema social do indivíduo é, antes de tudo, responsabilidade da sociedade, que o indivíduo sofre os efeitos da sociedade, e esta, portanto, deve-lhe proteção" (Donzelot, 2001: 223).

Nas páginas anteriores mostrei que a temática da vulnerabilidade está centrada, no caso americano, em culpar ou não culpar a vítima. O discurso hegemonizado de modo crescente pelos conservadores nos últimos vinte anos apregoa que os serviços sociais estariam quebrando a ética do esforço e da responsabilidade individual ao instalar o que chama de *welfare dependency*. No caso francês, ao contrário, em função da forte tradição republicana e jacobina estruturada na crença sobre as virtudes da civilidade e do civismo que fundamentam os laços de solidariedade entre os diversos interesses e reivindicações, os embates e os debates, à esquerda ou à direita, tornam o Estado elemento central na promoção da reinclusão dos grupos marginalizados ou desfiliados. Como será detalhado no capítulo seguinte, a questão da vulnerabilidade socioeconômica e civil na sociedade brasileira apresenta conteúdos bem diversos.

2.
SOBRE A VULNERABILIDADE NO BRASIL URBANO

Antecedentes teóricos

> "Neste sentido ela [a pobreza] tem sim uma finalidade, qual seja, a de reproduzir a ordem social que é sua desgraça. Como ficamos?"
>
> Roberto Schwarz (1990)

Este capítulo tem por objetivo discutir a vulnerabilidade socioeconômica e civil. De imediato, deve ser enfatizado que, no percurso dos anos 1980 e 1990, consolidou-se um sistema político democrático, baseado no voto secreto e universal, competição partidária, alternância nos vários escalões dos legislativos e executivos e controle pelo poder judiciário do processo eleitoral. Há muitas críticas a serem feitas quanto à corrupção, influência da mídia ou às poderosas pressões do mundo econômico e dos currais eleitorais, mas, comparando-se a anos anteriores, creio ser possível afirmar que não há *déficit de democracia política* no Brasil (Kowarick, 2000a: 108-10).

O mesmo não se pode dizer dos direitos civis. Em particular, da igualdade perante a lei, da própria integridade física das pessoas e dos direitos sociais — acesso à moradia digna, serviços médico-hospitalares, assistência social, níveis de remuneração adequados. Isto para não falar no desemprego, nas múltiplas modalidades arcaicas e modernas de trabalho precário, autônomo e assalariado, ou na enorme fatia das aposentadorias que produz uma velhice muitas vezes marcada por acentuados graus de pobreza. Em suma: vulnerabilidade em relação a direitos básicos, na medida em que os sistemas públicos de proteção social não só sempre foram restritos e precários como também, em anos recentes, houve desmonte de serviços e novas regulamentações legais que se traduziram na perda de direitos adquiridos. Quanto à vulnerabilidade civil, não obstante alguns intentos de tornar certos grupos — crianças, jovens, mulheres ou idosos — mais protegidos nos seus direitos, basta olhar as notícias e as estatísticas estampadas na imprensa acerca de atos criminais perpetrados por bandidos e pela polícia, muitas vezes impunes, que revelam a fragilidade do Estado em um atributo básico, o monopólio legítimo da violência.

Antes de enfrentar a questão da vulnerabilidade socioeconômica e civil da atualidade brasileira, convém apontar que a problemática da "exclusão", sob várias nomenclaturas conceituais, tem larga tradição nas nossas ciências sociais. Retórica e enfaticamente, sempre se falou em "capitalismo excludente", e a mesma adjetivação foi também usada para dinâmica produtiva, industrialização, urbanização ou para alianças e sistema político. O entendimento era que mudanças significativas — diversificação e crescimento econômico, migração para as cidades e as oportunidades socioeconômicas e políticas que estes processos abriam — sempre deixavam de incorporar grandes parcelas nos benefícios do desenvolvimento e da modernização. Estes eram incompletos, inacabados, elitistas ou até predatórios, para as versões interpretativas que associavam o crescimento à pobreza, cuja síntese combinava os desiguais em um conjunto tenebroso: a *Belíndia*, mistura atrofiada de Bélgica e Índia, espécie de "ornitorrinco tupiniquim".

Um momento áureo deste debate ocorreu em torno dos anos 1960-1970. Fruto das ebulições da época — desconsolidação e experiências socialistas em países recém-independentes da África, os múltiplos protestos e greves nacionais, Cordabaços e Bogotaços, que eclodiram em vários países do continente e, sobretudo, as esperanças depositadas na Revolução Cubana, sem falar na mística do guevarismo e seus desdobramentos guerrilheiros, ou no massacre da transição pacífica ao socialismo de Salvador Allende —, estes debates pensavam e agiam na superação do subdesenvolvimento: mais do que nunca havia uma *Nuestra América*.

Não pretendo mergulhar nos meandros desta discussão que em muito transcendeu o mundo acadêmico. Quero apenas assinalar que o ambiente intelectual daquela época induzia à feitura de análises críticas e abria caminhos para investigar de forma engajada acerca das impossibilidades de nossas sociedades se desenvolverem e se emanciparem no âmbito do sistema capitalista de produção. Refiro-me ao debate que se processou em torno da questão da marginalidade, cujo alicerce se apoiava nas teorias marxistas das classes sociais, seu(s) partido(s) e suas capacidades de construir alianças e, portanto, fomentar hegemonias nos processos de transformação no contexto de sociedades periféricas e dependentes (Zenteno, 1973). Nos limites deste texto não posso traçar os percursos desta acirrada discussão, mesmo porque a releitura dos textos quarenta anos depois, por não se estar mais no calor da hora, requer cautelas decorrentes do esfriamento dos acontecimentos: o sentido deste rápido desvio é levantar alguns poucos temas desta polêmica que podem, eventualmente, alimentar o debate atual ou, pelo menos, alertar que ele tem uma rica tradição teórica e política.

O primeiro ponto refere-se à ferrenha oposição Fernando Henrique Cardoso *versus* José Nun, que não decorre apenas de diferentes leituras, por sinal marcadamente exegéticas, dos *Grundrisse* e de *O Capital*, mas que é, além de teórica, de cunho político (Nun, 1969: 178-238; 1972: 97-128; e 2001; Cardoso, 1971a: 99-130). Isto porque os autores apresentam concepções opostas quanto à (dis/a)funcionalidade do exército industrial de reserva, o que nada tem de banal sobre as dinâmicas e identidades das classes trabalhadoras e, *primus inter paris*, o operariado industrial, tido por muitos como sujeito que ocupava a centralidade política nas alianças de classes e, portanto, motor das transformações históricas.

A ebulição mais ampla deste campo de discussão dava-se em torno das teorias da dependência. Não pretendo traçar as vertentes interpretativas que marcaram suas ramificações (Dos Santos, 2000). Simplesmente aponto para o fato de que no centro da questão, novamente, está Fernando Henrique Cardoso, acompanhado na época por Enzo Faletto na seminal e multitraduzida obra sobre as potencialidades do desenvolvimento econômico nas sociedades da periferia do capitalismo (Cardoso e Faletto, 1970; Cardoso, 1971b, 1974 e 1980). Penso ser correta a afirmação de que, para esta matriz interpretativa, não há irredutibilidade entre dependência e crescimento/diversificação econômica, pois o processo de acumulação do capital não precisa — pelo menos nos países que avançaram na industrialização como Brasil, México e Argentina — se dinamizar na redução salarial e aumento da jornada, isto é, na extração de mais-valia absoluta. Tampouco os setores "arcaicos" da economia, protagonizados de modo exemplar pelas atividades do assim chamado setor informal — ambulantes e biscateiros de toda ordem, os serviços pessoais e as infindáveis tarefas executadas pelo imenso reservatório de mão de obra —, teriam maiores significações no rebaixamento do custo de reprodução e reposição da força de trabalho: não haveria razões históricas e estruturais para que as leis gerais da produção capitalista da periferia industrializada deixassem de estar assentadas no aumento do componente técnico da composição orgânica do capital, impulsionado pela extração relativa de excedente. Também não haveria tendências à estagnação ou ao aumento de desemprego, pois suas taxas seguiriam os ciclos de retração e expansão do sistema econômico; nem, em decorrência da perversa distribuição de renda, haveria subconsumo de grande parcela da população. Não necessariamente ocorreria aumento da pobreza e da miséria e haveria avanço nas modalidades de produção e de exploração do trabalho; avanço dependente, mas avanço no crescimento econômico. Em síntese: o desenvolvimento dependente mostrava-se caminho histórico passível de ser trilhado.

Penso que Ruy Mauro Marini foi o autor que de modo mais abrangente e radical se opôs a esta versão, moldada no *desenvolvimentismo periférico*. Sua obra, como a de Cardoso, tem um percurso sempre atualizado no debate acadêmico internacional. Sua evolução não apresenta sentido linear, mas guarda alguns fios condutores recorrentes, tanto nas indagações científico-metodológicas — e, como não podia nem deveria deixar de ser, nas ciências humanas da época —, como nas premissas de caráter político-ideológico (Marini, 1969, 1973 e 2000).[1]

Ao contrário das colocações "*desenvolvimentistas*" sumariamente antes esboçadas, a obra de Marini irá insistir na ocorrência não virtual nem pretérita do processo de *superexploração do trabalho*, que combina mais-valia relativa com absoluta e faz desta última um elemento básico do processo de acumulação de capital. Básico porque vital na aceleração de extração do excedente, ou seja, intrínseco ao próprio processo de criação de riquezas. Suas consequências: rebaixamento salarial, aumento da jornada de trabalho, desemprego e subemprego crônicos, concentração de renda aparentemente contraditória em relação ao grau de desenvolvimento e diversificação da economia. Aparência que esconde o subconsumo das camadas trabalhadoras urbanas e rurais e espelha um modelo espoliativo e predatório de crescimento baseado em bens de consumo e pouco voltado para o mercado interno de massa. Em suma: estas sociedades da periferia do capitalismo teriam leis gerais de acumulação inerentes ao desenvolvimento dependente periférico que reproduz antigas formas, ao mesmo tempo que produz novas modalidades de produção capitalista, estruturadas no pauperismo, desigualdade e marginalização, no *subdesenvolvimento social e econômico*.

---

[1] Não vou analisar os caminhos da problematização por que passam estas obras nem repisar as trilhas que levam a oposições argumentativas não conciliáveis nos seus postulados e resultados analíticos. De modo especial, de um lado, Serra e Cardoso (s.d.); de outro, Marini (2000).

Forço o argumento, pois penso não distorcê-lo ao afirmar que prevalece, de uma parte, a afirmação de que o desenvolvimento periférico não se contrapõe a reformas sociais e econômicas na direção de ampliar direitos básicos de cidadania e consolidar sistemas democráticos. De outra, sublinha-se que as mazelas sociais e econômicas são de caráter estrutural, o sistema democrático é formal e ineficaz para enfrentar as crescentes desigualdades, ao mesmo tempo em que se reafirma que a superação destas contradições está fora do horizonte do sistema capitalista. Assim, a ruptura radical constitui a única forma de superá-las e o corolário desta afirmação é que o socialismo é desejável e possível (Frank, 1969a e 1969b). Seguindo certa tradição marxista do pensamento socialista, o *apartheid* presente nos processos urbano-industriais de nossas cidades só poderia ser enfrentado pela *revolução social*: eis a última frase de um ensaio que muito marcou as análises dos anos 1970 e que, com sentido e significação diversos da época em que foi formulado, pode ganhar atualidade teórica para checar as virtualidades da expansão capitalista nas sociedades periféricas (Oliveira, 1972).

Não estou afirmando que estes debates tiveram importância decisiva no processo de transformação social daqueles tempos. Sem sombra de dúvida, houve acontecimentos que tiveram reflexos diretos no pensamento e na ação político-partidária. Basta relembrar Che Guevara em Punta del Leste, em 1961, no início da Aliança para o Progresso, referindo-se à estratégia de desenvolvimento então adotada por iniciativa do governo americano na gestão Kennedy como a "revolução das latrinas", aludindo aos programas de saneamento básico aventados na época. Ou o guevarismo, símbolo de pureza e coragem revolucionária, seu isolamento e morte na Bolívia poucos anos depois, as consequências para os movimentos guerrilheiros latino-americanos advindas das interpretações foquistas ou o esmagamento do Chile socialista de Salvador Allende. Diante destes fatos, as contendas teórico-políticas sobre as classes nas sociedades periféricas e o desenvolvimento dependente tornam-se opacas. Feita esta ressalva, não tenho dúvida em afirmar que estes debates alavancaram de forma teoricamente consistente e politicamente madura os postulados e teses do reformismo *versus* a revolução e, por conseguinte, ganharam vasta visibilidade política na história do pensamento crítico latino-americano.

Talvez tivessem sido pesadamente economicistas, faltando-lhes ingredientes da tradição — inclusive latino-americana — do pensamento gramsciano. Talvez tenham sido marcadamente estruturalistas, seguindo modelos explicativos apoiados em proposições epistemológicas da escola althousseriana e, certamente, deixaram de abordar a formação das classes sociais através das suas *experiências* cotidianas de luta, seguindo a tradição da historiografia marxista inglesa. Contudo, as análises não só encaravam os macroprocessos históricos e estruturais como entravam no mérito das alternativas destes percursos, enfrentando questões teóricas e políticas estratégicas para o porvir da *Nuestra América*. Escantearam, definitivamente, as interpretações etapistas do marxismo genético-finalista ou da evolução gradualista da teoria da modernização. Sobretudo, superaram as vertentes dualistas, insistindo que o todo continha partes desiguais, mas que estas desigualdades se combinavam através de processos sociais e econômicos em que os elementos "arcaicos", "tradicionais" ou "subdesenvolvidos" não eram pesos que entravavam a dinamização das engrenagens produtivas, mas, ao contrário, constituíam elementos que davam suporte ao processo de criação de riquezas. Neste sentido, vale frisar que a questão da marginalidade não foi equacionadora enquanto algo à parte, excluído das dinâmicas básicas da sociedade, mas como uma modalidade de inclusão intermitente, acessória, ocasional, marginal, porém integrante do processo produtivo. Nada mais oposto, portanto, da situação de exclusão, se por isso se entender configurações de desligamento social e econômico que conformam um mundo isolado:

> "Seria útil e conveniente retornar às importantes e sólidas análises latino-americanas e brasileiras sobre

> marginalidade social desenvolvidas nos anos 1960 e 1970. [...] As políticas econômicas atuais, no Brasil e em outros países [...] implicam a proposital inclusão precária e instável, marginal. [...] Discutimos a exclusão e, por isso, deixamos de discutir as formas pobres, insuficientes, e, às vezes, até indecentes da inclusão" (Martins, 1997: 16 e 20-1).

Para melhor entender os processos que produzem a vasta vulnerabilidade social e econômica, talvez seja pertinente retomar algumas questões colocadas pela discussão em torno da teoria de marginalidade. Inicialmente, analisar de maneira interligada as várias formas de desinserção da mão de obra no sistema produtivo: a expansão de tarefas "tradicionais" centradas no trabalho autônomo e informal, conjuntamente com as "novas" atividades decorrentes da ampla terceirização da dinâmica financeira, fabril, comercial e de serviços, que se traduz na redução dos assalariados permanentes e regulares, no espetacular crescimento da fração estagnada do exército de reserva, enquanto diminui a intermitente pela redução do emprego formal, para não mencionar a explosão das atividades legais e ilegais que se avolumam na degradação e miserabilidade do *lumpen*. Colada a esta questão social e econômica, reaparecem as múltiplas modalidades de rebaixamento do custo de reprodução e reposição da mão de obra e para tanto (como será analisado a seguir), basta focalizar o aumento dos moradores em favelas nos últimos anos. Por que temer o conceito de *superexploração da força de trabalho*, quando se sabe que a indústria automobilística, em seu núcleo fabril básico, tem alterado as formas gerenciais e produtivas apoiadas na robotização e na flexibilização, sem que haja aumento da massa salarial e do nível médio da remuneração, ao mesmo tempo que externaliza a fabricação de peças através da montagem em cadeias produtivas regida por rigorosos controles de qualidade?

Isto faz com que nelas impere a intensificação do ritmo produtivo, aumento da jornada, ampla utilização de mão de obra feminina e constantes reduções dos níveis de remuneração — o que apresenta características altamente predatórias, como a utilização, na ponta da cadeia produtiva, do trabalho infantil. Trata-se, portanto, de geração de excedente apoiada fortemente na extração de *mais-valia absoluta*, sem mencionar que parte deste processo se assemelha ao *putting out*, marca genuína da assim chamada acumulação primitiva: a força motriz desta modalidade de exploração do trabalho dinamiza-se em unidade industrial moderna, tecnologicamente avançada, sediada em São Bernardo, município da Grande São Paulo, de grande tradição de luta operário-sindical; por conseguinte, tudo leva a afirmar que, em regiões de industrialização mais recente, estas formas de criação de riqueza também ocorram, talvez até com mais brutalidade (Leite, 2000).

Para não ser exaustivo, finalmente remeto à necessária e incompleta discussão acerca da perda da centralidade econômica e política do proletariado industrial, relacionada com o aumento do setor terciário, da flexibilização e da externalização da produção fabril e dos serviços, do incremento da mão de obra autônoma, do trabalho em domicílio infra e superadestrado, da vasta desqualificação da mão de obra e da retração do emprego regular e formal: em face destas e outras mudanças radicais nas dinâmicas de geração de excedente, cabe questionar os significados e sentidos das classes trabalhadoras de nossas atualidades capitalistas (Oliveira, 2000). Por último: se o socialismo saiu do horizonte dos ideais e das utopias e se, ademais, a ideia de revolução perdeu força mobilizadora porque, entre outras razões, como Saturno, ela tem devorado seus filhos, permanece o vasto fosso que caracteriza o *apartheid social* de nossas cidades.

Atualidades conceituais

Não vou aprofundar as razões que fizeram estes temas entrarem em declínio no cenário analítico das ciências sociais no

Brasil, mesmo porque este foi um movimento que transcendeu em muito nossas fronteiras. De todo modo, a perda de força hegemônica do assim chamado marxismo ocidental e suas consequências na desesperança do ideário socialista, no descrédito das rupturas e superações, violentas ou pacíficas, e nas destituições da centralidade do mundo operário-fabril que ocorreram com o avanço da última revolução científico-tecnólogica, ocasionaram profundas mudanças nos modos de equacionar a *questão social*, na acepção das interrogações que balizam os problemas básicos da nossa sociedade: os anos 1980 foram marcados por estudos sobre as lutas nas aglutinações de bairro que passaram, não raras vezes, a ser encaradas como principais impulsionadoras das mudanças sociais e políticas de cunho mais amplo (Kowarick, 2000a). Por outro lado, muito esforço foi despendido para adquirir uma visão analítica mais sistemática acerca do caráter do regime autoritário implantado no país pós-1964 e da lenta e gradual transição política que se acelerou na década de 1980, enfatizando, de modo particular, as mudanças institucionais do sistema político (Miceli, 1999).

Do ângulo deste texto convém reafirmar que os *déficits* nos aspectos civis, sociais e econômicos da cidadania continuaram amplos nos anos 1990-2000. Não cabe aqui detalhar as inúmeras formas de vulnerabilidade quanto ao emprego, aos serviços de proteção social ou ao aumento da violência criminal. Contudo, cabe ressaltar que estes processos produziram um campo de investigações centrado na questão da fragilização da cidadania, entendida como perda ou ausência de direitos e como precarização de serviços coletivos que garantiam uma gama mínima de proteção pública para grupos carentes de recursos — dinheiro, poder, influência — para enfrentar intempéries nas assim denominadas *metrópoles do subdesenvolvimento industrializado*.

Para ir ao ponto que interessa sublinhar, vale a citação:

> "[...] a questão social é o ângulo pelo qual as sociedades podem ser descritas, lidas, problematizadas

> em sua história, seus dilemas e suas perspectivas de futuro. [...] Essas diferenciações e segmentações (sociais, econômicas e civis) [...] podem ser tomadas [...] como a contraface de uma destituição de direitos [...] Trata-se de uma destituição [...] que, ao mesmo tempo em que gera fragmentação e exclusão, ocorre em um cenário de encolhimento de legitimidade dos direitos sociais" (Silva Telles, 1996: 85 e 90).

Neste sentido, qual é nossa *questão social*? Há várias, mas talvez aquela que mais se sobressai no âmbito das relações entre Estado e sociedade reside na dificuldade em expandir os direitos de cidadania: depois de uma década de lutas e reivindicações, num contexto em que gradualmente consolida-se um sistema político democrático, deixa de ocorrer um enraizamento organizatório e reivindicativo que consolide um conjunto de direitos básicos. Eles podem estar na Carta de 1988, mas não se traduzem no fortalecimento de um campo institucional de negociação de interesses e na arbitragem de conflitos, nem em políticas sociais de alcance massivo: não ocorreram processos que levassem à consolidação de uma condição do *empowerment* de grupos e categorias da sociedade civil (Friedman, 1992).

Contudo, esta fragilização de direitos não pode ser vista enquanto decorrente da crise da *sociedade salarial* (Castel, 1995a). Isto porque, na acepção forte do termo, nunca houve semelhante modalidade de sociedade no Brasil, e tampouco na América Latina, nem no Chile de Allende ou na Argentina de Perón, das primeiras épocas de expansão das políticas públicas. Isto porque ela não supõe apenas que a força de trabalho esteja majoritariamente empregada de maneira permanente e regular quanto à legislação vigente. Implica também um percurso profissional protegido por contratos coletivos que levem à ascensão social e econômica ou, pelo menos, garantam certos direitos aos que nesta trajetória forem alijados do mercado de trabalho. Como detalhado no capítulo anterior, os substratos históricos deste longo processo estão na sedimentação de instituições políticas, sindicais e comunitárias que produzem experiências de organização e de luta e nas construções de valores e discursos que dinamizam as energias das identidades e oposições. Além de proteções e garantias que transcendem em muito o mundo do trabalho, ela constitui um campo institucional de negociação e arbitramento que se estrutura na virtualidade de *ampliar os direitos socioeconômicos e civis*. No caso francês, basta se debruçar sobre o processo histórico que leva ao reconhecimento do desempregado para perceber que a construção da sociedade salarial é plena de conflitos e negociações que acabam por produzir o reconhecimento público do assalariado enquanto sujeito de direitos coletivos quando se encontra alijado do processo produtivo (Topalov, 1994): este certamente não é nosso caso, pois as garantias do (não) trabalhador sempre foram restritas e frágeis.

O mínimo que se pode dizer é que no Brasil jamais houve instituições políticas sindicais ou comunitárias com força suficiente para garantir a efetivação de direitos básicos do mundo do trabalho ou proteger o morador, transeunte e usuário de serviços básicos das intempéries do mundo urbano. Houve, sem dúvida, ilhas de modernização econômica e dinamização social, cujo exemplo mais evidente foi o município paulista de São Bernardo do Campo dos anos 1970 e 1980, energizado pelos trabalhadores das grandes empresas, pela ação reivindicatória impulsionada pelo "novo sindicalismo", pelo emaranhado de bairros operário-populares, onde pipocavam múltiplas lutas urbanas, nas quais as Comunidades Eclesiais de Base (CEBs) tinham presença significativa e, neste contexto de ebulição social e política, nasce o Partido dos Trabalhadores, ao mesmo tempo impulsionado e impulsionador dos movimentos sociais (Sader, 1988; Singer e Brant, 1981).

Esta foi uma experiência limitada no tempo e no espaço, espécie de luz que iluminava as ações políticas nos seus esforços de ampliar os direitos que permaneciam restritos a um pálido e atrofiado Estado de Bem-Estar. Repensando os anos 1970 e 1980, creio que tínhamos como parâmetro teórico — e político-ideológico — os setores mais organizados da classe trabalhadora urbano-industrial. Para além de todas as iniquidades socioeconômicas e arbitrariedades políticas, estava se constituindo na esteira da acumulação fordista e do modelo nacional-desenvolvimentista inaugurado em 1930 e alavancado no segundo pós-guerra, nichos estreitos do ponto de vista quantitativo, mas com crescente visibilidade política, que vislumbravam a possibilidade de uma sociedade salarial: comparada aos países avançados, ela seria raquítica não só pela estreiteza das políticas públicas, mas porque lhe faltavam experiências, identidades e instituições que dessem força às lutas operário-populares e que forjassem um campo de direitos que estivesse na base das reivindicações e negociações coletivas. Este quadro era muito tosco, mas servia como farol que iluminava a luta pela extensão e consolidação dos direitos de cidadania. Os "cinquenta anos em cinco" de Juscelino constituíam a metáfora deste modelo desenvolvimentista, centrado na Grande São Paulo, cuja cidade, dizia-se na época com orgulho, era a que "mais crescia no mundo". É o "*momento de fusão*" das lutas urbano-operárias, cujo clímax foram as greves metalúrgicas do final dos anos 1970 e seu espraiamento para outros setores no percorrer do decênio seguinte. Abre-se então uma longa conjuntura de lutas que, não obstante seu vigor, raramente atingem suas reivindicações, traduzindo-se, no mais das vezes, naquilo que se convencionou denominar "*experiências de derrota*" (Kowarick, 2000a): é o período dos anos 1980, no qual configura-se uma blocagem na mobilidade social ascendente, fato inédito na história republicana. A movimentação operário-sindical teve efeitos diminutos ou nulos do ponto de vista da expansão dos direitos: a modernização tecnológica, produtiva e organizacional significou destruição do trabalho assalariado permanente e regular, em grande parte substituído pelo emprego precário, flexível, instável, irregular, autônomo, informal ou outras designações. O resultado foi uma "terceirização suja e predatória [não só, diria eu] na ponta da cadeia produtiva da empresa" (Rizek e

Silva, 1996). Algumas cifras: em 1990, 36% dos que moravam ou trabalhavam em São Paulo desenvolviam tarefas assalariadas ou autônomas marcadas pela informalidade, parcela que nove anos depois sobe para 49%, isto é, quase 2,2 milhões de pessoas, ao passo que, em período equivalente o emprego assalariado formal decrescia em 18%:

> "A maioria está na informalidade em razão do desemprego e a ampla maioria tem como demanda a regulamentação da atividade [...] Ela tem um lugar na cadeia produtiva [...] Porém, isto não significa que esta inserção seja importante na geração de renda. Pelo contrário, esta integração é extremamente precária e, além de não garantir o acesso aos direitos sociais e trabalhistas básicos [...], ela se caracteriza por uma renda muito baixa" (CUT, 2000: 9).

Vale apontar que na Região Metropolitana de São Paulo a evolução dos dados nos anos 1990-2000 indica um desempenho econômico perverso para grande parte dos trabalhadores quanto aos níveis de remuneração, desemprego, desassalariamento e trabalho irregular, reproduzindo uma vasta situação de pobreza e vulnerabilidade que marcou o decênio de 1980, a assim chamada década mais do que perdida (Lopes e Gottschalk, 1990). Necessário se faz acrescentar que, entre 1989 e 2001, o rendimento médio dos trabalhadores cai 30% e o desemprego sobe de 9% para 18% — no início do período apenas 3% permaneciam desempregados por mais de doze meses, proporção que salta para 22%, momento que o tempo médio de procura de trabalho é de 48 semanas, conforme mostra a Tabela 1.

Dados desta natureza poderiam ser repetidos *ad nauseam* para todas as metrópoles brasileiras. Não vou insistir no detalhamento da situação econômica e social da população das grandes cidades brasileiras, nem deixar de apontar que em vários aspectos básicos — queda na mortalidade infantil e geral, com consequente aumento na esperança de vida, maior proporção de domicílios servidos por rede de água, esgoto e coleta de lixo, ou a porcentagem de crianças e jovens nas escolas e a queda nas taxas de analfabetismo — ocorreram melhorias significativas.

Tabela 1
EVOLUÇÃO DA FORÇA DE TRABALHO
Região Metropolitana de São Paulo, 1989 e 2001

Caracterização da força de trabalho	1989	2001
Rendimento médio (índice)	100,0	70,2
Contratos flexibilizados (%)[1]	20,9	35,4
Desemprego total (%)	8,7	17,6
Mais de 12 meses procurando emprego (%)	2,9	22,3
Duração média da procura de trabalho em semanas	15,0	48,0

[1] Assalariados sem carteira, serviços terceirizados e autônomos que trabalham em empresa.
Fonte: DIEESE/SEADE: Pesquisa Emprego e Desemprego (PED), 2003.

Mas há um componente vital na determinação do padrão de vida urbana, a moradia. Ele deve ser ressaltado devido à precariedade de boa parcela das habitações e porque inexistem políticas habitacionais massivas voltadas para a população de baixa renda (Instituto de Cidadania, 2000). Refiro-me particularmente às favelas — entendidas como ocupação de terra alheia, pública ou privada, cujas unidades habitacionais, barracos de madeira ou casas de alvenaria, estão presentes em boa parte das cidades médias e grandes do Brasil, muitas situadas em zonas insalubres ou em áreas de risco.

Destaco o caso do município de São Paulo por serem conhecidos aqui alguns processos de favelização. Primeiramente, cabe frisar seu ritmo de crescimento, pois, se em meados dos anos 1970 os favelados representavam apenas 1% da população da cidade, cerca de 72 mil pessoas, esta parcela sobe para 4,4% em 1980, pouco mais de 800 mil habitantes, e atinge 11,2% vinte

OITENTA
Vendemos
Muito
mais
DO BEBE
COMPRA-SE
OURO
PLATINA - BRILHANTES
PRATA
TROCA-SE
EURO - DOLAR
RELÓGIOS
ROLEX E OUTROS
CELULAR
ATESTADO
DE SAUDE
AUDIOMETRIA
FOTO

PING
CENTRAL

anos depois, quando são 1.610 mil os moradores neste tipo de aglomerado.[2]

Vale ressaltar que metade dos favelados chegou a este local extremamente espoliativo de moradia entre 1987 e 1993, denotando a aceleração de uma dinâmica que tem a ver com a grave crise econômica do início dos 1990. Mais ainda: 39% saíram de casas alugadas e 9% de residências próprias, o que indica volumosa mobilidade socio-habitacional descendente. Esta argumentação é reforçada pelo fato de os chefes de família serem jovens — 47% até 35 anos — e suporta a afirmação segundo a qual se rompe o tradicional processo de autoconstrução da casa própria por parte dos que deixam a casa paterna, dinâmica extremamente vigorosa nos anos 1950-1970 e já em declínio no decênio seguinte (Prefeitura do Município de São Paulo, 1996b).

Não resta dúvida de que as favelas são extremamente heterogêneas tanto do ponto de vista da qualidade urbanística e habitacional como das condições sociais e econômicas das camadas que nelas residem. Por outro lado, é também conhecido que em relação a décadas anteriores houve melhorias nos padrões de habitabilidade relativos à moradia e a serviços como coleta de lixo e conexão à rede de água (Pasternak, 1997). Não obstante tais melhorias, para a grande maioria, habitar em favelas representa viver em um meio ambiente sujeito a altos índices de degradação e contaminação. Contaminação e degradação tendo em conta o destino dos dejetos, a baixa proporção de unidades habitacionais ligadas à rede de esgoto, ao grande número de aglomerados à margem de córregos sujeitos a inundações e à erosão ou em áreas de acentuada declividade (Pasternak, 1996): neste sentido, é exemplar a favela Vila Nova Jaguaré, não longe da Universidade de São Paulo, objeto do Capítulo 5 deste livro, que agrega cerca de 12 mil habitantes e apresenta grau razoável de serviços ur-

---

[2] Estimativa realizada pelo Centro de Estudos da Metrópole/Superintendência da Habitação Popular, SEHAB, Prefeitura de São Paulo.

banos nas suas áreas mais altas, onde, nos dias de chuva, toda sorte de detritos e dejetos se mistura no lamaçal de suas zonas baixas, gerando um odor fétido que impregna as moradias de seus habitantes.

Mas não é somente pelas condições físico-ambientais ou pela situação irregular quanto à propriedade do imóvel que habitar em favela constitui, para muitos, um processo de descenso social. Além disso, prevalece forte percepção de que a favela é local de vagabundagem e desordem, tido e havido como antro de vício e criminalidade. Vou repetir texto antigo que continua a ter atualidade em face do aumento do desemprego, do trabalho informal e intermitente, das famílias com chefia feminina, tráfico de drogas, da violência e do destaque sensacionalista com que a mídia trata o assim chamado "caos urbano":

> "[A condição de *subcidadania urbana*] é importante para fundamentar uma forma de controle social pela vistoria da vida privada das pessoas: o mundo da desordem, potencialmente delinquente, é jovem [...] de preferência não porta ou não tem carteira de trabalho e mora nos cortiços das áreas centrais ou nas favelas das periferias. Sobre esta modalidade de moradia, o imaginário social constrói um discurso que esquadrinha a mistura de sexos e idades, a desorganização familiar, a moralidade duvidosa, os hábitos perniciosos, olhando estes locais como focos que fermentam os germes da degenerescência e da vadiagem e daí o passo para a criminalidade. Ou seja: a condição de subcidadão como morador das cidades constitui forte matriz que serve para construir o diagnóstico da periculosidade" (Kowarick, 2000a: 54-5).

Estas longas digressões acerca das recentes situações precárias de trabalho e moradia em São Paulo objetivam caminhar no sentido teórico de problematizar o conceito de *desfiliação*, proposto conforme a obra seminal de Robert Castel (Castel, 1995a) e desenvolvido no Capítulo 1: significa perda de raízes e situa-se no universo semântico dos que foram desligados, desatados, desamarrados, transformados em sobrantes e desabilitados para os circuitos básicos da sociedade. Não se trata, convém relembrar, de um estado ou condição, mas de um processo que é preciso perseguir para delinear suas transformações, pois a *questão social* só pode ser equacionada através da perspectiva histórica.

Desenraizamento social e econômico significa, de um lado, enfraquecimento de laços da sociabilidade primária — família, parentela, bairro, vida associativa e o próprio mundo do trabalho; de outro, desemprego de larga duração ou trabalho irregular, informal, intermitente ou ocasional, que advém de várias modalidades de desinserção no sistema produtivo. No caso brasileiro, a desfiliação não pode ser equacionada enquanto decorrente da crise da sociedade salarial, pois — como já apontado — esta pressupõe um campo de conflitos, negociações e conquistas estruturado em instituições sociais e políticas solidamente constituídas. Contudo, parece pertinente falar em desenraizamento da condição do assalariado formal, cuja expressão recente é o aumento da fatia de desempregados e a mão de obra sem carteira assinada, à qual se soma a massa de tarefeiros de toda ordem. Em outros termos: não foram tanto as práticas de luta do mundo fabril e sindical que se perderam, mas a experiência de regularidade quanto a rendimentos provenientes de trabalho contínuo, assalariado ou autônomo, e para boa parcela a segurança conferida pela previsibilidade em relação à aposentadoria por tempo de serviço. Neste sentido, penso ser possível afirmar que está ocorrendo um vasto processo de desenraizamento do mundo do trabalho, na medida em que, para muitos, ele tornou-se informal, instável e aleatório. Não estou sozinho nesta afirmação:

> "A sociedade capitalista desenraiza, exclui, para incluir, incluir de outro modo [...] antes, logo que se dava a exclusão, em curtíssimo prazo se dava a inclusão:

os camponeses eram expulsos do campo e eram absorvidos pela indústria, logo em seguida. [...] Em outras palavras, o período da passagem do momento de exclusão para o momento da inclusão está se transformando num modo de vida, está se tornando mais do que um momento transitório" (Martins, s.d.: 32-3).

O desenraizamento no âmbito da sociabilidade primária já é mais difícil de ser configurada. De fato, estudos apontam para mudanças na sociabilidade familiar e comunitária, mas também realçam sua importância para, num contexto de fraca presença da ação estatal, enfrentar os desafios decorrentes da fragilidade dos direitos sociais. E também para, em tempos mais recentes, enfrentar a vulnerabilidade quanto aos direitos civis básicos, cujas expressões mais flagrantes transparecem através das várias formas de violência perpetradas por bandidos e pela polícia.[3]

É importante realçar que, entre 1930 e 1980, foi massivo o deslocamento dos habitantes das zonas rurais e dos pequenos aglomerados rumo às grandes metrópoles, dentre as quais destacava-se a Grande São Paulo, o que implicava desenraizamento social e econômico, típico da dinâmica migratória que conduz aos centros urbanos. Nunca é demais recordar que mobilidade territorial significou muitas vezes e até em tempos atuais escapar da miserabilidade ou mesmo da violência perpetrada pelos potentados agrários. Por outro lado, via de regra, ocorria no pon-

[3] Mas há indicações no sentido inverso. A primeira delas refere-se ao aumento de famílias monoparentais chefiadas por mulheres, que subiu na RMSP de 10%, em 1988, para 14%, no final do decênio seguinte. Para os grupos pobres este fenômeno tem sido apontado como elemento desestruturador da vida familiar e causa de empobrecimento. Por outro lado, o fato de a principal *causa mortis* de jovens entre 14 e 25 anos, principalmente nas periferias da Metrópole, centrar-se no homicídio constitui também um forte indicador de desagregação da sociabilidade primária: talvez não seja o caso de falar em desenraizamento social, mas, certamente, estes processos estão a indicar incremento da vulnerabilidade socioeconômica e civil.

to de chegada, a Metrópole, inserção nas engrenagens produtivas que podia não ser o emprego regular e frequentemente era malremunerado, porém contínuo, o que abria a possibilidade de uma integração na cidade através da autoconstrução, resultando em moradia própria, lentamente conectada aos serviços urbanos básicos. Estes processos, junto com o acesso à escola por parte dos filhos e ao sistema de saúde, por mais precários que fossem, significavam conquistas altamente valorizadas em relação ao passado não metropolitano. Representavam, por conseguinte, forte assimilação aos valores urbanos, que se traduziam na simbologia de ter "vencido os assim chamados desafios da cidade". Aqueles que não eram capazes de saltar os obstáculos da Metrópole eram os que não conseguiam pagar "o preço do progresso": moradia própria com infraestrutura urbana, educação e saúde constituíam vigorosas alavancas integrativas que abriam espaços valorativos e reais de ascensão social, não obstante perdurarem ocupações advindas de atividades de toda ordem, mas que compensavam a ausência ou a intermitência do emprego assalariado regular.

Naquela situação conjuntural, tudo indica ser errôneo utilizar a noção de desfiliação, entendida como desenraizamento social e econômico. Ao contrário, parece pertinente usá-la em conjunturas mais recentes, quando, no processo de deslocamentos sociais e econômicos, o ponto de chegada caracteriza-se por situações de perda e percepções negativas em relação ao ponto de partida: não só o aumento do número de favelados em São Paulo, mas, sobretudo, o fato de que muitos já moravam na cidade em melhores condições de habitabilidade, em um momento de acirramento do desemprego e de precarização do trabalho, pode produzir uma *situação de desenraizamento* que torna pertinente introduzir a noção de *desfiliação*.

Do ponto de vista teórico, como já sublinhado anteriormente, cabe salientar que os segmentos desenraizados não devem ser confundidos com os que se encontram em uma situação de exclusão. Esta noção traz consigo a ideia de não ser admitido, repelido, mandado embora, enfim, designa um grupo que se encontra cerceado, confinado ou banido, apontando para uma condição de despossessão de direitos. Ressalte-se que o conceito de exclusão utilizado neste capítulo ganha significação teórica quando relacionado aos direitos civis, pois, como já mencionado, é falacioso pensar em camadas ou grupos desligados social e economicamente constituindo agregados isolados da sociedade. É claro que é possível falar em *apartação social* quando se tem em mira as diferenças abismais que separam os estratos de nossa pontiaguda pirâmide social (Buarque, 1993; Silva Telles, 1994b). Fosso que, ao segregar e discriminar em função do local de moradia, da vestimenta ou da cor da pele, fundamenta a *prepotência* no tratamento dos que são considerados inferiores (DaMatta, 1990): esta é a vasta e complexa questão da cidadania *privada*, *inexistente*, *confinada*, *de terceira classe*, *excludente* ou *hierarquizada*, *concedida*, em suma, para não ser exaustivo, da *subcidadania* ou da *cidadania lúmpen* (respectivamente: Kowarick, 2000a; Silva Telles, 1992; Santos, 1994; Carvalho, s.d.; Nascimento, 1994b; Sales, 1994; DaMatta, 1987; Santos, 1999).

Convém iniciar por algumas situações da vida cotidiana, no trânsito ou nos locais de lazer, em que alguns se apropriam do espaço público e o colonizam através de justificativas que substituem regras de caráter universal pelo arbítrio pessoal, em um movimento de autodefesa que, ao preservar interesses privatistas, descarta o reconhecimento do outro e, portanto, solapa os direitos coletivos (O'Donnell, 1988). Todos nós já vivenciamos inúmeras "*microcenas*" que revelam a banalidade com que o autoritarismo se manifesta no cotidiano das relações sociais. É também o taxista que, ao sair da Universidade de São Paulo, leva uma ligeira fechada e anota a chapa do outro: "Tenho um cunhado que é da Polícia Militar e sempre ajudo ele, porque ele não pode estar em todo lugar". O passo seguinte é a autodefesa da segregação socioespacial em recintos fechados e protegidos. O lema é evitar o diferente, pois a mistura social é vivenciada como confusão, desarmonia ou desordem: são os *enclaves fortificados*, organizados na "segurança total [...] do novo conceito de moradia [...] a relação que estabelecem com o resto da cidade e sua vida pública é de *evitação*" (Caldeira, 1997: 142 e 164, grifos meus). Trata-se de uma sociabilidade enclausurada e defensiva, alicerçada no retraimento da vida privada — a casa —, que rejeita as esferas públicas — a rua —, tida como espaço de adversidade, imponderável e imprevisível. É por excelência o espaço social do anonimato, onde tudo pode acontecer, e, portanto, o *local de perigo e da violência*:

> "Na rua não há, teoricamente, nem amor, nem consideração, nem respeito, nem amizade. É local perigoso [...] Que insegurança nos possui quando um pedaço de nosso sangue e de nossa casa vai ao encontro desse oceano de maldade e insegurança que é a rua brasileira" (DaMatta, 1998: 29).

O segundo movimento assinala uma aceleração que, cimentada nos alicerces da insegurança e do medo, já não conduz mais ao retraimento defensivo mas à desqualificação ou destituição do outro, tido como diverso e adverso, visto como potencialmente ameaçador. Agora começo a penetrar no âmago do conceito de exclusão, ao relacioná-lo com o processo de estigmatização e discriminação, repulsa ou rejeição, em última instância, da negação de direitos (Nascimento, 1994b): a anulação daqueles que são percebidos como diferentes e inferiores constitui uma questão social que atravessa nossa história e continua a ser elemento constitutivo das relações sociais fortemente hierarquizadas e estigmatizadas imperantes na nossa sociedade:

> "[...] o que mais imprime força e sentido à própria ideia de exclusão tem a ver com o fato de sobre eles (os outros, diferentes, subalternos, ameaçadores, perigosos) se abater um estigma, cuja consequência mais dramática seria a sua expulsão da própria '*órbi-*

ta de humanidade', isso na medida em que os excluídos [...] levam muitas vezes uma vida considerada subumana em relação aos padrões normais de sociabilidade [...]" (Oliveira, 1997: 51, grifos meus).

Em termos simples: acentua-se um imaginário social que associa as camadas pobres a um modo e condição de vida que estaria nas raízes da crescente violência que impregna o cenário das grandes cidades brasileiras. Esta associação é uma marca das representações que sempre se fizeram acerca da pobreza, que precisava ser domesticada e moralizada nos seus hábitos, costumes e comportamentos. Em contrapartida, havia também uma forte matriz discursiva que opunha "trabalhadores pobres" aos "bandidos". A entonação destas percepções variou no tempo e no espaço, mas penso ser correto afirmar que, fundamentalmente, a partir dos anos 1990, com o aumento do desemprego e subemprego, da favelização e da própria criminalidade, estruturou-se um conjunto de discursos e práticas que operou uma assemelhação da situação de pauperismo com o comportamento delinquente (Valladares, 1994; Peralva, 2000; Caldeira, 2000). Neste sentido, é oportuno reproduzir citação de especialista na matéria:

> "[Distinguir trabalhadores de bandidos] pode ser feito com uso de bom senso. Mesmo porque, o bandido tupiniquim, o nosso bandidão [...] tem *tipologia definida*, está sempre abaixo da média. É subnutrido, malvestido, subempregado, enfim, tem *psicossomática definida*. A aparência geral dos bandidos é idêntica" (Dias, 1976: 6, grifos meus).[4]

---

[4] O coronel Erasmo Dias era na época Secretário da Segurança Pública do Governo do Estado de São Paulo. Vale citar outro depoimento mais direto e atual: "Vagabundo é caixão", diz o tenente-coronel da PM a seus comandados, "não tem chance! [...] Vai pro inferno, não tem chance" (Bueno Filho, 1999).

Insegurança, medo, ameaça, perigo e crime tornaram-se assuntos dominantes das falas, no mais das vezes acusativas, do nosso cotidiano urbano. Como será detalhado nos capítulos subsequentes, transformaram-se em elementos que estruturam múltiplas práticas sociais de caráter defensivo, repulsivo ou repressivo que, para mais ou para menos, perpassam todas as camadas da sociedade brasileira, tornando-se tema recorrente e espetacular de noticiários e reportagens da grande mídia: a violência constitui um elemento estruturador, ao mesmo tempo banal e assustador, nas ações e pensamentos do dia a dia de nossas metrópoles. Este cenário sociocultural de acirramento dos imaginários que olham os outros, os despojados de humanidade, como ameaçadores, acaba por acentuar o que tem sido denominado *mentalidade exterminatória* (Oliveira, 1997; Nascimento, 1994a). Neste ponto, chego ao âmago central do que estou denominando *princípio de exclusão social*, pois não se trata apenas de isolar, confinar ou banir mas, seguindo as trilhas de Hannah Arendt, de negar ao outro o *direito de ter direitos*: é o instante extremo em que representações e práticas levam à exclusão do outro, tido e havido como encarnação da periculosidade e, portanto, passível de ser eliminado.

Não estou me referindo apenas à ação de justiceiros ou da Polícia Militar que, na Região Metropolitana de São Paulo, entre 1981 e 2002, matou 12.640 pessoas, a maioria jovens e negros, meros transeuntes, sem antecedentes criminais ou praticantes de delitos leves (Oliveira Jr., 2003); nem ao fato de o crime organizado desenvolver verdadeiro "poder paralelo" em certas áreas pobres das periferias de São Paulo, Rio de Janeiro ou outro grande aglomerado urbano, através de ameaças de morte, toque de recolher, interdição de prédios públicos ou enviando cartas nas quais avisam aos moradores para não sair de casa em certos dias e horários (*Folha de S. Paulo*, 2000: C1). Ou mandando recados a diretores de escolas para que dispensem os alunos: "[...] eles ficam assustados e os professores não querem trabalhar nestas áreas de risco [...] Todos os líderes e funcionários dessas instituições — oito centros comunitários que atendem de 10 a 20 mil pessoas por mês — relataram ter feito algum pacto com traficantes para conseguir trabalhar" (*Folha de S. Paulo*, 2000: C3). Tudo indica que pactos com criminosos são expedientes frequentes nos bairros pobres. Vão desde a "lei do silêncio" dos moradores — crianças, jovens, adultos e idosos, de ambos os sexos — que sabem ou assistem a homicídios e precisam proteger suas vidas, até acordos feitos por empresas que, para realizar seus lucros, fazem contribuição mensal em dinheiro. "A partir daí o 'movimento' garante a obra" (*Folha de S. Paulo*, 2000: C3).[5]

Algumas cenas podem ser importantes para ilustrar casos extremos de destituição ou anulação de direitos. Primeira cena: um menino de dez anos foi trancafiado em câmara frigorífica do supermercado Pão de Açúcar, localizado em "bairro nobre", por um policial militar com "ficha limpa", que fazia "bico" em suas horas de folga. O garoto diz: "Eu não peço esmolas. Eu olho os carros lá e todo mundo me conhece [...] Eu fiquei com muito frio [...] Dentro tinha luz e as carnes pareciam pedras [...] gritei e bati na porta [...] Fiquei com medo de morrer lá dentro". "Coloca ele no freezer", teria dito um funcionário ao policial, "[...] por meia hora porque ele é fortinho" (*Folha de S. Paulo*, 1999: A3). Outra cena: Geni Barbosa foi flagrada por vigilantes furtando frascos de protetor solar no Carrefour de Jacarepaguá e foi entregue aos traficantes da região a fim de receber a devida punição. Segundo um ex-delinquente, em depoimento prestado à polícia, há vários níveis de condenação para quem não respeita a empresa protegida: "tiro na mão, pauladas, expulsão da comu-

[5] Assinalo que a taxa de homicídios, apesar de decrescente nos últimos anos, continua bastante elevada: 37 para cada 100 mil habitantes no Município de São Paulo em 2004. Sua variação é significativa conforme a região da cidade: 46 no Bom Retiro e 53 no Pari, distritos onde se situam os cortiços que serão analisados no capítulo seguinte, 59 nos sete distritos da periferia sul do Município e 65 no Jardim Ângela, local onde se encontram os loteamentos estudados no Capítulo 4.

nidade, dependendo da gravidade do caso" (*Folha de S. Paulo*, 2001: C3). Mais duas cenas: Galdino dos Santos, índio pataxó hã-hã-hãe, queimado vivo por jovens de classe média em Brasília: "Pensávamos que fosse um mendigo", disse um deles (*Folha de S. Paulo*, 1997: C2). Finalmente o epílogo, pois inúmeros relatos poderiam ser transcritos: o extermínio de 111 detentos no presídio Carandiru em São Paulo, realizado pela PM com anuência de autoridades de primeiro escalão do Governo do Estado. Este acontecimento assume sua plena significação quando se sabe que 33%, segundo a *Folha de S. Paulo*, e 44%, segundo pesquisa realizada pelo jornal *O Estado de S. Paulo*, dos habitantes da cidade apoiaram o massacre, cujas fotos foram estampadas na imprensa escrita e televisionada (Caldeira, 2000: 176).

Estes são casos extremos, mas já não mais excepcionais. Talvez seja demasiado falar em *mentalidade exterminatória*, na medida em que não desponta como princípio constitutivo dominante nos pensamentos individuais e nas formulações coletivas. Mas a desconfiança e o medo têm se constituído em elementos estruturantes dos modos de vida, fazendo com que as pessoas organizem seu cotidiano tendo em conta sua vulnerabilidade diante da violência: insegurança, cautela e prevenção tornaram-se fenômenos massivos, originando processos sociais que conduzem a uma situação de autodefesa e se traduzem no retraimento ou reclusão em ambientes protegidos. A contrapartida desta dinâmica só pode levar ao evitamento do outro, percebido como diverso e adverso e, a partir de um certo momento e em certas ocasiões, o outro passa a ser visto como ameaçador, perigoso e violento: neste percurso crescente estariam se forjando atitudes, valores, discursos e comportamentos que alimentam o que estou denominando *princípio de exclusão*.

Para retomar a epígrafe deste capítulo: como ficamos?

A pergunta ganha sua significação quando se tem em conta que as vastas transformações socioeconômicas e políticas das últimas décadas não foram capazes de atenuar a massiva pobreza imperante na sociedade brasileira. Em outros termos, quais discursos e ações dão conteúdo às questões sociais de nossa atualidade urbana em torno da problemática da desigualdade e injustiça? Quero deixar claro que semelhante problematização só pode ser tentativa, situando-se mais no campo que Wright Mills designou de "*imaginação sociológica*", do que em resultados teóricos e empíricos sistemáticos.

Não se trata de retomar as múltiplas pesquisas que procuraram problematizar nossa "maldição de origem", que encontra suas raízes mais profundas na escravidão (Silva Telles, 1994a: 46). Tampouco entrarei na polêmica acerca da abordagem de cunho culturalista — um *éthos*, elemento inerente a nossas raízes: tristeza, cordialidade, miscigenação e conciliação, ou o jeitinho e sua negação, a prepotência (Lavalle, 2001). Contudo, é teoricamente falacioso equacionar estes atributos enquanto essências que explicariam a *sociabilidade tupiniquim*, espécie de DNA sociocultural, cuja mutação requereria uma permanência secular e que evoluiria através de seus atributos constitutivos. A constatação de compromissos de estilo patrimonialista e paternalista — o favor e a dádiva — no Brasil urbano capitalista é uma combinação complexa, diversa e sempre renovada, e não um conjunto de essências que sobrevive a partir de um passado remoto, impregnado em nossas raízes (Sales, 1994).

Aponte-se que não obstante várias investigações é preciso ainda muito esforço para aprimorar as interpretações acerca de uma questão que baliza nossa formação histórica pós-1888: como estender e consolidar os direitos de cidadania em uma sociedade onde o sistema escravista sedimentou as relações socioeconômicas até épocas tardias do século XIX, ao mesmo tempo em que a população livre e pobre era tida e havida como vadia, car-

ga inútil, imprestável para o trabalho disciplinado e regular, verdadeira *ralé* que perambulou por séculos às margens das dinâmicas produtivas básicas da Colônia e do Império? (Carvalho Franco, 1969; Kowarick, 1994). Na visão dos potentados da época, essa massa de desclassificados constituía "*uma outra humanidade*", expressão aplicada à pobreza mineira do século XVIII e, como já assinalado, diz respeito ao processo de exclusão na acepção plena do termo: o não reconhecimento do outro, tido como subalterno e inferior, diverso e adverso (Mello e Souza, 1983: 219).

Sem cair na tentação explicativa de nossas "raízes coloniais", nem fundamentar a argumentação em abordagens que privilegiam os traços de nossa brasilidade, parece ser possível falar — seguindo as trilhas de Roberto Schwarz — em *desfaçatez de classe*. Trata-se de ingredientes mutáveis da sociabilidade entre pessoas e grupos hierarquicamente desiguais, nos quais os de cima são capazes de conviver sem culpabilizar os de baixo, mas, também, vivenciar sem remorsos sua condição de superioridade. Trata-se, em suma, de saber lidar com polaridades extremas, pois os mais pobres, através de muitas atividades, estão a serviço dos mais ricos que, diga-se de passagem, muito se beneficiam desta aguda pirâmide social e econômica.

Tornar as polaridades opacas através de particularismos e favores significa um vasto processo de destituição de direitos, o que implica eficiente exercício de dominação, pela persuasão ou violência: no Rio de Janeiro de Machado de Assis a convivência tida e havida como natural entre liberalismo e escravidão por parte da elite da época. Necessário afirmar que, para se desobrigar diante da pobreza e tornar a inferiorização vantajosa, não basta enxergá-la como inerente à fundamentação de nossa sociedade: é também preciso controlá-la através de discursos e ações que levem à sua pacificação (Schwarz, 1990: 99 ss.).

No que há de essencial, a matriz da desigualdade da sociedade brasileira não reside em culpar os pobres por sua pobreza, apesar do discurso sobre a vadiagem ter estado muito presente em vários momentos da nossa história colonial, imperial e republicana.[6] Contudo, a magnitude do pauperismo na atualidade de nossas cidades aparece de forma tão evidente que se tornou crescentemente difícil afirmar que estamos em uma sociedade aberta e competitiva e quem trabalha duro e arduamente lá consegue chegar. Mesmo porque o desemprego, o subemprego e a precarização do trabalho tornaram-se fenômenos massivos, que atingem também parcelas importantes das camadas médias. O mito da ascensão social pelo esforço e perseverança não encontra mais raízes para fundamentar o ideário da escalada social. Ao contrário, o trabalhador honesto, cumpridor de seus deveres — em face dos ganhos provenientes das atividades ilícitas e ilegais —, é visto como "[...] o otário que labora cada vez mais para ganhar cada vez menos" (Valladares, 1994: 107).

O problema da pobreza passa também a ser menos atribuído como de responsabilidade do Estado, mesmo porque a ação pública de proteção sempre foi de pequena envergadura.[7] Além disso, nos tempos chamados de neoliberais, ganha corpo a percepção de que ele é inoperante, ineficaz, corrupto, está falido, e que suas funções devem ser reduzidas e substituídas por agentes privados, mais capacitados para enfrentar as várias manifestações da marginalização social e econômica. Em consequência, tem ocorrido amplo e diverso processo de *desresponsabilização*

---

[6] Como foi detalhado no Capítulo 1, "*blaming or not blaming the victim*" constitui a base da polêmica americana acerca da *underclass*. Polêmica abertamente político-ideológica, opõe a visão conservadora à liberal, na acepção de progressista.

[7] Convém reafirmar que, no Capítulo 1, seguindo as trilhas da tradição republicana e jacobina, enfatizei que o debate francês, da esquerda à direita do espectro político, variando nos diagnósticos e nas propostas, enfatiza a necessidade de forte presença estatal, que tem como responsabilidade promover a (re)inserção dos grupos marginalizados. O fundamento da própria democracia residiria na dinamização de formas de solidariedade que não deixassem aqueles que estivessem fora lá permanecerem.

do Estado em relação aos direitos de cidadania, e em seu lugar surgem ações de cunho humanitário que tendem a equacionar as questões da pobreza em termos de atendimento focalizado e local. Dessa forma, passam a ocorrer atuações no mais das vezes marcadas pela boa vontade do espírito assistencial, no sentido de resolver problemas emergenciais, descapacitando os grupos de enfrentar seus escanteios sociais e econômicos, pois essas vulnerabilidades deixam de aparecer como processos coletivos de negação de direitos. A questão social é traduzida em termos de *comiseração*:

> "[...] a questão social parece, assim, deixar de ser propriamente uma 'questão' — questão política, questão nacional, questão pública — que diz respeito aos direitos como princípios reguladores da economia e da sociedade, para se fixar como problema a ser administrado tecnicamente ou então como problema humanitário que interpela a consciência moral de cada um. Não por acaso, onde antes algum discurso da cidadania e dos direitos tinha algum lugar ou pertinência no cenário público, é hoje ocupado pelo discurso humanitário da filantropia" (Silva Telles, 2000: 16).

Sem dúvida, as potencialidades de novas arenas podem vir a estruturar campos de proteção e de lutas por direitos socioeconômicos e civis. Promissores são os estatutos legais de defesa das crianças e dos adolescentes, das mulheres, dos consumidores ou a recente legislação que procura enfrentar os graves problemas urbanos de nossas cidades. Mas todos esses esforços, não obstante abrirem canais de defesa e reivindicação, continuam bastante embrionários, o que permite continuar enfatizando a ocorrência de amplo e variado *processo de destituição de direitos*.

Ele parece ter pelo menos duas matrizes de atuações diversas mas articuladas entre si. A primeira é a clássica atuação que pode ser chamada de controle e acomodação social pela *natura-*

lização dos acontecimentos. Ao contrário de culpabilizar os pobres, os mecanismos residem justamente no seu oposto, qual seja, em desresponsabilizá-los da situação em que foram lançados, pois ela depende do acaso, de sorte ou de azar que despenca aleatoriamente sobre uns e não sobre outros. São os discursos da imponderabilidade que seguem as leis incontroláveis da natureza ou a inevitabilidade daquilo que é assim porque assim sempre foi. A atualização desses equacionamentos proclama as leis inescapáveis do mercado, da globalização, do avanço tecnológico ou da hierarquização social e, dessa forma, acaba por levar à individualização da questão do pauperismo: estar desempregado, morar em favela ou ser assassinado pela polícia ou por bandidos é equacionado como uma sina que cai sobre os deserdados da sorte: trata-se, enfim, de um "coitado".[8] A consequência é que a atuação de quem está na polaridade de comando da relação social não só se desobriga dos que estão em posição de subalternidade, mas a própria dinâmica que produz a marginalização ganha a nebulosidade do descompromisso, pois ela é também tida e havida como inelutavelmente natural: "[...] tornando o pobre um 'não sujeito', a pobreza é como que 'naturalizada' e as relações sociais tornam-se 'naturalmente' excludentes" (Nascimento, 1994a: 301).[9]

A outra matriz de controle e acomodação social pode ser chamada de *neutralização*. Baseia-se tanto em ardilosos artifícios

---

[8] O termo vem de "coito", isto é, "coitado" é aquele que foi submetido à cópula carnal. Devo esta observação a Adrian Gurza Lavalle. Ela não se distancia da feita por Roberto DaMatta: "[...] criamos até uma expressão grosseira para esse tipo de gente que tem que seguir imperativamente todas as leis: são os 'fodidos' do nosso sistema" (DaMatta, 1990: 199).

[9] Vale insistir no argumento: "[...] nossas elites podem ficar satisfeitas com sua modernidade e dizer candidamente que a pobreza é lamentável, porém inevitável [...] Nessa pobreza transformada em fato bruto da natureza há também o esvaziamento da função crítica das noções de igualdade e justiça" (Silva Telles, 1999: 87-8).

de persuasão como em escancarados métodos de constrangimento e coação que conformam vigorosos mecanismos para reforçar as dinâmicas de subalternizações. Começo pelo óbvio, aludindo ao tradicional ditado, não tão popular, que constantemente lembra que as pessoas devem permanecer nos seus devidos lugares: "cada macaco no seu galho" é uma fórmula de discriminação escrachadamente marginalizadora e certamente de difícil aplicação, pelo menos na atualidade dos grandes centros urbanos. Mas há outros meios que servem para demarcar a localização social dos pobres. Neste sentido, basta recordar que nos prédios das camadas remediadas e abastadas há um roteiro que indica os percursos dos elevadores "sociais" e "de serviço", que não se prestam apenas para a entrega de mercadorias e são reveladores das nossas adocicadas formas de escanteamento: afinal, nenhum de nós é preconceituoso, mas temos amigos íntimos ou parentes próximos que manifestam restrições refletidas ou explosivas aos que são diferentes de sua e nossa cor ou condição social (Schwarcz, 2001: 39).

Nesta direção encontram-se os mecanismos de evitação e apartação apontados em páginas anteriores. Humilhações, extorsões, agressões, espancamentos e outras formas de violência, que podem chegar ao homicídio, praticadas pela polícia e pelos bandidos, constituem atos cotidianos que não fazem parte das estatísticas, pois as pessoas, por medo de represálias, se calam. Estes atos só podem se tornar poderosas formas de controle e acomodação social, pois acabam fazendo com que os subalternos conheçam os riscos de sair de seus lugares: "[...] este brasileiro faz parte da comunidade política nacional apenas nominalmente. Seus direitos civis são desrespeitados sistematicamente. Ele é culpado até prova em contrário. Às vezes mesmo após provar em contrário" (Carvalho, s.d.: 92).

No mesmo sentido teórico encontram-se as análises de Wanderley Guilherme dos Santos em polêmica categorização, segundo a qual em nosso tropicalismo exuberante há apenas natureza, espécie de *hobbesianismo social*, pois as pessoas encontram-se isoladas, enredadas em sociabilidades fragilizadas, temem a convivência, desconfiam e desacreditam das instituições jurídicas e policiais e, em consequência, negam e sonegam os conflitos e as variadas modalidades de vitimização a que frequentemente se encontram submetidas: trata-se da *cultura cívica da dissimulação* (Santos, 1994: 100 ss.). É nesta mesma linha de argumentação que Francisco de Oliveira, em ensaio empolgante por sua radicalidade, refere-se à *destituição, roubo ou anulação de fala*, isto é, à desclassificação dos conflitos e das reivindicações das classes dominadas (Oliveira, 1999). Penso que é também nesta trilha interpretativa que se encaixam os argumentos de José de Souza Martins, quando indica a existência de dois mundos crescentemente irredutíveis, onde as pessoas se encontram "*separadas em estamentos*": a modernidade brasileira estaria produzindo "[...] uma espécie de *sociedade de tipo feudal*" (Martins, 1997: 36, grifos meus).

As afirmações contidas neste ensaio não ignoram que os grupos, as categorias e as classes sociais se movimentam na acepção de se mobilizarem e lutarem pela conquista de seus direitos. Elas simplesmente enfatizam que, no cenário atual de nossas cidades, estão em curso *massivos processos de vulnerabilidade* socioeconômica e civil.

Parte II

SOBRE A VULNERABILIDADE EM BAIRROS POPULARES: SOCIOLOGIA, HISTÓRIA E ETNOGRAFIA

3.
AS ÁREAS CENTRAIS E SEUS CORTIÇOS: DINAMISMOS, POBREZA E POLÍTICAS

A região central: dinamismos socioeconômicos

> "O inquestionável deslocamento da centralidade dominante [...] para o setor sudoeste da cidade não determinou o esvaziamento do centro histórico, mas sim uma mudança no perfil de seus usos e usuários, configurando novos focos de dinamismo e novas vocações para a área [...]. Todavia, a popularização do centro e seu atual elenco de atividades, formais e informais, são também manifestações de uma nova vitalidade econômica, que mantém em muitas instâncias o papel central da região no âmbito do universo terciário da cidade."
>
> Nakano, Malta Campos e Rolnik (2004: 154 e 156)

A perda da primazia social dos distritos das áreas centrais da cidade de São Paulo é fenômeno conhecido. Lugar de prestígio desde o século XIX, paulatinamente, após 1950, decresce sua importância econômica e demográfica. Até certo ponto, também suas atividades artístico-culturais, não obstante os esforços dos poderes públicos municipal e estadual em termos de reformas e reabilitação de prédios como o da Light, do Banco do Brasil, a Estação Júlio Prestes com a Sala São Paulo, a estação e a área da Luz com a Pinacoteca do Estado, o antigo DOPS, a Biblioteca Municipal, o Solar da Marquesa e o Páteo do Colégio, o Museu de Arte Sacra, o Teatro São Pedro, as praças do Patriarca, da Sé e da República, o Largo de São Bento, o do Arouche, bem como a reurbanização do Parque Dom Pedro II, que dará origem a 135 mil m² de áreas verdes, e a remoção da Favela do Gato, onde se previu a construção de cerca de quinhentas unidades habitacionais, áreas e centros de lazer. Local de intensos conflitos operários, no Brás e na Mooca de 1917, das sucessivas paralisações da conjuntura 1945-1947, sem esquecer o explosivo quebra-quebra de 1944, isto para não falar de conflitos mais recentes referentes à derrocada do populismo dos anos 1960: nas grandes praças da época, das Bandeiras ou Roosevelt, ocorriam grandes comícios que, em boa medida, decidiam os destinos políticos do país. Sem esquecer a Praça da Sé, no ato ecumênico em protesto pelo assassinato de Vladimir Herzog, em 1975, e o milhão de pessoas no comício das Diretas Já, em 1984.

O percurso da primazia urbana foi do Centro para a Paulista nos anos 1960-1970, e para a Faria Lima e a Berrini-Marginal do Pinheiros em tempos mais recentes (Frúgoli, 2000). Não cabe detalhar os processos que estiveram na raiz dos deslocamentos socioeconômicos e urbanos para estas regiões. Basta mencionar a saída das camadas de renda média e alta fundamentalmente para o Vetor Sudoeste da cidade, que recebeu vultuosos investimentos públicos como alargamento de avenidas, construção de pontes e viadutos, linha de metrô, além de novas formas de consumo, em especial shopping centers. Na década de 1990, o poder público desenvolveu ações pontuais na área central, com exceção da administração petista de 1989-1992, que remodelou o Vale do Anhangabaú e transferiu para o Centro a sede da Prefeitura, ação que teve forte impacto simbólico. Estas dinâmicas ocorreram na medida em que houve crescente dificuldade de acesso às zonas centrais, que se traduz em restrições de trânsito, falta de estacionamento, pedestrianização de ruas, aumento da poluição atmosférica, visual e sonora, além da deterioração de vastas áreas, das quais se destacam aquelas contíguas ao Elevado Costa e Silva. A população diminui, muitos edifícios residenciais e de serviços ficam parcial ou totalmente desocupados, e a atividade econômica muda de perfil com a saída dos grupos abastados e com uma maior presença das camadas pobres.

Estes deslocamentos revelam decadência sociourbana em certas áreas, mas significam também novos dinamismos e potencialidades. Neste sentido, basta mencionar a existência de 530 mil habitantes nas áreas centrais, 723 mil empregos formais, 3,8 milhões de pedestres diários ou os 2 milhões de passageiros que diariamente são canalizados para os distritos da Sé e República através de 294 das 1,2 mil linhas de ônibus existentes no Município, das dezessete estações de metrô e outras três de grande circulação ferroviária espalhadas nos seus distritos de ocupação mais antiga.

Decorrente de um sistema obsoleto e desordenado de transportes, cujo nascedouro foi uma rede viária que por grandes artérias desemboca nas áreas centrais, tornando-as destinatárias da quarta parte das viagens em veículos coletivos, o Centro constitui um "território de transbordo" (Meyer, 1999). Mas é mais do que isto, pois em uma pequena área de 4,4 km², da Sé à República, "[...] o poder público investiu 25 bilhões de dólares para instalação de [...] redes de água, luz e esgoto em todos os 2.744.000 m² para fins residenciais e 6.857.000 m² de área construída para [outros] fins..." (Piccini, 1999: 66). Nos distritos do Centro estão também concentrados boa parte dos 600 mil habitantes em cortiços, 10 mil ambulantes, 2 mil catadores de lixo, muitos com suas carroças realizando coleta seletiva e, ao mesmo tempo, engarrafando ainda mais o trânsito, cerca de 5 mil moradores de rua, número que deve ter diminuído após o assassinato de doze deles, por espancamento, em 2004, não obstante a existência de 800 guardas civis e 4.250 policiais militares alocados nas zonas centrais. Há vasta hotelaria e restaurantes de padrão popular, o comércio atacadista nas cercanias do Mercado Municipal, a indústria de confecções no Bom Retiro, com 2 mil unidades produtivas, 50 mil empregos diretos, antes com forte presença de judeus e, mais recentemente, de coreanos, recebe 70 mil compradores por dia, as zonas bolivianas do Pari, os japoneses na Liberdade, o comércio de máquinas e ferramentas na Florêncio de Abreu, de eletroeletrônicos na Santa Ifigênia, de tecidos na 25 de

Março e adjacências, onde existem cerca de trezentas lojas que atraem 400 mil pessoas por dia, 1 milhão nos dias festivos, gerando 40 mil empregos e atraindo compradores de todo o país e até do exterior (*Folha de S. Paulo*, 2003: C4). Há ainda o sistema financeiro na rua XV de Novembro, o intenso comércio da rua Direita e muitas ruas tomadas pelos 10 mil ambulantes. Vale mencionar que a Estação da Luz, principal entroncamento metroferroviário do Município, por onde transitam 400 mil pessoas por dia através do entroncamento de duas linhas de metrô e outras seis de trens metropolitanos. Digno de nota é também que no conjunto dos treze distritos que compõem a região central se efetuam 10,6 milhões de viagens/dia, das quais 6,2 milhões a pé e o restante por transporte motorizado individual ou coletivo, número muito superior ao existente nas demais partes da cidade. No Centro está também cerca da terça parte das bibliotecas, museus e cinemas do Município e a metade dos teatros, bem como a presença de 97 mil alunos matriculados em 29 instituições de ensino superior e 102 mil em 177 escolas públicas e privadas, do ensino infantil aos cursos de nível médio (Botelho e Freire, 2004: 180, 192-3).

Muitos empreendimentos, cujas matrizes estavam sediadas na área central, deslocaram-se para as avenidas Paulista e Faria Lima e, mais recentemente, para o eixo Berrini-Marginal do Pinheiros. Destaca-se neste sentido o setor bancário e a recente saída das sedes do Banco de Boston, do Santander e do Itaú. Mas as atividades financeiras, incluindo as Bolsas de Valores e de Mercadorias, continuam ainda fortemente concentradas no Centro, de modo especial nas áreas da Sé, da Bela Vista e da República: em nove distritos centrais existiam em 1994 pouco mais de 40 mil empregos formais, 31% dos existentes no Município — montante que em 2001 correspondia a 34% do total. Por outro lado, assinalem-se os esforços dos poderes públicos municipal e estadual em valorizar as áreas centrais: além das iniciativas já assinaladas, a Prefeitura aí localizou quinze das suas 21 secretarias, gerando 8,5 mil empregos, iniciativa seguida pelo Governo Estadual, que deslocou três secretarias e cinco empresas estatais, adquirindo para tanto oito prédios na região da Sé, onde trabalham 3 mil funcionários.

Muitos hotéis também deixaram a região, mas é necessário apontar algum retorno, cujo exemplo pode ser ilustrado por dois empreendimentos de alto padrão, além da reabertura de outro hotel tradicional. O Centro continua sediando grandes empresas da área de telefonia, bem como as atividades jurídicas em torno do Fórum da Sé, mas, seguindo a tendência geral do Município, no percurso da década de 1990 perdeu quase 109 mil empregos formais (Amitrano, 2004: 114).

Contudo, continua a haver grande oferta de empregos, milhões de pessoas diariamente para ali se dirigem, o que origina enorme soma de negócios, o estoque de prédios de bom padrão tem um valor locacional e de venda sensivelmente inferior às outras áreas comerciais e de serviços e, não obstante ter havido empobrecimento, a população da área central continua com uma renda média razoável: dos treze distritos considerados, seis estão acima da média dos 67 que compõem a sub-região central-intermediária, e todos os treze bastante acima dos 33 distritos componentes das áreas periféricas de São Paulo (Prefeitura do Município de São Paulo, 2003: 36-8).

Contrastes entre riqueza e pobreza são constantes em cidades de grande dinamismo como São Paulo que, na sua história republicana, demoliu e construiu, por três vezes, boa parte dos prédios de suas áreas centrais: além de ser de "transbordo", os territórios centrais revelam vidas em contrastes, constantes lutas pela apropriação de espaços valorizados, não só do ponto de vista econômico, mas também de significados sociourbanísticos, com seus patrimônios materiais e culturais, construídos de lembranças, identidades locais nas memórias díspares de quando o Centro era centro dos acontecimentos. Assim, considero ser redutor dizer que

> "[...] segundo a Adviser Consultores Ltda., em estudo encomendado pela Associação Viva o Centro em 1992, o Centro encontrava-se num processo praticamente irreversível de esvaziamento econômico desde os anos 1980. Um dos empecilhos para uma retomada seria a dificuldade de estacionamento e de acesso por veículos [particulares], a partir da implantação dos 'calçadões'. São apontados também a insegurança que caracteriza a região [...] [A Adviser vincula essa insegurança à disponibilidade de áreas para 'desocupados de toda espécie'] e o insuficiente policiamento ostensivo. Na ocasião do estudo [1992] o valor médio do metro quadrado no Centro correspondia a 25,4% do valor na avenida Paulista, 34,8% do valor nos Jardins e 35,5% do valor na Marginal do Pinheiros" (Silva, 2000).

Deste parcial ponto de vista, não resta dúvida de que na década de 1980 o Centro acelerou sua deterioração. Contudo, para muitos — moradores, trabalhadores, transeuntes, ONGs, movimentos sociais, órgãos públicos, agentes privados — ele é muito mais do que apenas valor de troca que segue a lógica do lucro, não raras vezes de cunho eminentemente especulativo. Ele é também valor de uso, local de trabalho e de moradia, espaço de luta pela apropriação de benefícios urbanos, fulcro reivindicativo para o acesso a bens e serviços — sobretudo habitação digna —, necessários à vida nas cidades.

O Centro possui boa oferta de serviços coletivos, é comercialmente dinâmico e atrai diariamente milhões de pessoas. É também local de polarizações e, por conseguinte, de conflitos pela apropriação do espaço. Neste sentido, vale ressaltar que, não obstante o decréscimo populacional, estima-se em torno de 36 mil o número de moradias vazias nos treze distritos, sem contar os imóveis desocupados, comerciais e de escritórios, alguns nada desprezíveis, pois "[...] no início de 1999 o *Fórum dos Cortiços* tinha identificado 180 prédios de grandes dimensões" (Bonduki, 1999: 4).[1]

Tabela 1
POPULAÇÃO E DOMICÍLIOS DOS DISTRITOS CENTRAIS
Município de São Paulo, 1991 e 2000

Distritos	População			Domicílios		
	1991(A)	2000(B)	B/A%	Total(A)	Vagos(B)	B/A%
Barra Funda	15.977	12.955	-18,9	-	-	-
Bela Vista	71.825	63.190	-12,0	33.848	8.846	26,1
Belém	49.697	39.622	-20,3	-	-	-
Bom Retiro	36.163	26.598	-26,4	10.807	2.488	21,4
Brás	33.536	25.158	-25,0	11.622	3.270	28,1
Consolação	66.590	54.301	-18,5	-	-	-
Cambuci	37.069	28.717	-22,5	-	-	-
Liberdade	76.245	61.875	-18,8	29.392	7.177	24,4
Mooca	71.999	63.280	-12,1	-	-	-
Pari	21.299	14.824	-30,4	5.817	1.414	24,3
República	57.797	47.459	-17,9	-	-	-
Santa Cecília	85.829	71.179	-17,1	36.171	9.611	26,6
Sé	27.186	20.115	-26,0	11.410	3.689	32,3
Total	651.212	529.273	-18,7	139.067	36.495	26,2

Fontes: IBGE, Censos Demográficos, 1991, 2000 (População); *Revista URBS*, 2000 (Domicílios).

Cortiços: atualidades

O dicionário Aurélio ressalta que *cortiço* quer dizer "[...] caixa cilíndrica, de cortiça, na qual as abelhas criam e produzem mel e cera" e, por analogia, "habitação das classes pobres". Ou-

[1] A estimativa de domicílios vagos varia: a Prefeitura aponta um total de 45.464 domicílios particulares vagos, 17,5% do total existente nos treze distritos centrais da Cidade (Prefeitura do Município de São Paulo, 2004: 7).

tras designações: “cabeça de porco”, “casas de cômodos”, “pensões”, “fundo de quintal”, “moquifo”, “mocó”, “maloca” (Veras, 1999: 3). Ou ainda: “estância”, “zungu”, “hotel”, “hospedaria”, “vila”, “estalagem”... (Piccini, 1999: 22).

> “A palavra cortiço, em português, significa literalmente ninho de abelhas. Embora existam já no século XVIII com seu nome espanhol — casa de corredor —, o termo cortiço foi encontrado em documentos a partir de meados do século XIX [...] no Rio de Janeiro é o ‘cabeça de porco’ [...] nome de um famoso cortiço carioca, símbolo de ‘antro’ sobre o qual Aloísio Azevedo escreveu seu famoso romance” (Pasternak, 1997: 75).

No final do século XIX, imigrantes de várias origens, a depreciada mão de obra nacional e, sobretudo, negros e mulatos — libertos e ex-cativos — que não encontraram labuta nos cafezais amontoavam-se com mais frequência nos virulentos e promíscuos porões dos cortiços de São Paulo (Fernandes, 1965). Até os anos 1930-1940, o destino habitacional da maioria dos pobres só poderia ser o cortiço, pois eram raras as vilas operárias e as “casas unifamiliares e higiênicas” de aluguel mostravam-se incompatíveis com as remunerações do trabalhador assalariado ou autônomo. Aponte-se também que a autoconstrução de moradias na época mostrava-se inviável, porque as técnicas construtivas requeriam trabalho altamente qualificado, bem como, nas áreas mais centrais próximas aos locais de emprego, o preço da terra vedava o acesso às camadas de baixa renda ao aluguel de habitações unifamiliares. Morar longe, por outro lado, contrapunha-se ao custo do transporte e ao tempo de deslocamento: como era frequente o trabalho noturno, inclusive o infantil, e as jornadas que não poucas vezes ultrapassavam catorze, quinze ou até dezesseis horas diárias, necessariamente a mão de obra necessitava morar próximo ao emprego, o que de fato acontecia nos populosos e populares bairros do Brás, Mooca, Belenzinho, Bom Retiro ou Pari. Em síntese:

> "Desta forma, só se constroem moradias para grupos mais abastados, excluindo-se a maioria da população da habitação higiênica e unifamiliar: daí nasceram os cortiços [...] Fornecer uma habitação unifamiliar, digna, higiênica e confortável para as classes pobres esbarrava no preço da terra e dos aluguéis nas áreas já ocupadas e no empecilho de distanciar o operário da fábrica" (Kowarick e Ant, 1994: 52 e 55).

Todos os atores — poder público, grupos políticos e econômicos, moradores e trabalhadores ricos ou pobres, e mesmo os anarquistas — posicionaram-se de modo radical contra os cortiços e, tanto os jornais das elites como os de cunho libertário eram enfáticos no combate a esta "vergonha". Afinal, não só estava em risco aqueles que habitavam as "[...] pocilgas sem ar nem luz, úmidas, aninhados como porcos em chiqueiro" (*Folha do Povo*, 1908: 1). Estava também em risco a "saúde da cidade", pois as epidemias causavam verdadeiro pânico a seus habitantes, além de que, como já mencionado, haver o perigo de comprometer "a mente" dos trabalhadores através de sua contaminação pelo anarquismo.

A reviravolta na condição de moradia em São Paulo ocorreu no percurso dos anos 1940. Na década seguinte os domicílios de aluguel representavam ainda 58% das unidades habitacionais da Capital; vinte anos depois a proporção cai para 38%; em 1990 corresponde a 29%, e, no final do século, a apenas a quinta parte das moradias da cidade. Os habitantes em cortiços, por sua vez, em momentos mais atuais, englobavam 18% dos moradores do Município em 1961, 8% em 1968, 9% em 1975, decrescendo para 6% em meados da década de 1990, conforme aponta a Tabela 2.

Tabela 2
CRESCIMENTO POPULACIONAL E CONDIÇÃO DE MORADIA
Município de São Paulo, 1900-2000

Anos	População		Número de domicílios (%)				
	1	2	CP	AL	CO	FA	OU
1900	240	13,96	-	-	-	-	-
1906	370[1]	9,03[1]	-	-	33,0[a]	-	-
1920	580	4,51	19,0	80,0	66,0	-	1,0
1940	1.340	4,23	25,0	69,0	-	-	6,0
1950	2.100	5,18	38,0	58,0	-	-	4,0
1960	3.800	5,58	41,0	54,0	18,0[b]	0,5	5,0
1970	5.900	4,59	55,0	38,0	8,0[c]	1,1	8,0
1980	8.600	3,67	51,0	40,0	9,0[d]	4,4	9,0
1991	9.600	1,16	53,0	29,0	6,0[e]	9,2	18,0
2000	10.300	0,78	59,0	20,0	-	11,2[f]	21,0

Legenda:

População
1: Em mil habitantes
2: Taxa de incremento geométrico

Número de domicílios (%)
CP: Casa própria
AL: Aluguel
CO: Cortiço
FA: Favela
OU: Outros

[1] Estimativa própria.

Fontes: (a) *Fanfulla*, 1906; (b) Langenest, 1961; (c) Plano Urbanístico Básico, PUB, 1968; (d) Prefeitura do Município de São Paulo, 1975; (e) Prefeitura do Município de São Paulo, 1995; (f) Centro de Estudos da Metrópole, CEM, 2000. Demais números: IBGE, Censos Demográficos.

Nota: Em 2007, a população do Município de São Paulo era de 10.834.244 habitantes, enquanto os moradores em favela somavam 1.539.271, correspondendo a 14,2% do total. Isso significa uma taxa de crescimento anual da população favelada de 4,12% entre 2000 e 2007, enquanto a do Município foi de 0,67% no mesmo período (Saraiva e Marques, 2009).

A definição de cortiço é complexa, pois a caracterização de casa de cômodos precária de aluguel envolve situações diversas de habitabilidade. Atenho-me à definição oficial, ou seja, à lei municipal urbana de São Paulo, que o define da seguinte forma:

> "[...] unidade usada como moradia coletiva multifamiliar, apresentando, total ou parcialmente, as seguintes características: (a) constituída por uma ou mais edificações; (b) subdividida em vários cômodos, subalugados ou cedidos; (c) várias funções exercidas no mesmo cômodo; (d) acesso e uso comum dos espaços não edificados e instalações sanitárias; (e) circulação e infraestrutura, no geral precários; (f) superlotação de pessoas" (Lei Moura, 1991, *apud* Piccini, 1999: 24).

São Paulo foi o polo do desenvolvimento industrial do país até os anos 1950. Daí para a frente os novos empreendimentos fabris, seguindo os eixos rodoviários, vão se instalar em outros municípios da Região Metropolitana, principalmente em São Bernardo, Osasco e Guarulhos, para, num momento posterior, atingir São José dos Campos e Campinas. São Paulo foi também palco do declínio do movimento migratório — no passado, os estrangeiros, no presente, os nordestinos — da desindustrialização, do crescimento do setor terciário, formal e informal, cenário de muitas lutas e movimentos sociais, núcleo do populismo com Ademar de Barros e Jânio Quadros, e, nos anos 1980, a primeira grande metrópole brasileira a ter um governo de esquerda, com a eleição de Luiza Erundina (Kowarick e Singer, 1994). Não obstante estas massivas mudanças demográficas, socioeconômicas, urbanísticas ou políticas, o cortiço continua a abrigar as camadas trabalhadoras empobrecidas, revelando a extrema desigualdade que sempre marcou o cenário de nossas cidades.

Estimou-se em 600 mil pessoas em 1993, cerca de 6% da população do Município,[2] concentradas na Sé (19%), Mooca e Vila Prudente contando com cerca de 9%, mas também nos anéis

---

[2] Este número é considerado subestimado pelo poder municipal (Prefeitura do Município de São Paulo, 2003: 27). Algumas lideranças de movimentos sociais avaliam em 1 milhão de pessoas morando em cortiços no município de São Paulo.

exteriores da cidade, Freguesia do Ó com 7%, e nas periferias com, respectivamente, 9% e 7% em Santo Amaro e Campo Limpo (Prefeitura do Município de São Paulo, 1995: 8 ss.). Os dados indicam que 46% das moradias foram construídas com a finalidade de serem cortiços, cujas condições falam por si: a média dos domicílios é de 11,9 m², correspondendo a cada pessoa 4,1 m². Acrescente-se: 2,9 indivíduos por domicílio, 2,5 por cômodo, 5,9 por sanitário, 6,3 por chuveiro, 9,3 por pia de banheiro, 6,2 moradores para cada tanque de lavar roupa. Ainda mais: 34% dos cômodos sem janela externa, nos quais são frequentes goteiras e umidade. A quarta parte de seus habitantes com menos de quinze anos, 15% são crianças com até seis anos, mais sujeitos às doenças respiratórias. Mais ainda: 17% vivem só, igual montante está desempregado, 23% vendem sua força de trabalho sem carteira assinada e 18% trabalham por conta própria, principalmente nos serviços, e pouco mais da metade ganha até dois salários mínimos por mês. Em suma: dois quintos vieram da assim chamada casa unifamiliar, quase metade de outros cortiços, 40% moram no local há menos de um ano, para a maioria o contrato é verbal, viabilizando a condição de inquilino, pois as camadas pobres dificilmente têm a alternativa de uma locação com contrato formal. Habitar em cortiços apresenta vantagens. A maior delas é estar "perto de tudo", pois quase metade dos seus habitantes vai a pé, e três quartos gastam menos de trinta minutos para chegar ao local de trabalho (Kohara, 1999: 89-91). Por outro lado, as desvantagens apontadas residem nos problemas higiênicos decorrentes dos "banheiros coletivos", da "presença de ratos e baratas", "falta de espaço" e dos "vizinhos", particularmente do fato de o lixo "não [ser] adequadamente embrulhado e [armazenado] no lugar apropriado" (CEDEC, 2000: 23).

Negócio imobiliário que apresenta larga margem de lucro, o cortiço constitui investimento bastante atrativo, fenômeno que vem desde os tempos do Segundo Império, época em que o Conde D'Eu possuía vários deles e, por isso, era chamado de "Conde Cortiço". Trata-se de portentoso negócio, posto que, a preços de 1993, o somatório dos aluguéis atingia o não desprezível montante de 5,5 milhões de dólares mensais (Piccini, 1999: 83). Não é por outra razão que muitos são remodelados ou construídos para esta finalidade, colocando seus moradores em uma situação de promiscuidade que só pode ser danosa à saúde física e mental. Vou insistir neste fenômeno extorsivo: 52% dos rendimentos mensais são gastos com moradia, enquanto o metro quadrado dos cubículos é em média 34% mais alto do que o aluguel residencial em São Paulo.

Sem dúvida, as desvantagens deste tipo de moradia são inúmeras e, por isso, especialistas na área de saúde pública afirmam que o cortiço, muitas vezes caracterizado por cômodos sem janelas externas, situados nos porões, úmidos, sujeitos a infiltrações, constitui a forma mais danosa de habitar. Resta a questão: por que centenas de milhares de pessoas insistem em viver em condições de moradia extremamente adversas? Antes de abordar esta questão é preciso enfatizar que a condição de vida nos cortiços, não obstante o quadro geral de precariedade, é bastante diversa. De fato, é muito diferente habitar em dois cômodos, cozinha e banheiro com mais duas pessoas do que morar com mais familiares em abafado e úmido porão, no qual se enfileiram os cubículos, o barulho dos vizinhos é intenso e a fila para uso do banheiro longa e demorada. Malgrado a situação de pobreza ser também diversa, sobressai uma ponderável fatia que veio de outro cortiço e está na moradia atual há pouco tempo. Os dados das pesquisas quantitativas e as entrevistas realizadas indicam que mais da metade de seus moradores migram de cortiço em cortiço, seja porque possa ter havido alteração do local de trabalho, ou porque, o que é mais provável, algum evento no local de moradia fez com que a pessoa procurasse outra casa de cômodos para habitar, mantendo a decisão de continuar a viver nas zonas centrais da cidade.

Algumas vantagens existem por parte daqueles que fazem as escolhas. Elas são sempre comparadas a outras modalidades de moradia que se resumem às favelas e às casas autoconstruídas

nas distantes periferias da Capital. Considero que um dos pontos edificadores das alternativas reside exatamente nas distâncias. Distâncias do quê? São várias e a principal é a proximidade da oferta de emprego assalariado, com ou sem registro, e a possibilidade de desempenho de múltiplas tarefas através da venda de inúmeros produtos nas centenas de ruas e esquinas de São Paulo. Há também o trabalho em domicílio nos serviços domésticos e de higiene. As zonas atacadistas que circundam o Mercado Municipal congregam as assim chamadas "camas quentes", nas quais se dorme por turno de oito ou doze horas. Pelas ruas, praças e viadutos milhares de ambulantes legalizados ou não pelos órgãos da Prefeitura, autônomos ou conectados a lojas de pequeno ou médio porte, em constantes conflitos com os fiscais, a quem precisam frequentemente corromper, vendendo também produtos contrabandeados, disputando pontos e pagando por eles a verdadeiras máfias. Vendem de tudo um pouco: óculos, relógios, rádios, cassetes e CDs, camisetas, sapatos e tênis, frutas, espetinhos de carne, raízes ou ervas para emagrecer, contra insônia, cansaço, mau-olhado, para arrancar o capeta, para reumatismo, gota, tosse, alergias e dores de todos os matizes e, obviamente, para o apetite sexual, o infalível pó de cobra, em várias doses semanais ou diárias. Antes luxuosos, os cinemas foram agora transformados em várias salas que, desde cedo, exibem filmes pornôs. Na Aurora, a Boca do Lixo; nas imediações da General Jardim, a Boca do Luxo, com seus *stripteases*; na República, os travestis que, segundo consta, também atendem os hotéis de luxo da Ipiranga; na Sé, os trombadinhas; e, ao lado dos concertos da Sala São Paulo, na Júlio Prestes, a desumanidade da Cracolândia, agora mal controlada, pois os consumidores se espalham por pontos próximos. A erradicação deste local é uma grande bobagem política e social; revela um espírito higienista, segregador, que procura limpar a cidade de sua pobreza e que lembra as ações da polícia sanitária da década de 1910.

O Centro é tudo isto e muito mais em contraponto com as áreas periféricas: onde de noite pouco acontece, porque naquelas bandas (os núcleos estudados no Capítulo 4) não há cinemas, a diversão noturna é a TV e os bares com bebida, alguns com sinuca ou jogos de azar, além dos jogos de futebol. Para a maioria a opção é ficar em casa, comer pizza, churrasco ou feijoada de quando em vez, e conversar com habitantes do entorno: "o bairro precisa de melhorias públicas e privadas".

Ainda sobre o capítulo seguinte: para os jovens, há os bailes de fim de semana, nos quais não é incomum o uso de drogas. Vão em grupo para os locais onde tem cerveja, música alta e movimentada, e que podem ser pontos de desforra por desavenças antigas ou ocasionais entre gangues, momentos de disputa que frequentemente levam a brigas e ao uso de armas, que podem terminar no local ou no futuro em ferimentos e, por vezes, em homicídios. Um olhar atravessado, um gesto mais arrojado, uma dívida não paga, requerem a desforra por questão de honra, que pode ser pedida pelos companheiros ou pela própria namorada quando o atingido não reage de forma adequada: a "humilhação" em público, nestes casos, é sentir o prestígio desabar, pois o desafio precisa ser aceito mesmo em situação de desvantagem. Um tiro perdido pode significar a sentença de morte.[3]

---

[3] O estudo da juventude nas periferias foge do âmbito da presente investigação. Os exemplos citados privilegiam desforra e conflitos. Obviamente, a periferia também é muito mais: há os shows de rap, Mano Brown à frente, ou o agudo olhar externo de Caetano, "O Havaí é aqui", já epigrafado, o trabalho dos crentes, a proibição da bebida, o incansável trabalho contra o consumo de drogas e participação no tráfico, o papel da Igreja Católica com a Pastoral dos Direitos Humanos voltada, principalmente, para crianças e adolescentes. Existe o constante confronto com a polícia, entre os locais de moradia, que opõem as periferias ao centro, local da "burguesia". Mas pululam centenas de ONGs e associações de bairro, "algumas boas, outras não", para não citar as rádios comunitárias, os milhões de CDs "clandestinos". As periferias são, portanto, local de arte, de dança, das pichações e dos grafites, de filmes, inclusive do brilhante olhar externo que funde os marginais do Centro com os da periferia (*O Invasor*, de Beto Brant, 2001), e da literatura, na qual se destaca a carne exposta por Ferréz (*Capão Pecado*, 2000), para ficar só em um caso exemplar.

Voltando ao Centro: é vaivém alucinado, local com vasto leque de empregos, das pessoas-placares ofertando serviços baratos e tomadores de conta de automóveis até as dezenas de milhares de balconistas, as inúmeras oportunidades do trabalho autônomo permanente ou ocasional. Mas há outras distâncias reais e simbólicas: a da quietude e da solidão das periferias, onde de noite nada acontece. São Paulo não tem mais garoa, o bauru do Jeca, o Pari Bar do Arouche, as matinês de domingo no Cinema Pedro II, no ainda não remodelado Vale do Anhangabaú e, ladeira acima, o Automóvel Club, onde também se jogava xadrez; atrás do Teatro Municipal, o Hotel Esplanada e a Casa Degoy, na frente o Mappin Stores, hoje transformado em uma grande loja popular. Mas sobra muito, já que o Centro tem movimentada vida noturna, com inúmeros bares, restaurantes e hotéis, campo aberto para infinitos encontros, onde também se localizam dezenas de creches, postos de saúde, escolas de 1º e 2º grau e várias faculdades privadas, alguns hospitais como o da Santa Casa de Misericórdia, com suas alas antigas e modernas e alguns dos melhores professores-médicos de São Paulo para atender à população.

Novamente, as periferias são distantes disto tudo: empregos formais significam horas de ônibus, mais o trajeto a pé, e, quando chove, é aquela lama, que não pode ser vista no local de emprego. A escola é longe e, na medida em que as crianças crescem, fica cada vez mais longe. E aí o perigo também aumenta, com a presença de drogas e de um código de honra que mata por motivos aparentemente banais (Paes Manso, 2003). Esta é a grande distância vista pelos moradores dos cortiços: a favela ou a casa de periferia é local de assalto, onde ninguém pode andar sozinho, lugar de bandidagem e muitos homicídios. Lá falta emprego, serviços e equipamentos públicos de saúde e de educação e não há o borbulhar prazeroso que o Centro oferece para as pessoas que querem se distrair longe do aparelho de televisão.

Etnografia dos cortiços João Teodoro, no Pari, e Joaquim Murtinho, no Bom Retiro

> "'Cortiço', discriminação pejorativa para os que veem de fora, a partir do bairro; 'habitação coletiva', na avaliação do linguajar técnico da Prefeitura, é 'pensão' e 'casa de cômodos', na fala aparentemente neutra dos seus moradores."
>
> Maria da Graça Furtado (1995)

"A vantagem está sempre no Centro; é tudo no Centro", é uma fala de todos os entrevistados. Esta positividade diz respeito às disponibilidades das áreas centrais, onde existem vantagens sempre comparadas com o passado ou com outros locais de moradia em São Paulo. O passado varia em função das diferentes trajetórias de vida e dos problemas enfrentados: quanto à moradia, a percepção, via de regra, é que, apesar dos pesares, se "está melhor". A comparação espacial reside nas possibilidades de moradia para as camadas pobres: a favela ou a casa, ambas nas periferias distantes, também chamadas de "vilas". Estas modalidades de habitação são avaliadas como os "não lugares" em termos de oportunidades de vida: trabalho, acesso a serviços públicos de transporte, educação, saúde, saneamento e lazer, e a presença da violência: ela pode estar, diz um morador de cortiço, "perto da gente", mas "vem de outro lugar, do outro lado".

Na medida em que os pesquisadores ganhavam a confiança dos entrevistados, e estes passavam a ser personagens de uma história a ser contada, os relatos da vida em cortiço ganhavam os conteúdos de um cotidiano no qual era necessário suportar a presença dos outros. Ou seja, os outros "estavam aqui" e em espaços extremamente próximos e exíguos. Assim, é frequente se ouvir: "É muito humilhante, aqui ninguém vive, todo mundo convive: é um barraco no meio de um cortiço. Lá no apartamento há sociedade e brincadeira; aqui é o corticeiro, morador de caverna que vira bicho".

Tabela 3
INDICADORES DE HABITABILIDADE:
COMPARAÇÃO ENTRE OS CORTIÇOS DO MUNICÍPIO
DE SÃO PAULO E O DA RUA JOÃO TEODORO, 975

Indicadores de habitabilidade	Cortiços do Município de São Paulo (1993)	Cortiço João Teodoro (2002)
Cômodos por cortiço	8,5	18,0
Cômodos sem ventilação (%)	9,7	25,0
Pessoas por cômodo	2,5	2,8
Pessoas por pia	9,3	51,0
Pessoas por chuveiro	6,3	31,0
Pessoas por sanitário	5,9	15,5

Fonte: Prefeitura do Município de São Paulo, 1995 (Cortiços do Município de São Paulo, 1993).

PERSONAGENS DO JOÃO TEODORO

	Almí	Denise	Natividade
Idade	31	53	42
Escolaridade	2º grau incompleto	1º grau incompleto	Analfabeta
Mora com	Só	5 pessoas	4 pessoas
Renda mensal	R$ 800	R$ 720	R$ 270
Renda mensal per capita	R$ 800	R$ 120	R$ 54
Moradias anteriores	2 casas 2 kitchinetes 2 hotéis 6 cortiços	1 casa 7 cortiços	4 casas 1 casa de patroa 5 cortiços
Tempo de moradia atual	2 anos	12 anos	20 anos
Aluguel	R$ 135	R$ 200	n.d.

De imediato, aponta-se para as condições substancialmente mais precárias do cortiço da rua João Teodoro em relação aos cortiços do Município: 31 pessoas usando o mesmo chuveiro e a metade deste montante nas filas do sanitário. Destaca-se também a situação de heterogeneidade dos quatro personagens quanto à escolaridade, renda per capita, ou no fato de morar com poucas ou muitas pessoas e no piso térreo ou no porão, onde a (con)vivência é muito mais desgastante e difícil. Contudo, todos têm uma larga mobilidade habitacional em São Paulo, lá morando na maior parte das vezes.

Antes de debruçar sobre o sentido e a significação das falas, é conveniente situar o João Teodoro no respectivo bairro. Quem caminha pelas ruas vê movimento, tráfego intenso, barulho, poluição. Trata-se de zona atacadista-cerealista de importância, em parte impulsionada pelo Mercado Municipal. Região de cortiços, pois há dezenas de placas que anunciam "quartos" para aluguel ou "vagas", o que significa vários adultos compartilharem o mesmo cubículo: como já mencionado, é a "cama quente". Ou seja: há emprego frequentemente sem registro ao qual se vai a pé. Na zona, destaca-se o trabalho em domicílio. O Pari também se caracteriza pela existência de dezenas de bares, pequenas oficinas e por inúmeros trabalhadores autônomos que vendem nas ruas variada quantidade de produtos. Em suma, não se trata de região estagnada ou decadente, pois, ao contrário, lá existe intensa atividade social e econômica. A renovação urbana não é grande, a não ser um Programa de Atuação em Cortiços, PAC, da Secretaria da Habitação, na rua Canindé que, no final de sua construção, terá 320 unidades habitacionais, montante irrisório.

O "João Teodoro 975" é formado por duas casas bastante deterioradas e, através de portões distintos, se enfileiram os respectivos corredores com os cômodos nos dois lados. É a área nobre, quarto com janelas externas, chuveiros e privadas no interior de unidades, formadas por duas ou três peças: trata-se de uma "casa de cômodos", segundo seus moradores. No final os corredores se juntam e, por meio de uma escada, chega-se ao quintal: local de lavagem e secagem de roupa, onde também se encontram as privadas e o chuveiro que serve à maioria dos moradores. Dos vinte cômodos, oito estão no térreo, três no quintal e nove no porão. Lá falta ventilação, a fiação elétrica apresenta maiores riscos, sobressai o bolor da umidade esverdeada nas paredes, o longo corredor é escuro, as portas dos cubículos se avizinham, as falas das pessoas e o barulho de rádios e televisões torna-se próximo, as crianças parecem contidas, algumas com olhos arregalados, outras com respiração ofegante, visivelmente subnutridas. Dos 51 moradores, metade é composta de crianças e adolescentes, 31 pessoas utilizam as duas privadas e o único chuveiro em funcionamento. O outro está em reforma e, assim, quando esta obra terminar, serão quinze pessoas para o mesmo local de banho. No momento, a sobrecarga elétrica não permite o funcionamento de dois chuveiros simultaneamente.

Carlos, ex-PM, é quem "administra" o local, recebe os aluguéis e, na medida do possível, faz os consertos e reformas: não para de fazê-los. Administrar o local certamente é muito mais do que fazer cobranças e reparos nas rachaduras, telhados e goteiras. Certamente é também quem decide sobre aqueles que podem entrar e aqueles que devem sair, bem como, nos momentos de confusão, ameaças, gritos, bebedeiras, brigas e quebra-quebra, exerce a sua autoridade. É quem houve as reclamações do barulho, das desavenças, da sujeira, das crianças que correm, brincam e gritam; dos insetos e ratos e também dos perigos da fiação e das goteiras que nunca secam. Aparência paciente, solícito, nos conduzia para fotografar nas áreas desconhecidas, inclusive no porão, onde também habitava o traficante Bentevi, que recusou ser entrevistado, sendo o único que não permitiu a entrada em seus aposentos.[4] Dolores é tida como proprietária, mas só aparece uma vez por semana. Afirma que só tem o "ponto", alugando de alguém e sublocando aos inquilinos: alguns estão lá por anos, enquanto outros, a maioria, trocam constantemente de "pensão", permanecendo na trilha do aluguel de cubículos. Para todos, habitá-la é muito melhor do que morar em "vila" ou "favela", pois

---

[4] Como em alguns outros casos, este nome é fictício.

lá é longe de tudo, menos da violência. Nem por isso o cortiço deixou de ser invadido por um grupo de jovens que furtava automóveis nas redondezas, e tinha ligações com o tráfico de drogas dentro e fora do cortiço, provocando enorme temor nos seus moradores, que queriam de toda forma "escapar de confusão". Além do caso do Alemão, gerente do estacionamento em frente que, em pleno pico do trânsito, às 19h00, foi alvejado a tiros. Na sua fuga inútil, tentou entrar no cortiço, cuja porta estava trancada: morreu no bar ao lado do 957, e assim não chegou a atrapalhar o tráfego.

O cortiço da rua Joaquim Murtinho nºs 236 a 250, no Bom Retiro, não é propriamente um cortiço, se por isso se entender o pagamento de aluguel. Além disso, das dezesseis unidades domiciliares apenas três carecem de banheiro interno, não obstante só oito dos 24 cômodos possuir janelas externas. Parte dos moradores pediu junto aos órgãos competentes o direito à propriedade do imóvel através da prerrogativa de usucapião. Assim deixaram de pagar aluguel, reivindicando junto aos movimentos de luta por habitação a obtenção de sua moradia própria. Trata-se de dois prédios com entradas autônomas, com dois andares na frente e no fundo. Comparados a outros cortiços, inclusive ao do Pari, a situação é relativamente boa do ponto de vista da habitabilidade do imóvel. Nos números 241, 244, 248 e 250, que correspondem a um dos prédios, moravam 34 famílias e 92 pessoas, reduzidas, depois do despejo, a sessenta moradores, dos quais 22 são crianças e adolescentes. Ali não ocorre o "esquema de pensão", no qual um administrador cobra os aluguéis e é responsável pelas condições físicas do prédio e pelo comportamento dos seus inquilinos. Isto, em última instância, é de responsabilidade dos próprios moradores, que procuram melhorar seus domicílios e o próprio edifício, com a perspectiva de se tornarem proprietários do imóvel, em 2005 totalmente demolido e à espera de uma resolução do CDHU que nunca chegava.

Tabela 4
INDICADORES DE HABITABILIDADE DO CORTIÇO
DA RUA JOAQUIM MURTINHO, 236 A 250

Indicadores de habitabilidade	
Pessoas por cômodo	2,5
Cômodos sem janela externa (%)	70,0
Unidades com banheiro interno por pessoa	3,9
Unidades sem banheiro externo por pessoa	9,0

PERSONAGENS DO JOAQUIM MURTINHO

	Helena	Ediulza	Os Severino
Idade	45	34	35
Escolaridade	2º grau completo	Semi-analfabeta	1º grau incompleto
Mora com	4 pessoas	5 pessoas	3 pessoas
Renda mensal	R$ 1.500	R$ 350	R$ 1.960
Renda mensal per capita	R$ 300	R$ 70	R$ 490
Moradias anteriores	1 cortiço	1 cortiço 1 apto.	1 cortiço
Tempo de moradia atual	11 anos	8 anos	Poucos meses

Helena é a líder e há onze anos mora no número 250. Impulsiona o processo de usucapião das duas casas, com a assessoria do Centro Gaspar Garcia de Direitos Humanos. É também ela quem, com apoio da Pastoral da Moradia e da OAB, interpela judicialmente os proprietários contra as ações de despejo. Por outro lado, fundou, junto ao Fórum dos Cortiços, a Associação Comunitária da Rua Joaquim Murtinho "21 de Novembro do Bom Retiro", data que se refere ao dia em que os proprietários, com suporte jurídico, bloquearam a entrada de uma das casas, o que fez com que muitos dos seus inquilinos tivessem de deixar o local. Para evitar a entrada de estranhos, os que permaneceram demoliram um dos casarões. A "21 de Novembro" negocia com órgãos da Prefeitura e do estado a demolição dos casarões e sua substituição por prédios de apartamentos. Nós a entrevistávamos, mas ela nos envolvia nas suas reivindicações, colocando no outro lado da linha telefônica os responsáveis que a apoiavam nos embates pela obtenção da propriedade. Neste sentido, houve até uma reunião, com a presença de diversas mulheres participantes do Fórum dos Cortiços e da Pastoral da Moradia da região, cerca de vinte pessoas: "Esse é o dia em que a USP vai apoiar o movimento da gente! Este aqui é da USP e trabalha com o chefe de todos os professores de lá da USP. Ele está escrevendo a história, a minha história e a de outros moradores daqui e ele sabe da minha luta aqui neste chão. Primeiro nós, depois o resto. Eu ocupei [...] todo o resto aqui ocupou. Não é certo dar a nossa luta por quem mora na Bela Vista, ou Brás": foi desta forma que a "Universidade" ganhou a simpatia dos moradores do Joaquim Murtinho.

O cotidiano no João Teodoro

Almí mora há dois anos na "pensão", em um pequeno cubículo do térreo; chuveiro, privada, tanque e secagem de roupa divididos com outros inquilinos. Vive sozinho, cuidando de suas roupas, comidas e pertences. Procura controlar seu cotidiano na agenda de evitação dos contatos domiciliares: "Para mim não tem convivência, porque sempre estou na rua. Boa noite para esse, para aquele, tomo meu banho e vou dormir. No outro dia eu saio cedo, então, não tenho contato".

Nasceu no interior do Paraná em 1968. Abandonado pelos pais, viveu em orfanato até os dezesseis anos, trabalhando como jornaleiro e office-boy. Negro, desde moço sabe dos lugares de cada um dentro e fora dos locais de moradia: "Eu me sinto muito 'humilhado', colocar a mão na parede, se bem que a gente sabe que isso é necessário. Acho que porque eu sou de cor e lá tem muito racismo: 'Ei!, você, mão na parede'". Depois fala: "'Agora corre e não olha para trás'. Se quiser atirar", retruca Almí, "pode atirar: não sou bandido, estou exigindo o meu direito, o direito de ir e vir".

O direito de ir e vir. Com vinte anos migra para São Paulo em busca dos pais e, em 1990, muda-se definitivamente, habitando desde então em treze locais diversos: cortiços, hotéis e minúsculos apartamentos da área central da Cidade, além de uma experiência amarga na periferia de Guarulhos. "Eu sempre morei no Centro... tudo é mais fácil: cinema, condução, para trabalhar é melhor. Você encontra de tudo: diversão, serviço, moradia, tem tudo. É claro que custa mais caro. Só que esse mais caro acaba se tornando barato, porque se você morar longe, você paga um pouco menos no caso do aluguel, mas, em compensação, você tem condução e tem que almoçar sempre na rua. Além do tempo perdido, a viagem é cansativa. Dia de semana já é terrível, fim de semana pior ainda. Muita desvantagem morar num lugar longe. A vantagem está sempre no Centro. Tem campo de futebol, a Portuguesa, tem shows no ginásio. No shopping tem muita diversão. Tem parque na pracinha, já fui várias vezes, junho, julho sempre tem festa de São João, de um lado os bolivianos, de outro, os brasileiros". Para quem vende CDs para uma clientela fixa como autônomo e precisa perambular pela Cidade, não resta dúvida: "No Centro [tenho] quatro horas a mais de serviço por dia. Essas duas horas de condução que eu tinha para vir pra São Paulo e duas horas pra voltar, ganhei como hora de trabalho e com isso aumentei o dinheiro". Trabalhou como assalariado na SEARS: "Eram seis conduções por dia"; foi vendedor de livros em uma empresa "enrolada para pagar, você ouvia que era um pangaré. Aqueles papos de guerra mental". Em 1993, com o dinheiro poupado, decidiu abrir um armazém em Guarulhos: "Aluguei uma casinha, comecei um negócio nos fundos. Estava indo bem, só que tive a infelicidade dos ladrões entrarem lá: aí voltei para a estaca zero. Tinha muita coisa. Foram quatro anos para levantar tudo aquilo, sempre concordar em pagar com correção".

Daí a opção definitiva pelo Centro, a escolha de ser o andarilho no trabalho e itinerante do aluguel: primeiro foi uma "vaga" no Brás, dividindo um quarto, "as ideias dele não batiam com as minhas". Vai para a pensão ao lado, da mesma dona, uma cama, dividindo o quarto com outros seis por um ano e meio: "Arranca-rabo por causa da bebida, gente que demorava no banheiro". Vai para o Brás, "uma cozinha bem pequeninha, uma pia e uma cama. Era R$ 200, bem caro, mas aceitei porque para mim era R$ 50 por semana, não numa paulada". Depois uma quitinete alugada por um amigo, que queria vendê-la. Trato provisório, apenas dois meses: "Era bem melhor, tinha tudo, banheiro, cozinha, área". Em seguida, um hotel perto do Gasômetro: "Era mais ou menos uma pensão, a diferença é que lá era um hotel com atividade de hotel, tinha tudo, até prostituição. Ali rolava muita droga, roubos, prisões. Então fui morar numa pensão perto do Edifício São Vito, no Brás: o pessoal jogava coisas lá de cima e quebrava o telhado. Caía água em vários locais, a umidade era total".

O andarilho urbano continua seu trajeto: daí rumo ao Pari com a namorada, depois o Hotel Nova Amazônia, quarto com banheiro, com o custo de R$ 300: "Tinha muita infiltração. A roupa lavava no banheiro e estendia no banheiro também. Uma semana pra secar; quando secava; ficava aquele cheiro desagradável". Em 2000, chega na "Pensão da Dolores", na João Teodoro: paga R$ 135 por um cubículo de 1,5 x 3 metros, acrescido de outro pedaço ainda menor que usa como cozinha, destituída de pia: "Visitei vários lugares e achei que aqui era melhor, em vista do preço e da condição do ambiente. Tapei as goteiras, concertei a fiação. O relógio é um só, se o chuveiro estiver ligado, não aguenta". Bagunça, brigas, o problema da bebida: "Tinha muita, mas há pouco tempo saíram algumas pessoas que realmente davam muito problema". Há enorme mobilidade de pessoas no cortiço e "o certo seria exigir um pouco mais para selecionar melhor, como toda instituição financeira exige".

E as crianças? "Criança é tudo: bola, parede, barulho, briga, espaço. Consertaram a porta e a molecada quebrou, colocaram fechadura e a molecada quebrou. Consertou o chuveiro, foi quebrado, você passa uma cera no chão, daqui a duas horas está tudo sujo: jogaram ovo no chão, na parede. O pessoal chegava e achava que banheiro era em todo lugar, vai e faz, outro vê fazendo, aí vai e faz também." E dá para resolver? "Tem que pensar diferente: mas aqui, se vive em conjunto. Na medida do possível, até que não está tão horrível, já foi pior."

Menino de orfanato abandonado pelos pais, sabe desde cedo o que é solidão: "vai a um orfanato e vê a alegria de uma criança quando recebe visita de uma pessoa que nem conhece. Essa influência vai criando um senso de humanidade. O espelho da vida dela é o adulto. Às vezes o adulto está desesperado, bravo, briga, xinga, bebe, vai crescendo neste tipo de ambiente, atinge a idade da revolta". A idade da revolta para Almí pode ser várias coisas, inclusive, "na minha opinião, o salário básico pra esta pensão que moro seria de no mínimo 750 reais. É igual essas crianças na rua: vem o pai de família ganhando às vezes até mais que o mínimo, mas não consegue viver. É isso que eu falo: como é que vai mudar essa violência toda?".

E agora, como vai ser? "A própria pessoa faz a oportunidade. Tem que correr atrás. Meu sonho é trabalhar pra mim mesmo e não pros outros: não sei trabalhar preso." O andarilho caminha sem parar, provavelmente, já morando em outro local. De aluguel, no Centro, "onde tem de tudo".

Ao contrário de Almí, Natividade habita o porão há vinte anos. É a moradora mais antiga do cortiço e conhece suas histórias: "Aqui trocou de dono, antes era o José Maria, daí a Dolores comprou o ponto". Sabe também das fofocas no cortiço, pois, durante as primeiras entrevistas, separou-se do segundo marido, Laércio, com quem vivia há onze anos, para viver com o vizinho: não quis mais conversar conosco.

Analfabeta, mineira, 42 anos, chegou a São Paulo no início da década de 1970. Doméstica, só "almoçava o resto: a mulher que trouxe eu, deu o preço pra eu ganhar. Eu não entendia de atravessar a rua, não olhei direito e fui atropelada, daí me jogaram na Santa Casa. Quando tirei o gesso, tentei procurar serviço. Consegui emprego na Vila Carrão, onde trabalhei por cinco anos: tinha meu quarto pra dormir, grandão pra caramba, banheiro só para mim". Em seguida vai para Santo Amaro, morar com a irmã: "Era casa grande, tipo barraco, não era cidade, parecia que tinha saído da cidade pra voltar pro mato".

Retorna ao Centro e consegue emprego numa pensão. Trabalhos, moradias e andanças pelo Brás e Pari. "Daí passeando encontrei minha [futura] cunhada. Daí perguntei se podia dormir com ela. A gente dormia numa coisa só, era sala, cozinha, era apertado demais, o irmão tava viajando. Aí o irmão chegou. Daí ele no cantinho dele lendo jornal. Aí a gente começou a conversar, daí nesse conversar a gente começou a amizade. Daí acabei casando, quem passou a ser dona do quarto foi eu, a irmã passou a ser visita, a pagar o quarto."

Moravam num cortiço na rua João Teodoro, perto do atual: "Era a mesma coisa que este, a mesma bagunça, um banheiro só para todo mundo, era só um cômodo, fogão, mesinha, cadeira, e duas camas". Em seguida, uma "casinha" numa "vilhinha": "Mudamos da João Teodoro porque estava muito bagunçada, muito morador, os quartos apertados, muita briga, muito barulho, muita gente que não tem senso de moradia". Depois, numa casa de fundos: "Era vila mesmo, mato, barro. Daqui para lá, gastava uma hora. Tudo que a gente queria comprar era para cá, no Centro, serviço tinha que vim pra cá pra procurar".

Voltaram para o Centro, para outra "vilhinha". O marido, carpinteiro e jogador: "Usava o aluguel no jogo. Daí a gente mudou pro mato de novo: uma barreira danada. Lá na vila, pra ir à padaria, tinha morro amassado. Daí foi o fim da minha vida. Ele ficou sem serviço, adoeceu, começou a entortar. Falta de dinheiro pra condução, falta de dinheiro pra comer". Vieram já com três filhos para o cortiço da João Teodoro. Negociou sua permanência com a família, pois não tinha carteira assinada ou outro documento que provasse que podia pagar aluguel.

O marido, sem poder trabalhar, recebia uma pensão: "Era mixaria. Os meninos estavam a pão e água. Peguei dez contos, fui na feira conversar pra saber como começa o negócio de feira. Juntei um caixote com outro. E a *vergonha*? Eu pensava: isso não é serviço de gente. Pedro sofreu mais dois derrames: Quando ele morreu, eu não conseguia mais dormir. Fui acostumando, foi crescendo e virou barraca grande. Era mais cansativo, mas era mais vantagem. Desde 1980, nunca mais trabalhei pra ninguém". Cinco meses após a morte do marido, Natividade conheceu seu segundo companheiro, Laércio, para quem nunca faltava trabalho e que ajudou a criar seus três filhos, os gêmeos André e Adriano, com quinze anos, e Cíntia, onze anos, todos estudando no 1º e 2º grau: "Eu não tenho culpa de ter tido sorte, de encontrar alguém, eu sentada naquele banquinho, roupa suja: assim mesmo ele se interessar por mim".

Viveram os cinco juntos durante onze anos num quarto e sala de cerca de 8 m^2, uma pequena entrada com beliche onde dormem os filhos, ou um estreito e pequeno corredor em que eles mesmos instalaram banheiro e cozinha com pia. Não há janelas: só um respiradouro no teto do cômodo. O local é abafado e quente no verão, umidade e mofo escorrem das infiltrações. Lá, na "vila", "barreira doida", pra comprar pão tem que enfrentar "o morro amassado". Aqui, na "pensão", "tem que ficar na fila".

Nos últimos anos, monta bijuterias de manhã à noite, com a ajuda dos filhos: "Trabalho mais, estrago mais o corpo, mas cuido mais dos filhos". Natividade faz pouco tempo está com o vizinho, motorista de caminhão. Não quis mais contar sua vida. Mas, enquanto falava conosco, contou: "Arrumei um destino sem ter ele; nunca mais trabalhei pra ninguém!". E isto aconteceu quando morava no João Teodoro, 975.

Denise está há doze anos na João Teodoro. Baiana de Itambé, veio pela primeira vez para São Paulo no início dos anos 1980: "É tanto lugar que eu já morei que não sei qual é a base de qual é o primeiro, o segundo". Viúva de Geraldo faz seis anos, são quatro os filhos que moram com ela, além de uma sobrinha. Todos estudam ou trabalham nas redondezas, inclusive Denise, que complementa a 2ª série com curso de alfabetização na comunidade Mãe de Jesus, onde uma das filhas é professora com carteira assinada. À parte o pequeno de nove anos que segue a 4ª série, todas tem o 2° grau completo ou para terminar. E também trabalham pelas redondezas, nas lojas da São Caetano ou como domésticas nos domicílios das áreas centrais, isto quando não estão grávidas e são demitidas.

No total são seis pessoas em dois apertados cômodos, num dos quais foi instalada uma pequena cozinha. Há também um terraço onde fizeram um tanque, ao que se segue uma escada que termina num banheiro com chuveiro e privada: "Obras do Geraldo que fez". Há janelas externas, mas as paredes são úmidas e pelo teto caem goteiras. Pagam R$ 200 de aluguel, mais R$ 5 por pessoa pela água. Vale a pena o preço? "[A vila] é longe." Outra filha, casada, também mora na João Teodoro com o marido e duas crianças em uma "pensão" próxima.

Ao todo, foram oito moradias, sete cortiços e uma casa. O primeiro, no Pari: um único quarto compartilhado com sete pessoas, pois, além de Geraldo e duas filhas, mais dois cunhados e um irmão. Foram dois anos com banheiro e tanque coletivos: "Era muita gente na casa. Aí era ruim pra usar o banheiro e o tanque. Todo mundo usava tudo junto, não era bom, ninguém sabia quem era bom, quem era ruim".

Depois, num cubículo em um porão, com pia, mas o banheiro dividido com outras duas pessoas. "Dava agonia, o Geraldo parecia cigano, ele não gostava, não se sentia bem, queria sair, mas nunca gostava de vila. O motivo era o ambiente; tinha muita gente, o pessoal brigava muito. Quando via que ia dar confusão, ele saía: era muito ciumento por causa das filhas. Não gostava que nem eu nem as meninas ficassem andando muito pela pensão."

Em seguida, outro cortiço, um único cômodo, sem banheiro e tanque. Depois, uma casa alugada, dividida com dois cunha-

dos, cada família morava num deles, Denise e Geraldo já com três filhos. Eram treze pessoas ao todo, com três fogões na cozinha: "Não tinha confusão na casa, ali todo mundo arrumava, deixava tudo limpinho. Ficava agitado, quem mora na sala não tem liberdade de nada". Um dos cunhados voltou para a Bahia, o aluguel ficou pesado. Voltam para o Pari: um quarto, cozinha com pia, banheiro coletivo. Saudade da Bahia, vão para Itambé, nasce mais uma filha. Ficam um ano e retornam para mais duas "pensões" perto da fábrica em que Geraldo trabalhava: "Morávamos só nós, mas quando chegava enchente, estragava as coisas tudinho".

Novamente a Bahia, pequeno negócio em Itambé: "A venda só dava pra não ficar sem comer". Voltam para o Pari, agora no 975 da João Teodoro. Inicialmente, na parte de baixo, sem banheiro ou tanque, praticando a agenda da evitação: "Quando ia lavar roupa, levantava bem cedinho. Aí não criava confusão". Após alguns meses mudaram-se para os cômodos na parte superior do cortiço. Não pagavam aluguel, pois Geraldo tomava conta da "pensão", fazendo reparos, cobrando aluguéis: "Ele cansou do falatório; falavam que precisavam disso, daquilo, e ele também precisava trabalhar pra ele. Trabalhou em tantas firmas que nem me lembro. Tinha muitos problemas, cirrose, pneumonia aguda, tava doente e tava trabalhando. Mandaram ele embora porque viram que ele estava doente". Com a doença e a morte do marido, o aluguel baixou R$ 50, mas ficou uma dívida a ser paga: "Aluguel, água e luz é dinheiro sagrado. Foi um tempo muito difícil e eu me sentia muito perdida. Depois que meu marido morreu, acabou aquela vontade, a alegria de viver".

Tem muito problema de morar aqui? "Tem rato aqui. Tem no porão. Quando começa a chover, aí é que vem bastante. Quando chove, entope o esgoto. Essa água que cai, entra aqui, enche o banheiro, enche toda a casa, jogam coisas no vaso. Aquelas panelas de feijoada, tudo no esgoto." E a violência, como anda? "De dois anos pra cá começou essa bagunça. Eu acho que eles saem da delegacia, da prisão, da FEBEM. Antigamente não tinha isso de ficar entrando aqui. Pôs as fechaduras, eles quebraram. Se a gente arrumar um lugar pra gente sair, a gente sai, porque aqui está muito manjado, com esse pessoal, essa briga, com essa morte."

Mas nas "pensões" não é necessário fiador ou três meses de aluguel adiantado. No Centro tem escola, serviço médico, as ruas, o comércio, o agito das paradas no Sete de Setembro e, sobretudo, o trabalho das filhas: "Eu nunca gostei de morar em lugar longe e ele nunca quis morar na vila. É longe. Tudo fica mais complicado pra conseguir. Se o emprego é por aqui, melhor é ficar por aqui. As meninas também não querem sair. Aqui também estão mais perto do trabalho delas. Eu sou medrosa, pegar ônibus pra ir pra esses lugares longe, não conte comigo, não".

A televisão está sempre ligada. As filhas gostam do *Raul Gil* e Denise prefere o *Cidade Alerta*: "Ajuda a ver o que está acontecendo com a gente".

O cotidiano no Joaquim Murtinho

Como já mencionado, no Joaquim Murtinho não há o "esquema de pensão" no qual um encarregado cobra os aluguéis, faz os reparos e é responsável pelo cotidiano. A história do imóvel e sua condição atual estão diretamente ligadas à atuação de Helena que lá está há onze anos: 45 anos, pernambucana de Camutanga, é quem procura ordenar o dia a dia, escolhendo os que ficam ou saem e aqueles que não podem entrar. É a liderança que leva adiante a luta para obter a propriedade das duas casas: "embaixadora de Camutanga e Timbaúba", "Rainha do Cortiço", "mistura de leão com raposa", "mãe de todos" são algumas das denominações que os moradores lhe atribuem.

Sua moradia tem 129 m², cozinha, sala, dois quartos, banheiro, quintal com tanque, mas serve de passagem para outros moradores. Possui todos os eletrodomésticos, inclusive TV de 29 polegadas ligada a uma rede a cabo. Com ela estão três filhos,

Leonardo, Hélio e Angélica, e mais uma dependente, Patrícia. Todos contribuem para as despesas da casa e a renda familiar atinge R$ 1.500, parte proveniente da aposentadoria por invalidez da "Rainha do Cortiço" e dos bicos de costura e venda de produtos de beleza que nunca deixou de fazer.

Seu sonho? "Construir uma família digna, mesmo morando em cortiço." De fato, não obstante sua satisfatória condição habitacional, Helena identifica sua moradia como cortiço: "Até hoje, onde estou morando, neste conjunto de moradias que a gente convive, casas coletivas, porque estou vivendo em conjunto. Nunca se sabe: é muita briga e muita gente que não se conhece direito, criançada apanhando, pai alcoólatra. No passado tinha mais problemas. Às vezes os vizinhos chamavam a polícia. A gente está sempre com a porta fechada. Aqui ninguém tem privacidade. Você não pode usar um roupão que o homem te quer. Então tacava pedra mesmo, até tirar os moradores ruins e só ficar os bons".

Sua luta para conseguir uma "família digna" vem de longe. Professora primária na pequena cidade onde nasceu, aos dezoito anos casou-se com Diniz. E daí? "Daí pra frente só tristeza: tinha mesmo umas amantes e a mulher fica 'humilhada' com isso. Eu perguntei pra ele se tudo era verdade e acabei tomando uma bofetada na cara. Duas vezes 'humilhada'. Sofri muito. Vergão no ombro, hematoma no pescoço, sempre tive reumatismo e tudo se juntava. E depois de um tempo em paz, você desacostuma e um soco dói mais; você perdeu o 'orgulho' que tinha de você. Tudo de novo. Quase me matou. Eu precisava respirar."

Daí a fuga para a cidade vizinha, Timbaúba, trabalhando como costureira industrial. Separa-se do marido e vem para São Paulo com a filha Angélica e a irmã Salomé. Por meio de amigos conterrâneos, aluga um quarto: "Achei ali muito 'humilhante'. Viver em lugar apertado, sem janela, junto com todo tipo de cabra. Eu nem queria pisar no chão. Tomava muito cuidado pra Angélica não pegar doença. Como o banheiro era muito sujo, nós fazíamos tudo no quartinho mesmo. Juntávamos nossas necessidades num saco pra jogar no banheiro. Os vizinhos reclamavam do cheiro, mas era melhor do que ir ao banheiro coletivo. Lá tinha fezes na parede, muito papel higiênico jogado no chão e uma espécie de catarro na parede. A casa era tão suja mesmo que ninguém era gente, era tudo bicho. Minha filha não ia virar bicho, não. Então foi por isso que mandei a menina pra Pernambuco: é melhor ficar perto do pai, aquele safado, do que virar bicho nesse lugar que não é de bem".

Com um aumento de salário, muda-se para "o lugar do inferno dos cortiços. Era úmido, mas não era fedido e eu poderia ir no meu banheiro. Sem um espaço privado não dá". Na época, trabalhava com carteira assinada na confecção: "Não foi difícil, não. Entrei na primeira fábrica que tive indicação e na mesma hora comecei a trabalhar. Depois, trabalhava em máquinas de overloque, reta, galoneira, sabia um pouco de modelagem". Com a ajuda dos patrões, consegue "comprar as chaves" no 250 da Joaquim Murtinho. Tinha havido um incêndio que não causou muitos danos. Amigos e parentes trabalharam em mutirão durante três meses limpando as paredes e reformando os quartos: "Falei pra todo mundo que aqui seria o lar de todos, uma embaixada. Em cortiço a gente aprende a não se gostar porque não tem privacidade. Mas eu usei a casa e minha história pra unir o povo. Todo mundo trabalhava pra arrumar isso aqui".

Em 1990, realiza seu primeiro grande sonho: busca os filhos para virem morar com ela: "Construir uma família digna, mesmo morando em cortiço". Começa a sua segunda luta, que é a obtenção de propriedade do imóvel pelos seus moradores: "Pela paróquia construí uma relação com o Centro Gaspar Garcia de Direitos Humanos. Mandamos ver um processo de usucapião contra os proprietários das casas aqui. Nesse aí estamos faz uns dez anos. Depois vi que não dava jogo. Os proprietários têm mais direitos que nós. Mandei ver uma contra-ação contra as ações de despejo. Estamos junto com a Pastoral da Moradia e a OAB. Com essa história, já ficamos com cinco anos de luta. Aí, por último, tem a Associação Comunitária da Rua Joaquim Murtinho '21 de

Novembro' do Bom Retiro. O dia mais marcante da minha vida. Nesse dia me separei, fiquei internada num hospital de louco e fui despejada. Pelo despejo, chamo '21 de Novembro'".

Através da Associação, liderada pela Helena, os moradores negociam com os proprietários a compra do terreno através da CDHU do Governo do Estado: "Não sei se vai funcionar. Eu moro aqui, luto aqui. Eles querem trazer gente de fora para cá. E o povo daqui como fica? Eu não quero sair do Centro. Quando cheguei e fui morar naquele lixo, eu me rebaixei. O que não quero é voltar pra lá. Então pode tirar o cavalo da chuva. Não dá pra priorizar o movimento contra os habitantes da Joaquim Murtinho. Primeiro nós, depois o resto. Não dá pra dar a nossa luta pra quem mora na Bela Vista, no Brás".

E depois do despejo, como ficou? "É muito sofrido. Despejo é fogo, vem polícia, eles passam concreto nas casas. Todo mundo tira tudo com muita dor, nem pode tirar tudo, porque nem dá tempo. Mas eu sou de luta. Por isso só eu fui autorizada pelos proprietários a voltar aqui pro 250. Aí eu deixei as pessoas que confio mais também voltar aqui. Se não viesse logo, outros safados entravam aqui. Então entrei. Mas precisei derrubar as casas lá de trás. Foi a condição do dono. Mas, no fundo, todo mundo que mora aqui agora é boa gente."

Helena já tem os filhos por perto. Quer realizar o segundo sonho. Mas não é em qualquer lugar: o bairro da Luz é local "perigoso", "despudorado", "de vagabundo", "de prostituta". Ao contrário, o Bom Retiro é o "céu", "calmo", "seguro", "de família": "Eu não penso em sair do Centro. Na favela só tem maloqueiro e ladrão. E morar em bairro afastado é burrice. Não tem nada de bom lá. Só pobreza e falta de emprego, falta de tudo".

Decidida, corajosa, obstinada, com ideia fixa, internada para tratamento psiquiátrico mais de uma vez, as ideias "martelam" na sua cabeça: Helena lutou pelos filhos e batalha pela casa que almeja. "Sem casa, ninguém é homem, é bicho que fica dali pra cá."

Ediulza também é de Camutanga: 34 anos, semialfabetizada, cinco filhos: Ana Paula, com dezesseis anos, Jaqueline, quinze, Pedro, treze, Emanuela, cinco e Lucas com quatro. Os mais velhos estudam em colégio próximo e Ana Paula começou a trabalhar como vendedora em uma loja nas cercanias. Veio para São Paulo em 1987: "Lá eu tinha moradia, mas não tinha emprego. Aí não adianta. Falavam em pensão, só que a gente não tem noção do que é pensão. Só quando chega é que a gente tem noção: como é que pode dormir e cozinhar no mesmo quarto. As casas de lá têm sala de jantar, que é separada, sala da frente, tem a cozinha. Faz a comida na cozinha, vai pra sala de jantar. Todas as casas lá têm, até as casas pequeninas do sítio é assim. E aqui?!".

Casada desde os dezoito anos com um conterrâneo, separou-se dele porque "começou a envolver-se com a mulherada e, dessa época pra cá, até hoje, é sempre a mesma coisa: sempre ficava faltando as coisas em casa e eu sabia que ele estava gastando com as mulheres na rua". Só uma vez pronunciou o seu nome, Vicente. Ele fez carreira rápida: faxineiro, porteiro, zelador com carteira assinada num prédio. Toda a família vivia lá: "Viver dentro da sociedade é outra coisa. Tem muita diferença a gente conviver com uma pessoa de sociedade e de repente ir pra baixo".

O momento da separação foi o mais difícil. Uma amiga ajudou. Moraram três meses em uma invasão no Centro, na época com três filhos: "Ela era quem trabalhava pra dar tudo, porque nessa época eu estava sem trabalho. Ele não dava nada. Ela e meu irmão é que deram a maior força". Ameaçou entregar os filhos ao S.O.S. Criança. Diante disso, o marido e um irmão deram o dinheiro, e então "a gente comprou a casa". Na realidade, comprou as chaves, ou seja, a posse de dois cômodos na Joaquim Murtinho, onde passou a morar desde 1983: "Era horrível! Parecia uma caverna. Os meninos morriam de medo. Não queriam entrar no banheiro pra tomar banho, ficavam sempre em cima da cama. O telhado, a metade era umas madeiras que, quando chovia, a chuva caía no chão da cozinha". Aos poucos foi reformando, construiu outro cômodo e o banheiro com a ajuda de pa-

rentes e conterrâneos. Tem os eletrodomésticos necessários, inclusive três televisores, não raras vezes todos ligados. Paga R$ 80 por mês pela conta de luz e R$ 40 pela água. Quantia elevada para quem, com cinco filhos, recebe raramente ajuda do marido e ganha R$ 400 quando consegue fazer hora extra na fábrica de biquínis da proximidade, onde está registrada como embaladeira: "Trabalhar com carteira também é muito bom, você tem carteira, é gente".

Antes de morar no apartamento, enquanto o marido era zelador, Ediulza habitava outro cortiço, quando a família chegou a São Paulo, onde alguns irmãos e primos já viviam. Ficavam nove adultos e duas crianças num só cômodo dividido por tapumes, formando minúsculos cubículos: seu marido no chão e ela em uma cama com as duas filhas: "O quarto que eu dormia só cabia a cama de solteiro e a geladeira. No outro quarto só cabiam dois beliches e ficava um meiozinho onde a gente passava e ficavam os sete rapazes... eu ficava apavorada. Os meninos não saíam, olhavam o povo passando no corredor, tinham medo, porque as pessoas falavam muito alto, choravam muito quando viam as pessoas brigando".

Ediulza tem fala calma e, no seu conformismo, parece saber das coisas. Sabe que dificilmente poderá comprar um apartamento se o governo comprar o imóvel, como pretende a vizinha, a "Rainha do Cortiço" Helena: "Acho que não, porque uns falam que pra ficar no CDHU tem que ganhar R$ 900".

Morar no Centro? "O povo do Bom Retiro é mais bem-educado porque aqui tem muita gente de sociedade; na periferia não tem não, porque lá é muito longe, não tem sociedade: só invasão. Ruim mesmo é a favela. Como pode viver assim todo mundo junto? Lá é só tiroteio, morte. Ser de sociedade é não usar droga ou ser violento e também ter uma moradia digna. É ser gente, trabalhar com a carteira assinada". Na sua quietude, Ediulza diz: "Meu sonho é que meus filhos virem gente mesmo. Sem ser corticeiro, sem ser pouco estudado. Porque é preciso ser de sociedade, né?".

A família Severino é formada por três irmãos, José, 35 anos, Paulo, 25, João, 23, e o primo Anésio, com a mesma idade de João, todos de Assaré, pequena cidade vizinha a Crato, no Ceará. Lá completaram o curso primário. O mais velho ganha R$ 700 e os três outros R$ 1.000 no total, ao que se deve acrescentar uma comissão de R$ 450 a cada dois meses. Profissão: "Seguranças privados licenciados", a serviço do Barbicha, dono de vários estabelecimentos na área central de São Paulo, envolvido em contrabando e em roubo de carga nas rodovias Dutra e Régis Bittencourt.[5]

"Nós já moramos em oito cômodos, eu acho: aqui é um barraco no meio do cortiço, mas é o melhor". Trata-se de uma construção de madeira no primeiro andar, que mede cerca de 20 m², com uma janela externa, sem cozinha, banheiro, tanque ou pia. No cômodo há quatro colchões no chão, caixas que servem de guarda-roupa, várias fotos de mulheres nuas e os símbolos do Corinthians e do São Paulo.

Sempre moraram juntos em um pequeno sítio, "um monte de terra seca: nós só passamos fome lá. Lá você sofre demais. É uma dor muito forte. Não dava nada de colheita do 'tequinho' de chão. Aí viramos segurança". José saiu na frente. Foi para Crato buscar trabalho, onde tinha começado a haver muitos assaltos: "Ele é um cara tinhoso e viu que tinha pouca gente de segurança. Fizemos um curso de tiro e compramos uma licença de

[5] O mais velho, José, chefe da família, não participou das entrevistas. Ao contrário, desencorajou os outros de falarem. "O Zé falou pra gente não comentar muito essas histórias de trabalho. Então só te digo que mudar de um lugar pro outro é só pra desbaratinar as perseguições." Várias entrevistas foram desmarcadas e a última que deveria ser gravada não foi realizada, pois os Severino deixaram o cortiço antes da data marcada. Portanto, as falas advêm de anotações feitas logo após as entrevistas. Como estas sempre foram feitas em conjunto e as opiniões se acrescentam em torno dos temas propostos, consideramos oportuno não diferenciar as falas.

guarda na polícia. Nós somos fortes, ninguém mexe, não". E como era o serviço lá? "Tem jeito, não: começa a prestar serviço pra um cara e ele começa a ficar seu amigo. E quando o cara passa um outro ou manda passar, você sabe quem matou, quem morreu. Você vira bode do cara e se querem o cara, te querem também. Com nós não tem problema, mas com a mãe, pai, como fica? Eles nem trabalham de carrega ganha-pão".[6]

O serviço exige a troca constante de residência e assim perambularam durante três anos em cerca de dez cortiços, sempre na área central, onde o patrão tem seus negócios: "Nós já moramos em tudo que é lugar. O Barbicha nos bota aqui porque é barato, é perto dos depósitos. Mas é muito humilhante. Outro dia tinha um cara batendo numa mulher. Eu tive que pegar o ganha-pão. Sempre tem criança apanhando também. E o banheiro único? Quando um cara vai lá... você sabe! Aí ele deixa sujo e você tem que ir pro trampo. Aí você coloca a camisa no penduricalho e ela cai no chão: sua roupa está toda mijada. Depois de três dias que isto ocorreu, peguei o cara e porrei ele todo. Aí tivemos que mudar".

E aqui no Joaquim Murtinho? "Aqui também é muito ruim. Acho que pouca gente imagina o que é ter que usar um lugar de intimidade com todo mundo. Eu faço assim: quando estou na rua, vou lá na FATEC, no McDonald's. É duro você trazer uma mina pra este barraco. E se ela quiser tomar um banho? Mulher é toda vaidosa. Nunca tive em São Paulo um banheiro próprio."

E a vida por aqui? "Aqui em São Paulo, ninguém é gente ou é gente demais. A vantagem é que não tem nem mãe nem pai pra correr risco de vida. A única coisa boa do cortiço é que é aqui no Centro. Eu vejo no Datena que na periferia todo mundo é ladrão. Na favela é bem pior. Pior que cortiço é só favela e bairro longe.

---

[6] Cúmplice é "bode"; revólver, conforme sua utilização, é "ganha-pão", "ferramenta", "máquina", "berro", "trabuco" ou "desgostoso", nestes dois últimos casos quando causa sofrimento e morte.

Favela é lugar de bicho, de sujeira. A periferia é cara pela distância, lugar sem nenhuma infraestrutura. Também é muito complicado: é tiro pra tudo que é lado."

Na penúltima entrevista, escapou a pergunta: "Vocês têm porte de arma?". "Não! Mas você tem porte de caderno?" A réplica: "Mas ninguém machuca ninguém com caneta e caderno". E os Severino replicam: "Epa, mas aí é trairagem... Você está dizendo que nós somos matador? Deixa eu deixar claro. Aqui todo mundo trabalha assim, fazendo cobrança, dando respeito ao Barbicha, fazendo um ou outro trampo. Mas nós somos da alta. Quem faz esse serviço aí que você falou é a baixa, a ralé. Não rola isso. Ninguém pode ver a gente sujando a mão. Aí o Barbicha perde o respeito. Aqui ninguém é matador: é só pra dar respeito, introduzir um blá. Mas também o Barbicha é meio ralé. É tudo peixe pequeno. Agora vamos parar por aqui, porque aí...".

Última entrevista: "Eu, se pudesse, saía dessa vida. Porque ter que segurar o berro é um perigo. Porque o revólver traz esse desgosto pra quem carrega e pra quem atira. Aqui ninguém pode reclamar do ganha-pão, porque é essa máquina que traz o sustento. Ninguém aqui tem estudo... é tudo bruto. O berro é que nem uma máquina; tem gente que vê o berro como berro, aí atira que nem chuta bola. Pra nós não: é a introdução, pra uma de resolver um papo com o devedor. Não é trabuco! É ferramenta mesmo".

Os Severino gostariam de uma vida melhor: "Preferia outra vida, ter uma casa, ser mais honesto aí na profissão. Não que nós sejamos desonestos, mas também não é certo. Aqui todo mundo tem vergonha, mas é o que põe o cascalho em casa. Eu queria trabalhar em escritório, ter estudo, família. Mas aqui é tudo matuto mesmo".

Quartos apertados, sem banheiro, pia, cozinha, sem paisagem: "Nós saímos do Ceará com dificuldade e viemos pra cá e aqui só moramos em lugar lixo mesmo. Eu chorei mesmo, porque é muito triste você não ter um lugar seu, sem gente na sua orelha, sem ouvir bater em criança, sem sofrer com as brigas o

tempo todo. Aqui ninguém tem seu espaço: aqui ninguém tem vida, todo mundo convive".

Áreas centrais: espaços de debates e embates

Foi ressaltado que as áreas centrais foram relativamente relegadas pelo poder público, que canalizou investimentos para outras regiões da Cidade. A saída de grupos mais abastados, a migração das sedes das empresas e a popularização do comércio e dos serviços, ao mesmo tempo em que a mendicância e os moradores de rua apareceram de maneira expressiva, bem como os assaltos tornaram-se frequentes, e alguns locais transformaram-se em pontos permanentes de venda e consumo de droga, a imagem de sujeira e periculosidade passou a ser fortemente associada ao cotidiano imperante no Centro. O aumento do número de ambulantes, muitos não cadastrados, na medida em que dificulta a circulação de pessoas, acumula lixo, compete com o comércio estabelecido, representa evasão fiscal e também a venda de produtos contrabandeados, potencializou imagens que se alimentam da ideia de desordem: para alguns discursos e práticas, o ordenamento da região passa pelo controle de seus espaços:

> "[...] especialmente na escala em que se verifica na área central de São Paulo, o comércio informal de rua acarreta a degradação do espaço público e o aumento dos problemas ligados à segurança, uma vez que a ocupação desordenada dos logradouros públicos dificulta o policiamento" (Favero, 2003: 19).

Em contraposição à abordagem que equaciona a recuperação do Centro como um problema que prioriza a questão da disciplinaridade, limpeza, segregação e higiene, os movimentos sociais reivindicam a ocupação destes espaços apoiados na existência de imóveis vazios, e, assim, centenas de milhares de pessoas que moram em cortiços, hotéis, pensões e apartamentos precários, para não falar naqueles que habitam nas ruas ou em abrigos públicos, pleiteam sua ocupação. Diante da enorme oferta de empregos e da facilidade de acesso a eles, desenvolvem falas e atuações baseadas em uma concepção de reforma urbana em função de direitos de cidadania. A Cidade deveria ser franqueada também para as camadas pobres da população:

> "A reforma urbana é a luta por um Centro como lugar do povo, do direito à moradia, à cidade, à cidadania, um Centro aberto e democrático e não um Centro de repressão, da expulsão, da exclusão e de limpeza social" (*Fórum Centro Vivo*, 2004: 2).

Ou seja, de um lado, ênfase na limpeza, na ordem, no controle, no esquadriamento, disciplinarização e policiamento; de outro, a priorização da função social da propriedade e a ocupação de edifícios que se encontram vazios por parte daqueles que querem exercer o direito de viver nas áreas centrais. Neste sentido, a maneira de ocupar os espaços da Cidade é essencialmente política em dois sentidos: na acepção de que deve ser objeto primordial das políticas públicas (*policies*) e, sobretudo, de que nela se estruturam interesses diversos e, por vezes, antagônicos, que procuram mobilizar forças para levar adiante suas reivindicações (*politics*).

Um conjunto interligado de fatores tornou a área central fulcro de embates e debates. Inicialmente, cabe mencionar a atuação da Associação Viva o Centro, entidade civil criada em 1991 e capitaneada pelo Banco de Boston, que conta com o apoio de várias entidades, entre as quais a Bolsa de Valores e a de Mercadorias, além de outros bancos, grandes escritórios de advocacia e lojas comerciais. Define-se como uma "usina de ideias" e, enquanto tal, vem promovendo eventos a fim de diagnosticar e propor soluções: tráfego, acessibilidade, segurança de pedestres, camelôs, população de rua foram alguns dos temas debatidos (Barreto, 1997). Este empenho foi em boa medida responsável pela criação do Pró-Centro em 1993, órgão da Prefeitura voltado para os problemas da região, o Programa Centro Seguro do Governo do Estado no ano seguinte, e, em 1996, o Programa Ação Local, organização que dividiu a área central em cinquenta microrregiões, da qual participam, de modo particular, entidades do comércio local, reunindo cerca de 3,3 mil conselheiros que, sob o apoio logístico da Associação, devem "[...] zelar por sua rua ou praça" (Almeida, 2004: 7). Mencione-se que a entidade possui forte apoio de planejadores e urbanistas, tornando-se importante referência na retomada e nos rumos que pautam a discussão sobre a região central, dinamizados, após 1997, pela *Revista URBS*. Nela são expostas várias propostas de intervenção, mas creio não ser arriscado afirmar que na sua linha editorial prevalece uma concepção de saneamento dos espaços urbanos e dos grupos sociais pobres que os ocupam:

> "[...] visava-se [...] à requalificação e zeladoria permanente dos espaços públicos [...] e a uma ação social efetiva para equacionar a questão dos sem-teto e crianças de rua, além do urgente disciplinamento do comércio informal [...]. Para atrair moradores de qualquer estrato de renda, é necessário melhorar cada vez mais a qualidade do espaço público — limpeza, segurança, disciplinamento de seu uso, iluminação e acessibilidade" (Almeida, 2004: 5 e 10).

Por outro lado, a ocupação de prédios nas áreas centrais constitui iniciativa organizada por vários movimentos, entre os quais se destacam a União das Lutas de Cortiço, União de Movimentos de Moradia, Movimento dos Sem-Teto do Centro, Unificação das Lutas dos Cortiços, Fórum dos Cortiços, Novo Centro, Movimento dos Trabalhadores Sem-Teto da Região Central, Movimento de Moradia do Centro. São aglutinações que contam

QUEST

com assessorias técnicas — como Ambiente, Fábrica Urbana, Instituto Pólis, Integra Cooperativa, Assessoria em Habitação aos Movimentos Populares — e que reúnem lideranças com larga experiência na condução de lutas urbanas, com coloridos diversos nas orientações políticas de curto e longo prazo. São frequentes passeatas e protestos, bem como ocupações de prédios públicos e privados que, entre 1987 e 2007, totalizaram 87 ações organizadas, mobilizando alguns milhares de pessoas, sendo que estas receberam instruções prévias durante várias semanas. Sua repercussão na mídia é considerável, não só quando efetuam o que a imprensa costuma qualificar de "invasão", mas também quando são impedidos de realizá-la e, sobretudo, retirados dos edifícios pelas forças da segurança. De modo geral, essas ações visam canalizar as políticas públicas em benefício das camadas pobres, bem como participar dos processos de decisão governamental acerca dos investimentos a serem realizados, tidos como necessários a uma política urbana de inclusão aos benefícios da Cidade:

> "Os movimentos de moradia têm trabalhado e elaborado a proposta de Morar Perto do Centro [...] Esta proposta foi uma construção coletiva com os movimentos, as assessorias técnicas, com entidades que atuam na área central. Ele não pensa política habitacional pontualmente ou isoladamente, mas sim conjuntamente à política urbana. Essa proposta pressupõe que não haja mais exclusão [...], que atenda família de baixa renda, família que vive na rua, que não tem renda fixa, que não tem trabalho formal [...], essa população que nunca abandonou o Centro, que trabalha e o mantém funcionando, quer participar desse processo, necessita possuir o direito de morar no Centro com dignidade" (Câmara Municipal de São Paulo, 2001: 13).

Não resta dúvida de que estes embates e debates influíram na orientação do poder público no sentido de direcionar suas políticas públicas. No caso da gestão municipal do Partido dos Trabalhadores, PT (2000-2004), o Centro foi definido como uma área prioritária de intervenção. Assim, além das várias iniciativas de intervenção urbana já assinaladas, convém destacar o Programa Ação Centro, coordenado pela EMURB (Empresa Municipal de Urbanização), do qual participam dezesseis secretarias e cinco empresas públicas: dirigido para os distritos Sé e República, prevê a realização de 130 iniciativas e, para tanto, conta com um financiamento do Banco Interamericano de Desenvolvimento, BID, de US$ 100 milhões, ao qual a Prefeitura deve efetuar uma contrapartida orçada em outros US$ 67 milhões. Trata-se de programa iniciado no final da gestão petista, que visava fundamentalmente à reforma de edifícios vagos e cortiços, produção de habitação, reabilitação do patrimônio histórico, programas socioculturais e projetos de locação social a partir de uma metodologia de reabilitação integrada do *habitat* que privilegia a participação dos grupos locais nas definições políticas urbanas (Prefeitura do Município de São Paulo, 2004).

Vale insistir: a concepção da gestão petista também se expressava nas 61 entidades, empresas, faculdades, centros de pesquisa e movimentos sociais que participaram das reuniões referentes aos programas a serem desenvolvidos, seguindo uma tradição de orientação participativa das gestões municipais do PT. A seu turno, voltados para outros distritos da área central, a Companhia de Desenvolvimento Habitacional e Urbano (CDHU), órgão do governo estadual, também efetuou um convênio com o BID, do qual receberá um financiamento de US$ 34 milhões e investirá US$ 36 milhões para reforma, reciclagem e erradicação dos cortiços (CDHU/SEADE, 2003). Dessa forma, os governos municipal e estadual são atores básicos na dinamização das áreas centrais, pois definem para onde e para quem os recursos serão prioritariamente canalizados e, em consequência, indutores dos agentes econômicos, de modo especial o capital imobiliário.

Repita-se mais uma vez: são vastas as potencialidades sociais e econômicas do Centro e os recursos públicos nele alocados para os próximos anos não são em nada desprezíveis. O PT mostrou-se aberto às demandas de vários grupos de interesse, inclusive os populares, para negociar e priorizar os programas para as áreas centrais de São Paulo, incentivando a criação de instâncias de deliberação como o Conselho Municipal de Habitação. Criado em 2002, é composto de 48 membros, dezesseis representando o poder público, outro terço vindo de entidades da sociedade e igual fatia eleita pela população, em um processo do qual participaram mais de 33 mil votantes (SEHAB, 2004: 10). Originou-se da Conferência Municipal de Habitação, que reuniu 1.600 delegados escolhidos entre 22.230 participantes que estiveram nos dezesseis encontros regionais do Município realizados periodicamente. Mencione-se ainda que ocorreu em 2003 a Conferência Municipal da Cidade, na qual estiveram presentes 3.500 delegados. Assim, a administração petista desenvolveu um estilo de gestão que pode ser denominado *republicanismo de participação*, pois a ação governamental procurou não só ser transparente como, sobretudo, abriu-se para a negociação de interesses diversos e conflitantes. A tradição de governo do PSDB está muito mais apoiada em uma concepção de mandato popular, na qual as instâncias governamentais devem ser transparentes, mas a definição de prioridades é prerrogativa do poder executivo, que tem não só o direito mas o dever de decidir: trata-se de um *republicanismo delegativo*. O risco do modo petista de governar reside em retardar as decisões, acabando por tornar a participação ineficaz ao gerar um conselhismo ratificador das iniciativas do poder executivo. O risco da concepção baseada na representação, em uma sociedade extremamente hierárquica e excludente como a brasileira, reside em exacerbar posicionamentos tecnocráticos que acabam por reproduzir o elitismo que está na raiz da segregação de nossas cidades.

Os destinos que tomarão os recursos que serão injetados nos cenários centrais estão relacionados à força dos diversos grupos em pressionar as instâncias decisórias. Insista-se: as intervenções urbanas são eminentemente políticas na dupla acepção antes referida, pois necessariamente valorizam ou desvalorizam determinadas áreas e, assim, criam novas hierarquias socioespaciais. Em face da desigualdade imperante na sociedade brasileira, o papel do poder público é essencial na gestação de modalidades de vida mais equitativas. Isto significa dizer que deixar a dinâmica urbana sob império de mercado imobiliário e financeiro só pode conduzir os habitantes pobres das áreas das regiões centrais para os locais mais deteriorados que, no caso da moradia, resulta no cotidiano da vida nos cortiços. Em tempos recentes é o que predomina.

Os processos assinalados nas páginas anteriores atestam para as potencialidades da região central da cidade, mas também sublinham a enorme vulnerabilidade socioeconômica e civil que desaba sobre os moradores das habitações coletivas. Assim, torna-se necessário terminar este capítulo registrando a fala de um dos seus moradores:

> "Porque uns falam que pra ficar no CDHU tem que ganhar novecentos cruzeiros; e você acha que corticeiro ganha novecentos cruzeiros? Porque se eu ganhar tudo isso, jamais estava dentro de um cortiço com meus filhos. Jamais eu moraria num cortiço: um montão de gente, de bicho. Aqui tem muito trabalhador, mas quando sai do serviço e chega aqui, então vira bicho: grita, bate, fala palavrão."

4.
AUTOCONSTRUÇÃO DE MORADIAS EM ÁREAS PERIFÉRICAS: OS SIGNIFICADOS DA CASA PRÓPRIA

Periferias: breve histórico e atualidades

> "Periferias... No plural. Isto porque são milhares de Vilas e Jardins. Também porque são muito desiguais. Algumas mais consolidadas do ponto de vista urbanístico; outros verdadeiros acampamentos destituídos de benfeitorias básicas. Mas, no geral, com graves problemas de saneamento, transportes, serviços médicos e escolares, em zona onde predominam casas autoconstruídas, favelas ou o aluguel de um cubículo situado no fundo de um terreno em que se dividem as instalações sanitárias com outros moradores: a 'vila' é o cortiço da periferia."
>
> Lúcio Kowarick (2000a: 43)

Periferias sempre existiram em São Paulo. Nas primeiras décadas do período republicano, eram denominadas arrabaldes. Contudo, poucos viviam em áreas longínquas do Centro, pois o sistema de transporte, o bonde, produzia um padrão concentrado e concêntrico de expansão urbana, marcado por altas densidades populacionais. Havia o *tramway* da Cantareira e a linha de bonde de Santo Amaro, nas margens das quais surgiram pequenos núcleos populacionais: o transporte era caro, o que tornava a ida para onde estavam as oportunidades de trabalho bastante dispendiosa para os que moravam nesses locais, população naquele tempo ainda composta por uma maioria de estrangeiros e seus descendentes.

Uma nova modalidade na produção do espaço urbano esboçou-se nos anos 1930, mas só na década seguinte ela se expandiu, apoiada no lote "clandestino" ou "ilegal", pois desrespeitava os regulamentos exigidos pelo poder público, e na autoconstrução da moradia, realizada pela família detentora do terreno, cuja confecção perdura anos e redunda na casa própria: é o assim chamado padrão periférico de crescimento urbano até os anos 1950, ainda situado em grande parte em território do Município.

Três fatores constituíram condição necessária a este padrão de expansão da cidade. De um lado, o Plano de Avenidas de Prestes Maia, que, implantado desde 1939, representou enorme transformação no sistema viário, produzindo profundas mudanças em São Paulo, que se expandia rapidamente do ponto de vista econômico e demográfico, agora já fortemente alimentada pelas migrações internas. De outro, a lenta e contínua substituição do bonde pelo ônibus, muito mais versátil, pois capaz de percorrer grandes distâncias e penetrar em zonas pouco povoadas, fator básico para a multiplicação dos "bairros populares" que, em 1950, já congregavam quase 40% dos moradores de São Paulo em casa própria.[1]

Finalmente, há que se evidenciar que, no final da Segunda Grande Guerra, assiste-se a enorme crise habitacional, decorrente da Lei do Inquilinato de 1942, quando estanca a construção de residências para aluguel, ao mesmo tempo que se assiste a uma massa de despejos que chega a atingir 10% dos paulistanos: é um momento de vastos conflitos urbanos e sindicais, em boa medida, até 1947, canalizadas pelas ações do então prestigioso e legalista Partido Comunista (Bonduki, 1998; Weffort, 1974). Em decorrência da conjugação desses processos, durante cerca de meio século a confecção de moradias pelos proprietários do lote tor-

---

[1] Para a proporção de moradias alugadas e próprias, ver Tabela 2 do Capítulo 3.

nou-se a modalidade dominante de habitação das camadas trabalhadoras, postergando o aparecimento mais volumoso de favelas até a década de 1980. Antes deste momento, nos anos 1940, a autoconstrução já era fenômeno comum:

> "Um operário adquire um terreno: ele mesmo abre um poço depois do serviço, compra os tijolos. E aos domingos convida a turma para lhe dar uma mão. Em poucos domingos as casas se levantam pelos barrancos da Vila Matilde, Vila Esperança, Vila Guilhermina. São as casas domingueiras, as mesmas que tremem com a ventania" (*Hoje*, 1947, *apud* Bonduki, 1998: 282).

Tratava-se de um sistema habitacional eficiente e barato, pois liberava os moradores do pagamento de aluguel, já que eles mesmos construíam suas residências, localizadas no mais das vezes em glebas rurais, parceladas em lotes vendidos a baixos preços e financiados por vários anos, exatamente porque eram desprovidos de serviços urbanos. Esses terrenos ilegais do ponto de vista de legislação urbana representavam a desobrigação dos poderes públicos em realizar investimentos. Contudo, em prazos mais longínquos, significariam enormes custos para urbanizá-los, dado a forma rarefeita e desordenada de ocupação destes locais, que frequentemente pipocavam pelas encostas íngremes e vales alagáveis. Obviamente, a "clandestinidade" ou "ilegalidade" era apenas formal, pois os órgãos públicos não só tinham conhecimento desta modalidade de expansão urbana, como acabaram por aceitar que ela se tornasse a regra dominante no processo de ocupação do solo. Tratava-se de um "*laissez-faire* urbano", produtor de enorme especulação imobiliária.

Deve ser ressaltado que sempre há oferta de lotes carentes de serviços urbanos, exatamente porque são os únicos que uma boa parcela dos trabalhadores é capaz de adquirir com seus parcos níveis de remuneração. Contudo, quando melhorias urbanas chegam a estas zonas antes desprovidas — pavimentação, rede de água ou esgoto, creches, postos de saúde, escolas e transporte coletivo mais próximos —, tende a ocorrer sua valorização e, em consequência, a expulsar os locatários que não suportem o aumento dos aluguéis e os proprietários que não possam pagar o assim chamado "preço do progresso", ou seja, o aumento de taxas e impostos. Por outro lado, ao se transformarem em zonas mais bem servidas e, em consequência, mais caras, elas tendem a excluir os novos moradores pertencentes aos estratos pobres, que deverão procurar outro local de menor custo e, portanto, mais desprovido e longínquo, para construir suas moradias (Santos, 1980): reproduz-se, assim, em escala ampliada, um padrão periférico de expansão urbana rarefeito, que não só aumenta os custos de urbanização mas também gera modos de vida marcadamente desgastantes para aqueles que optaram por habitar nessas regiões.

Deve ser salientado que o preço da terra na Capital, entre 1959 e 1980, subiu em média mais de 150%. Este fator, conjugado com o incremento nas distâncias a serem percorridas, a elevação dos preços dos transportes e o crescente desemprego, precarização e descontinuidade do trabalho com suas nefastas consequências nos montantes de remuneração, fez com que muitos tivessem que desistir da autoconstrução (Kowarick, 2000a: cap. 1). Como é detalhado no capítulo seguinte, foram habitar em favelas ou em regiões vedadas à construção habitacional, como as áreas de proteção dos mananciais das represas Guarapiranga e Billings e a região da Serra da Cantareira. Ou ainda nas zonas da Metrópole que seguem os eixos ferroviários e rodoviários, como Osasco, Barueri, Jandira e Itapevi, os arredores da região de Campo Limpo rumo à Itapecerica da Serra ou Guarulhos, Arujá e Mogi das Cruzes, estas, ao contrário do MSP, ainda bastante carentes de serviços de água, esgoto e coleta de lixo.

A construção de moradias próprias

O processo de construir a própria residência é longo e penoso. Penoso pois as tarefas envolvem acentuado esforço físico que, no mais das vezes, é realizado nos fins de semana. Longo porque, segundo pesquisa realizada no final da década de 1970, a maioria das casas não está pronta depois de decorridos mais de dez anos de trabalho na sua construção: na época, 70% dos entrevistados consideravam sua habitação ainda não concluída e mesmo 57% daqueles que a iniciaram nos anos 1950 achavam que ainda estava inacabada (Secretaria de Economia e Planejamento, 1979: 78).[2]

De fato, uma vez comprado o lote, cujo pagamento é amortizado geralmente entre cinco e dez anos, a família para mudar-se constrói um embrião que, na metade das vezes, tem entre 16 e 30 m^2: apenas 20% realizam a mudança quando a residência já está terminada. A esta pequena área construída vão sendo agregados outros cômodos, conforme a disponibilidade financeira e as necessidades da(s) família(s). Não é raro que em lotes de 125 m^2 ou até menores se construam duas ou mais casas, reunindo parentes e amigos que constituem mais de um único núcleo familiar. É um processo que depende da capacidade de poupança da família e decorre do somatório de trabalho que for capaz de injetar na confecção de sua moradia; depende também da rede de relações — parentes, conterrâneos, vizinhos e amigos — que é capaz de atrair para ajudar nas tarefas construtivas.

Técnicas construtivas rudimentares e falta de planejamento da obra implicam constantes perdas de material, reparos ou reformas, redundando, depois de anos de trabalho coletivo, em mo-

---

[2] As observações e dados que se seguem estão apoiados nesta pesquisa quantitativa realizada com autoconstrutores da Região Metropolitana de São Paulo, que analisou o desenvolvimento progressivo da confecção de moradias iniciadas nas décadas de 1950, 1960 e 1970.

radias que apresentam defeitos de acabamento, circulação ou insolação, com baixa qualidade de conforto ambiental. Os cômodos vão sendo construídos um após o outro ou na parte superior do imóvel, em razão da imperiosa equação necessidade-disponibilidade financeira, sem que haja uma programação na continuidade da obra: ela é parte de uma estratégia que deve ser decidida em função da inserção produtiva de cada membro da família e de seus rendimentos, principalmente de seu chefe.

Entram neste processo da autoconstrução famílias jovens cujo chefe tem maior possibilidade de obter um trabalho contínuo, assalariado ou autônomo, e pode contar com a ajuda, ao menos parcial, do cônjuge e dos filhos. E também da já mencionada rede de relações sociais, pois cerca de 80% dos autoconstrutores declaram ter recebido, em várias etapas, a ajuda gratuita de parentes e amigos, que, obviamente, será retribuída com a mesma reciprocidade de cooperação quando dela necessitarem. Neste sentido, vale ressaltar que metade das unidades habitacionais não contou com a presença de mão de obra remunerada, pois obteve o concurso de trabalhadores com experiência nas várias atividades inerentes à edificação de uma casa.

Ele implica também em sacrifícios: tanto no trabalho extra realizado nos momentos de folga, como na poupança realizada das remunerações obtidas no mercado de trabalho (43% do total dos interessados), horas extras ou bicos (13%), utilização do 13º salário (7%), e a redução dos gastos familiares, inclusive os dispêndios com alimentação (7%). Poucos são os que fizeram empréstimos bancários (7%) e quase 80% mencionaram ter aumentado a jornada de trabalho para dar continuidade à ampliação da moradia. Em suma:

> "Torna-se patente que a produção da moradia acaba por exigir sacrifícios que ultrapassam os limites da dilapidação do trabalho, enquanto a extensão da jornada empregatícia, enquanto sua utilização nas horas de lazer à execução das tarefas de construção. Re-

> duz-se, mesmo, o próprio consumo básico, destinado a garantir a subsistência física dos indivíduos..." (Secretaria de Economia e Planejamento, 1979: 110).

Estimou-se que metade das residências permanentes na Região Metropolitana de São Paulo foi erguida através desta modalidade construtiva que, conforme denotam os processos antes mencionados, estrutura-se no *sobretrabalho gratuito* realizado no canteiro de obras e no *sobretrabalho remunerado*, advindo dos bicos, da dilatação da jornada e da venda de férias.[3]

A opção pela casa própria ocorre em um quadro de alternativas habitacionais bastante estreito. A inexistência de financiamentos subsidiados, absolutamente necessários, pois a maioria não tem condições de pagar os juros de mercado, faz com que favelas, cortiços ou o aluguel de uma casa nas periferias sejam as outras únicas possibilidades de moradia para os que ganham até poucos salários por mês.

A autoconstrução tornou-se mais difícil e dispendiosa pelo menos na Capital, o que fez o número de moradores em favelas crescer rapidamente a partir de 1980, quando passou a ocorrer sua urbanização. Por seu turno, os cortiços, além dos problemas socio-habitacionais já amplamente discutidos no Capítulo 3, implicam um dispêndio de aluguel que amplia a vulnerabilidade das pessoas à medida que a idade avança, tendo em conta as irrisórias aposentadorias pagas pelo sistema previdenciário. Há ainda a questão das doenças ou dos acidentes de trabalho e trânsito, ou o desemprego, acontecimentos que frequentemente inviabilizam

---

[3] Em 1975, estimava-se que haviam 450 mil residências autoconstruídas e 2,5 milhões de lotes clandestinos na Região Metropolitana de São Paulo (Secretaria de Economia e Planejamento, 1979). Nos anos 1980, 63% das moradias da Metrópole vieram do processo autoconstrutivo (Pasternak e Mautner, s.d.). A autoconstrução no MSP continua sendo estimada em 35% das moradias erigidas nas periferias (Pasternak e Baltrusis, s.d.: 26).

a continuidade no pagamento de aluguéis. Neste sentido, a casa própria é um abrigo que defende as pessoas contra intempéries que sobre elas podem desabar e tende a conformar uma modalidade de vida que pode trazer maior proteção às precárias condições de existência da maioria que aciona as engrenagens produtivas. Trata-se, sem dúvida, de uma estratégia penosa, mas que, em face das outras, pode trazer vantagens comparativas.

Etnografia de dois loteamentos do Jardim Ângela: Três Marias e Vila Guiomar/Jardim Silvano.

Antes de analisar os dois loteamentos pesquisados e seus personagens, convém tecer alguns comentários sobre as periferias da Cidade. De imediato, convém evidenciar que ocorreu um aumento substancial na oferta de serviços básicos, que tendem a universalizar-se também nas zonas limítrofes de São Paulo. Tal fato constitui uma modificação substancial quando se tem em conta que, em 1960, as proporções relativas às redes de esgoto, de água e à coleta de lixo eram de 48%, 59% e 84%, respectivamente. Isto não significa atendimento total quando se focaliza determinada zona no detalhe da sua localização territorial, o bairro ou até unidades menores; o tecido urbano continua bastante desigual no que diz respeito à qualidade de vida das populações que habitam as infindáveis "vilas", "jardins" ou "recantos" (Torres e Marques, 2001; Torres, Marques, Ferreira e Bitar, 2003): através da noção de *hiperperiferia* — ou seja, as áreas mais degradadas, onde os moradores são mais vulneráveis do ponto de vista social e econômico —, estes estudos recolocam com vigor a problemática da segregação socioespacial e a própria concepção de periferias como locais homogeneamente marcados pela espoliação urbana.

Contudo, tomado no seu conjunto, o anel periférico do Município, formado por 36 distritos nos quais habitam 4,9 milhões de pessoas, demonstrou um desempenho satisfatório na década de 1990 quanto a indicadores básicos na mensuração da qualidade urbana de vida, como aponta a Tabela 1.

Tabela 1
MUDANÇAS SOCIAIS E URBANAS
Município de São Paulo, 1991 e 2000

Mudanças	Anel periférico		Total do município	
	1991	2000	1991	2000
Chefes com mais de 5 anos de estudo (%)	42	56	58	64
Renda média do chefe em salários mínimos	6,35	5,02	8,41	8,61
Mais de 2 pessoas por cômodo (%)	52	40	37	31
Rede de água (%)	96	97	97	99
Rede de esgoto (%)	84	79	98	87
Coleta de lixo (%)	97	99	98	99
Telefone fixo (%)	15	52	35	67

Fonte: IBGE, Censos Demográficos. Tabelas elaboradas por Pasternak e Bogus, 2004.

Na década de 1990, o incremento demográfico das zonas limítrofes do Município, mais de 1 milhão de novos habitantes, foi proporcionalmente três vezes maior do que o verificado para o conjunto do MSP. Neste sentido, não obstante os indicadores continuarem mais desfavoráveis no tocante aos indicadores de escolaridade e de moradia para as periferias, houve mudanças positivas em quase todos os aspectos arrolados, frequentemente mais significativos do que aqueles que ocorreram com o total de paulistanos. Isso ressalta, de um lado, a melhoria da rede de água e a coleta de lixo, que passou a atingir praticamente todos os habitantes das regiões periféricas, e o incremento na telefonia fixa. De outro, assinale-se a queda da renda média dos chefes de família e a concentração das favelas nestas áreas, que receberam 84% dos nossos habitantes deste tipo de aglomerado, o que não deixa de mostrar uma concentração da habitação subnormal. Este fato talvez esteja na raiz da explicação do decréscimo relativo dos domicílios conectados a rede de esgotos: os loteamentos pesquisados revelam condições precárias em relação a serviços urbanos básicos.

Três Marias e Vila Guiomar/Jardim Silvano situam-se no distrito do Jardim Ângela, ambos na bacia de proteção dos mananciais da Represa Guarapiranga, o primeiro no extremo sul do bairro Jardim Turquesa, conhecido como "fundão do Ângela", e o segundo na divisa com o município de Itapecerica da Serra. Dados recentes indicam que mais da terça parte dos favelados reside nesta parte sul da Capital e que, de cada dez loteamentos clandestinos abertos no Município, seis ocorrem nesta região.

Ela foi palco de intensas reivindicações urbanas desde os primórdios dos anos 1970 e, no final do decênio, local onde também se impulsionaram greves operárias. A simbologia heroica e trágica destas lutas de trabalhadores e moradores configura-se no assassinato, pelos órgãos repressivos, de Santo Dias, em 1979, liderança ligada à Pastoral Operária que desenvolveu fecundo trabalho de mobilização e organização popular, processo básico para colocar em xeque os alicerces do regime militar.[4] É também nesta região que, a partir de reivindicações por creches, toma impulso o Movimento Contra a Carestia, que obtém 1 milhão de assinaturas e se transformaria em um componente dinamizador de grande ressonância social e política cujo resultado foi a Anistia de 1979.

Nos anos 1980, a situação já é diversa, pois entra em cena uma conjuntura econômica recessiva que também afeta a parte sul de São Paulo, já em acentuado processo de desindustrializa-

[4] Esta reconstituição é decorrente de entrevista realizada com o padre Jaime, da Igreja Santos Mártires, situada no Jardim Ângela.

ção. Grandes empresas, como a Caterpillar, saem da região, enquanto outras, como a Caloi, reduzem seu contingente de 5 mil para quinhentos operários. Crise e modernização tecnológica irão acelerar o desemprego, a precarização, a terceirização e a informalidade de boa parcela de mão de obra: o movimento dos desempregados de 1983 — que ocupa um prédio do SINE, Sistema Nacional de Emprego, e acampa no Parque do Ibirapuera nas proximidades da Assembleia Legislativa — estrutura suas ações em associações vinculadas às lutas fabris e de bairro, sediadas em boa medida nestas zonas. Foi também o caso da "Panela Vazia", mobilização de 1988. Por outro lado, este período caracteriza-se pelo incremento da violência e, neste sentido, exemplo macabro se personifica na sinistra figura do Cabo Bruno, "justiceiro" que pratica cerca de 150 assassinatos a mando das associações comerciais da região.

Sua população aumenta cerca de 40% entre 1991 e 2000, atingindo quase 250 mil pessoas, de modo particular nas áreas de proteção dos mananciais que recebem o vasto contingente populacional que se dirige às favelas e a loteamentos clandestinos na bacia da Represa Guarapiranga. Criada por lei em 1978, a proteção aos mananciais teve um efeito perverso, pois, ao proibir a construção em lotes inferiores a 500 m^2, fez baixar o preço da terra sem que se criasse um controle público que impedisse uma caótica e ilegal ocupação domiciliar que produziu problemas de contaminação no ambiente. Estima-se que 700 mil pessoas habitam as bacias hidrográficas da Guarapiranga.[5] Destas, 500 mil estariam no Município e, ao despejarem cerca de 100 milhões de litros diários de esgoto não tratados nesta reserva hídrica, produzem enorme deterioração ambiental (*Folha de S. Paulo*: 2000: C1).

---

[5] Dado fornecido por Celso Mazotini Saes, técnico da CETESB. Informa também que nas manifestações de entidades os números variam de 550 a 800 mil moradores nas áreas desta bacia hidrográfica.

O Jardim Ângela, exemplo típico deste processo de ocupação territorial predatório, marcado por urbanização improvisada e sempre inacabada, apresenta larga fatia de desempregados e alta porcentagem de famílias que ganham poucos salários mínimos por mês. O Três Marias, depois de muita luta dos seus moradores, encontra-se em uma área de urbanização mais consolidada; Vila Guiomar/Jardim Silvano situa-se nas fronteiras da expansão da malha urbana, de baixa densidade populacional e extrema carência de infraestrutura. Lá ainda predominam glebas verdes que, certamente, serão transformadas em loteamentos ilegais apoiados na autoconstrução, reproduzindo o percurso incessante da expansão desordenada e predatória das periferias.

O loteamento popular horizontal Três Marias

"Foi uma batalha desde o início aqui dentro, porque no dia que a gente chegou aqui para morar, a Prefeitura chegou dizendo que não podia morar aqui, que a gente tinha que tirar os móveis. Aí juntou a turma que tava construindo, o senhor Hélio, que construía junto com a gente, foi ele que começou ir ao RESOLO. Aí foi que a gente descobriu que através de um papel que eu tinha no Registro de Imóveis [...]".[6]

O Três Marias é um dos inúmeros loteamentos ilegais da bacia hidrográfica da Guarapiranga. Surgiu no início dos anos 1990 com parcelamento de uma chácara com 27 mil m² dividida em 240 terrenos, a maioria com 75 m². Por um terreno, pagava-se uma pequena entrada e 24 parcelas mensais de um salário mínimo. Preço acessível para trabalhadores pobres que com-

[6] O Departamento de Regularização do Solo (RESOLO) tem por finalidade promover a regularização fundiária e urbanística de loteamentos e parcelamentos do solo.

praram lotes destituídos de qualquer benfeitoria, sem saber que eram irregulares do ponto da legislação urbana e que, portanto, nada garantia a obtenção da escritura; em 1992, apenas nove famílias habitavam o loteamento. Nestes primórdios, situado no meio de um matagal, só possuía ruas e postes, os morros em frente eram praticamente vazios, com vários ipês e vacas pastando, o que tornava possível "comprar leite ordenhado na hora". Redes de água, esgoto e luz, que a "corretora prometera", revelaram-se um engodo. Seria necessário reivindicar junto aos órgãos públicos a obtenção destes serviços, o que não foi fácil, pois, na opinião destes, tratava-se "de mais um morro do piolho".

Em meados dos anos 1990, é formada por iniciativa de alguns moradores a Associação dos Moradores do Loteamento Horizontal Três Marias, com assessoria jurídica do Centro de Direitos Humanos (CDHEP) e apoio da paróquia Santos Mártires, que, desde as décadas de 1970-1980, desenvolve intenso trabalho comunitário, reunindo em torno do Fórum pela Vida cerca de 250 associações que atuam naquelas regiões: "[...] aí contaram pra nós que 'éramos um depósito de gente'. Era preciso fazer valer nossos direitos. Aí que a gente começou aquilo de depositar em juízo, aquela coisa toda. Eu ficava com medo. Será que vou perder tudo isso? Mas, graças a Deus, a gente nunca perdeu e hoje eu não tenho mais medo da gente perder nada aqui".

Para regularizar os lotes seria preciso produzir um projeto com planta que mostrasse as condições físicas do loteamento e a situação das casas, e para tanto, a Associação contratou uma arquiteta. Afinal, o Três Marias, depois de muito empenho, consegue ser considerado "mais regular" que os demais loteamentos da área e ser contemplado pelo Plano Emergencial, programa que regulariza a situação da rede de água. Mas a água "não cai do céu": é preciso conquistá-la. No início buscava-se na avenida, problema mais sério para os que moravam no topo do morro, aliás, de grande declividade. A primeira solução foi a compra de uma mangueira e o bombeamento ladeira acima. Depois, a aquisição de uma grande caixa-d'água, mas a distribuição só atingia algumas moradias e, em consequência, atritos da "turma de cima" com a "turma de baixo". Finalmente, no final da década pagam um funcionário da Sabesp para fazer uma instalação clandestina e somente em 2001, com o Plano Emergencial, ela é regularizada e atinge todos os domicílios.

A iluminação continua precária nas áreas de uso comum, o que causa medo ao transitar à noite, pois no loteamento há ocorrência de assaltos e consumo de drogas, sendo frequentes os tiroteios e a desova de cadáveres em suas redondezas. O esgoto vai para fossas e, diante da topografia íngreme, não é difícil imaginar que seu destino é a casa situada mais abaixo. Nos dias de chuva a rua principal se transformava em um contínuo lamaçal, o que constitui um problema sério quando o percurso é rumo ao trabalho: a pavimentação ocorre em 2002, com a contribuição de R$ 70 de cada morador e a participação de muitos em um mutirão de fim de semana, melhoria de grande importância pois permite ao caminhão de lixo atingir as casas situadas no topo do loteamento.

Leva-se de vinte a trinta minutos para chegar à escola mais próxima, o transporte na rua Três Marias conta somente com uma única linha e, assim, para muitos a opção é subir a longa ladeira até a M'Boi Mirim, onde há mais oferta de transporte, que atinge a Estação Ana Rosa do metrô. De toda forma, é frequente se levar quatro horas no percurso diário para o local de trabalho, tempo que pode chegar a seis horas em dias de chuva. Postos de saúde são distantes, há demora de um a dois meses para uma consulta e o hospital mais próximo é o Campo Limpo, ainda mais longínquo e sem capacidade para atender à população da redondeza. Dentro do loteamento há quatro pequenos estabelecimentos, uma casa de material de construção e três bares. A rua Três Marias tem quinze lojas comerciais que vendem os produtos a preços mais caros e uma igreja pentecostal, a "Deus é Amor". A grande inovação foi a telefonia fixa ou móvel que permite, entre outras opções, os "*deliveries*" de pizza, feijoada, gás, água e remédios, fundamental para não sair à noite. Mas, na opinião geral, o bairro precisa "evoluir", isto é, ter bancos, lotéricas, agência dos correios, feira, mais diversidade de lojas comerciais, além de melhor oferta de escolas, creches, postos de saúde e policiamento, pois "polícia nem chega perto: os bandidos são mais fortes do que a polícia".

PERSONAGENS DO TRÊS MARIAS

	Marli	Fernando e Eridan	Rosemerie e Edson	Aldelice e Zeca
Idade	42	42 e 47	32 e 33	33 e 39
Escolaridade	6ª série	2º grau, técnico SENAI e 8ª série	8ª série e 5ª série	2º grau completo e supletivo 2º grau
Mora com	5 pessoas	2 pessoas	2 pessoas	-
Renda mensal	R$ 275	- e R$ 250	R$ 550 e -	R$ 1.065
Renda mensal per capita	R$ 46	R$ 63	R$ 138	R$ 533
Moradias anteriores	Cômodo alugado	Casa própria 2 cômodos AC	Cômodo de aluguel em cortiço	Aluguel de 2 cômodos + banheiro
Tempo de moradia atual	5 anos (I)	9 anos (I)	8 anos (I)	9 anos (A)
Cômodos da casa	1S/1C/ 1B/1D	2S/1C/ 2B/3D	1C/1B/1D	1S/1C/1B/ 3D/3O
Forma de construção	AC + TPT fossa e IE	TPT	TPT	TPT início + AC restante

Dados coletados em 2001-2002.
Legenda: construção acabada (A); inacabada (I); autoconstrução (AC); trabalho pago à terceiros (TPT); mutirão (M); instalações elétricas (IE); sala (S); cozinha (C); banheiro (B); dormitório (D); outros (O).

Em 2000 foi construído um muro em torno do loteamento, separando-o de um matagal e um grande portão de ferro desliza sobre trilhos, aberto e fechado por seguranças que ocupam uma guarita 24 horas por dia e pelo qual cobra-se R$ 20 dos moradores que podem pagar. A razão varia conforme a fala: para uns, foi para "evitar a entrada de animais", para outros, é por questão de segurança, pois "não dá pra contar com a polícia; mas depois que murou, o problema veio por dentro do loteamento, continuam os assaltos". Em 2001-2002 já havia 250 unidades habitacionais no loteamento.

Marli, 42 anos, nasceu em Itabuna, na Bahia, assim como seus quatro filhos e o marido José. "O que mais estranhei quando cheguei foram as casas, pequenininhas, dois cômodos, sem quintal, sem janela, sem nada. Só tinha porta de entrada, eram dois cômodos e um banheiro". A moradia situava-se em Santo Amaro, cortiço de periferia: "Era aquele tipo de casa que tem um monte de casas num quintal só: um tanque pra todo mundo, quando um queria usar o outro também queria". José, pedreiro autônomo, com a ajuda de Paulo, o filho mais velho, consegue uma casa melhor, ainda de aluguel, na mesma região: "A casa era mais confortável, a estrutura melhor, tanque, varal era nosso, a rua mais sossegada, padaria, farmácia, açougue, mercadinho, tudo perto, até feira: lá não tinha um monte de casas num lugar só, lá não era quintal". Lá ficaram três anos, José e Paulo construindo casas por "empreitada". Em 1995 iniciaram o percurso para a casa própria: o lote no Três Marias custou R$ 3.200, R$ 800 de entrada e o restante com trabalho nos fins de semana, descontando R$ 60 por dia: "O pessoal falava 'não queira comprar terreno lá porque é muito violento'. Diz que antigamente até o ônibus não queria entrar aqui. Isso aqui parecia uma roça, era só mato, não tinha água".

Para confeccionar a casa própria são necessárias muitas privações, a começar pela mudança para um aluguel mais barato: "Aí fomos alugar uma mais barata. Pra conseguir comprar um terreno, comprar tijolo, a gente mudou pra um cômodo só. Era um quintal muito sujo, muito bagunçado. Tinha que dividir banheiro, tanque, não tinha espaço pras crianças, dava barraco, briga de família". Percurso para moradia autoconstruída, redução dos gastos também de alimentação: "A gente passou a comprar só o básico, o essencial, o que não podia ficar sem. Se ia comprar chocolate, já não comprava: cortamos tudo". Pai e filho trabalhavam mais de oito horas por dia, também nos feriados. Trabalhavam rápido para poder aceitar outras empreitadas, a fim de comprar o material necessário à confecção, aos domingos, de sua residência própria: "Meu filho trabalhava com ele de servente, em vez de pagar servente o menino trabalhava com ele. Já era uma economia também".

Todos da família ajudavam, inclusive o namorado da filha mais velha e um dos seus irmãos. Para fazer a laje, vieram também os amigos de Piraporinha. Depois, o churrasco: "fizemos fogo aí na porta". Mudam-se em 1996 para uma casa sem nenhum acabamento: um quarto, sala, cozinha e banheiro. José e Paulo construíram praticamente por inteiro e só pagaram a feitura da fossa e as instalações elétricas. Situa-se no topo do morro: "Um monte de gente caía". O serviço de água também só foi regularizado em épocas recentes: "A água era ouro. Quando acontecia de cair água aqui eram duas horas da manhã, ficava acordada, esperando cair água: era clandestina a água". Antes disso, durante alguns meses, ainda é preciso se alojar em moradia alugada dentro do loteamento.

Na casa há também uma escada em direção à laje, o que denota o intento de construir um segundo piso. Nunca chegou a ser feito. No dia 31 de dezembro de 1997, em plena passagem do ano na casa de vizinhos no Três Marias, José e Paulo são assassinados por dois homens que entraram na festa e começaram a fazer provocações. Marido e filho reagiram e foram mortos à queima-roupa: a tragédia marcou Marli e as filhas, que não querem falar no assunto. Por medo de que piores coisas acontecessem, e aconselhadas por amigos, saem do loteamento. Primeiro para uma casa no Capão Redondo, depois Minas Gerais, voltando para o Três Marias três anos depois, em 2000.

É uma casa inacabada e feminina, onde, além de Marli, vivem as filhas Andreia, Elisângela e Lidiani, todas em torno de vinte anos, com ensino fundamental incompleto, e os netos Rubens, de seis anos, e Paulo Gustavo, com poucos meses, sem a presença dos respectivos pais. Atualmente desempregadas, elas sempre trabalharam no serviço doméstico ou de limpeza, sem que tenham conseguido uma atividade estável e contínua: "migrantes no emprego". Assim, é Marli quem sustenta a casa trabalhando em uma lavanderia, ganhando R$ 275 líquidos: "Gente jovem nunca vai lidar com roupa. Eu vejo pelas minhas, gente da minha idade lava roupa tranquila, sabe lavar uma roupa, sabe passar. Se tivesse nós três trabalhando e a renda fosse mil reais daria pras despesas da casa, consertar alguma coisa, mas só dá pra ir no mercadinho".

Marli acorda às quatro e meia e às cinco sobe a ladeira até a M'Boi Mirim por vinte minutos. Depois são duas horas no ônibus, às vezes até mais, devido a engarrafamentos, chega no emprego às sete e meia e começa a trabalhar meia hora depois. Sai às cinco da tarde e chega em casa às oito da noite. Ou seja, jornada de oito horas de trabalho e outras cinco horas e meia de condução: "O que mata a gente não é tanto o trabalho, é a viagem. Cansa mais que o trabalho".

Além do transporte, outros serviços públicos continuam precários. Posto de saúde longe, é preciso pegar um ônibus. Creche meia hora a pé. Na escola do Jardim dos Reis tem "tráfico, bagunça, ninguém tem coragem de estudar lá". No final da década de 1990, no Três Marias, além do assassinato de José e Paulo, continuam os assaltos. Em volta do loteamento havia muita bandidagem: "Lá embaixo morria muita gente. A maioria morreu, um quer mandar mais do que o outro, o maior vai acabando com o menor e aí acaba com todos. No Jardim São Lourenço a gente ouve muito barulho de tiros, depois do mato já é o São Lourenço. Aqui em São Paulo a violência existe e as pessoas acei-

Nº

RTAS
Nº 63

tam isso. Acho que as pessoas têm medo e vão se calando, se calando e a coisa vai aumentando. Fica todo mundo quietinho trancado dentro de casa. No ônibus tem briga direto, assalto direto. Tem vezes que vem do Hospital das Clínicas e quando chega por aqui põe placa de reservado pra não pegar mais ninguém com medo de assalto".

A casa continua inacabada, sem o piso superior e uma parte do banheiro afundando: "O salário dele perto do nosso não chega nem perto. Ele não precisava pagar pra ninguém fazer, ele mesmo fazia. Vamos ter que pagar alguém pra fazer, é difícil". É melhor do que antes? "Pelo menos eu consegui uma casa e não é uma favela. Aqui, se tivesse isso, um montão de casinha, seria um cortiço. Cortiço é diferente, é um montão de casinha num mesmo corredor, num mesmo quintal."

A tragédia na vida de Marli virou um luto difícil de apagar. Portanto, o "valeu a pena" tem uma significação muito mais abrangente do que a moradia própria: "É! Pela casa valeu. Pelo resto não. O meu sonho é esse: terminar a casa. É um sonho. Sonho mesmo! Sonho! Porque a realidade é outra".

Fernando, 42 anos, nasceu em São Paulo, completou o 2° grau e é formado pelo SENAI como técnico de usinagem de precisão. Torna-se microempresário em 1998, sendo "atropelado" pela crise energética do início da década seguinte. Neste momento, o sustento da família, inclusive dos filhos, Shirlei com dezenove e Rafael com nove, é feito por Eridan, 42, costurando e vendendo gelinho nas redondezas.

Operário especializado do setor metalúrgico, trabalhou na Kron durante cinco anos, até a recessão econômica do governo Collor em 1991: "A vantagem do programa de demissão é que você podia pegar um salva-vidas e sair nadando. As pessoas que foram dispensadas depois não conseguiram fazer mais nada na vida".

Depois trabalhou na FEI Mechanic: "Os salários tiveram redução considerável. Na época, três anos atrás, meu último salário era de R$ 1.700 na área de usinagem e dava pra fazer hora extra; hoje é proibido, o maior salário é de R$ 1.200".

Daí assume um setor terceirizado pela Kron, recebendo da empresa o maquinário a baixos preços, custo que seria amortizado à medida que as peças fossem sendo vendidas. Em 2001, suspende o pagamento de uma segunda leva de equipamentos fornecida pela Kron. Todo o dinheiro é canalizado para manter a firma. A construção e o acabamento da casa, que sobressai no loteamento pelo seu tamanho — duas salas, três quartos, dois banheiros e cozinha —, é desde então interrompido: "Em época de crise é a Eridan que dá força, em época de crise não ganho quase nada".

Operário militante ligado à Igreja Católica, foi um dos fundadores da Associação de Moradores do Loteamento Horizontal Três Marias, que batalhou pela regularização do loteamento e pela obtenção de melhorias urbanas, principalmente pela regularização do fornecimento de água e a pavimentação da rua: "Eu particularmente me sinto muito orgulhoso de ter participado desse processo, de estar correndo atrás dos órgãos e ver a coisa fluir. Participamos bem de frente em todas as reuniões, em todas as regiões de São Paulo a gente estava marcando presença. Hoje o pessoal está bem mais tranquilo. Tem muita gente hoje que prefere pagar um dia de pedreiro e um dia de ajudante do que estar lá no mutirão. Mas à época das casas — no início dos anos 1990 — o espírito comunitário era bem maior. A gente estava todo mundo chegando, todo mundo na mesma necessidade, estava aqui um pedreiro levantando bloco, o camarada perguntava: 'Tem uma garrafa de café?'. Vinha, dava uma mão aqui, outro dava uma mão ali".

Antes do Três Marias moravam em Diadema, em casa alugada e, para escapar da condição de inquilinato, autoconstroem nos fundos da residência do pai de Fernando, que ajuda na confecção da moradia de dois cômodos: "A expectativa de casa própria era nenhuma, era difícil o acesso. Eu cheguei a pensar em invasão, mas a Eridan é muito orgulhosa. Tinha que abraçar toda oportunidade e quando apareceu a oportunidade com o meu pai, trabalhei em ritmo acelerado. Se tivesse permanecido no aluguel não teria outro rumo: ou corre ou paga aluguel, ia acabar invadindo".

Casa pequena para uma família de quatro pessoas, Fernando viu no Três Marias a oportunidade de construir a verdadeira casa própria. Comprou um lote à prestação, "prometida toda a infraestrutura"... "Comprei o lote aqui sem ter um conhecimento. Na verdade, eu nem sabia o que era mananciais, como algumas pessoas não sabem até hoje." Mudam-se em 1º de janeiro de 1993, para o meio do verde e do matagal, com ausência de serviços públicos e privados e a Três Marias, única rua asfaltada.

Em 1993, cozinha, banheiro e um cômodo e, quatro anos depois, outro cômodo no térreo e três dormitórios e banheiro na parte superior da casa. Só a laje em mutirão, seguida do churrasco. Eram tempos em que Fernando era bem remunerado e havia a possibilidade de fazer horas extras. Assim, pareceu-lhe mais conveniente aumentar a jornada de trabalho e contratar, a preços módicos, pedreiros desempregados que moravam dentro do próprio loteamento: "Nós passamos aí por uma crise de desemprego, e esse pessoal acreditando que já era pedreiro começou a pegar serviço do vizinho pra fazer num preço acessível, bem dentro de nossa realidade, que existe até hoje. Hoje existe pedreiro que cobra R$ 25 e tem pedreiro que cobra R$ 50 o dia. Então o pessoal que estava bem ocioso, desempregado, conseguiu pegar esses trabalhos. Foi onde o pessoal conseguiu construir. Eu acho que não utilizei muito o mutirão por falta de pessoal na família e não conhecer essa área de construção civil. Até gostaria. Seria interessante. Poderia até aproveitar esse dinheiro que eu gastei num acabamento melhor na casa". Como já assinalado, "o bairro ainda tem que evoluir". A violência é um problema que está no bairro vizinho, no matagal ou no Jardim dos Reis, ao lado do Turquesa, no Santa Paula e no São Lourenço, jamais no Três Marias, onde, além do assassinato de José e Paulo, ocorrem assaltos: "A gente não pode dizer nada porque fica registrada a ocorrência. Mas foram um ou dois casos. Saindo disso aí, é muito tranquilo aqui. Houve época em que o bairro era muito violento. Roubavam perua, ônibus. Mas o pessoal que vive nessa vida aí não consegue viver muito tempo. Aquela safra que era no início, quando a gente veio para cá, já foi colhida". Mesmo assim, há cinco anos um irmão dele, depois de uma discussão, foi assassinado na favela que fica em frente ao loteamento: "Ele foi mais uma vítima do Jardim Ângela. Aqui dentro não tem ronda; eu gostaria bem, embora não tenha problema nenhum aqui dentro".

Casa confeccionada por meio de pagamento do trabalho alheio e não por autoconstrução, possui espaço suficiente para a família que passa por um período de dificuldades financeiras. Ex-metalúrgico especializado, microempresário, Fernando foi cerceado nas suas potencialidades de expansão econômica. Enquanto esta situação perdurar, não poderá fazer o acabamento da casa. Sempre é possível ter novas aspirações: "Existem outras expectativas em sentido de casa própria. Então, a gente pretende sim, ter uma casa na praia: a luta continua". Ao que Eridan acrescenta: "Ter uma casa própria não significa parar. Tem que evoluir mais um pouquinho, sonha mais à frente, não para onde está".

Rosemerie, 32 anos, trabalha como diarista em cinco diferentes residências, no Bexiga, na Vila Mariana e outras perto das vias Anchieta e Dutra. À noite, cursa a 8ª série, cujas horas, acrescidas à jornada que realiza como cozinheira e arrumadeira, à condução e aos afazeres domésticos, podem chegar a vinte horas diárias. Batalhadora, a cada quinze dias cozinha para fora nos fins de semana, o que permite ganhar R$ 550 por mês e manter a família: Anderson, 12 anos, e Ederson, 13, estudantes da 6ª série, bem como o marido, Edson, 33 anos, desempregado há um ano, última década marcada por "bicos" ocasionais e trabalhos assalariados temporários. Em 1994 chegam ao Três Marias: "Considero aqui uma favela", diz Rosemerie. "Preferia morar na favela do que aqui no loteamento. Na favela todo mundo conhece todo mundo: uns ajudam os outros. Tem gente que mora na favela não é porque não tem condições. Porque lá tem mordomia: não paga luz, nem água. Eu pago uma luz lascada pelos que não pagam".

Antes moraram em vários "quintais" no Parque Santo Antônio: "Numa casa que tinha dois inquilinos. Depois fui pra outra, onde fiquei dois anos, e depois em outra fiquei um ano; era tipo cortiço mesmo: um corredor com um monte de casas, o banheiro usava com as outras pessoas". Compram um lote de 75 m^2 e mudam-se em 1994 para dois cômodos "crus": "Se eu tivesse visto o lote antes, não deixava ele comprar. Chorei que nem uma infeliz, eu nunca tinha morado em casa feia. Quando eu mudei, não tinha janelas, colocava um plástico pra tapar: a casa era cheia de buracos". Tem banheiro e dois cômodos, um deles usado como cozinha, o outro como dormitório separado ao meio por um grande armário; de um lado, Edson e Ederson, do outro lado, Rosemerie e Anderson.

A moradia foi confeccionada através de pagamento a terceiros, inclusive os dois quartos e a lavanderia que se encontram no andar superior e ainda não utilizáveis: "Demora demais pra construir, depois ainda quebra aqui pra fazer uma janela, demora pra caramba". Antes era necessário buscar a água que foi, agora, regularizada. Mas o bairro continua muito precário, os preços dos produtos são abusivos e o transporte fica longe: "No meu caso, eu subo lá pra avenida M'Boi Mirim. Eu saio de casa às quatro horas da manhã. É muito complicado porque eu passo muito medo nas ruas, são muito escuras; polícia aqui nem chega perto. Vantagens do bairro não tem nenhuma. Não gosto daqui, nunca vi um lugar que não tem opção de ônibus".

Definitivamente, Rosemerie não gosta do loteamento nem das redondezas. Por ela, voltariam a morar no Parque Santo Antônio e, por isso, ao contrário de outros, não tem razão de omitir a violência que ocorre dentro e fora do Três Marias: "Escola tem aqui, mas é muito perigoso. Por exemplo, dez horas tem que ir embora, os caras, os traficantes mandam fechar. Muitas vezes não moram aqui, mas jogam os corpos aqui. Tem a favela ali embaixo que, inclusive, na semana retrasada mataram seis, só numa casa. Então já dá pra saber que a nossa situação aqui é terrível. É triste, você sai e não sabe se volta. Quando eu vou subindo aí, quatro horas da manhã...".

E dentro do loteamento? "Aqui dentro tem muita coisa errada. Muitos foram assaltados mesmo depois de cercar. Se eu arrumar encrenca com alguns daqui, eu tenho que sair vazada. Eu não deixo os meninos sair, não. Nunca passa do portão pra fora, sempre do portão pra dentro."

A vantagem reside em escapar do inquilinato, principalmente depois que o marido deixou de ajudar na manutenção da família: "Só de sair do aluguel é um alívio. E na sua casa não, você já sabe que aquele dinheirinho conta, você quebra aqui, desmonta ali, você vai consertando: com o aluguel já não pode".

O único emprego permanente que Edson teve foi entre 1987 e 1993 na Kibon, de operador e montador de máquinas. Uma vez demitido, perambulou entre bicos de pedreiro e tarefas temporárias em várias firmas. Em anos mais recentes, três vezes por semana sai em busca de trabalho e só não faz mais porque, entre condução e um lanche, lá se vão R$ 10, quantia onerosa para o orçamento familiar. Pacato, sereno, tímido, evitando as entrevistas, Edson lamenta: "Quando você está desempregado, meu amigo, qualquer lugar que aparece serviço, você vai!". E finaliza: "Quando você está parado, a gente se afasta de você". Ao contrário, Rosemerie é bem-humorada, disposta, corajosa, linguajar e aparência exuberante: "Eu seguro uma casa legal, não preciso de homem pra sobreviver, se você não tiver medo da vida, você vai em frente. Por isso eu quero ser recepcionista, acho lindo. Tem que ter estudo pro cargo, quero ser uma superfina. Ganha pouco, mas é só pelo charme".

Vila Guiomar/Jardim Silvano

Desde os meados do século XIX, sabe-se da existência de uma grande fazenda. Com o tempo ocorreram sucessivas divisões da área e, por volta de 1950, ela é mais uma vez desmembrada. Os parcos benefícios agrícolas provenientes destas terras provocaram novas subdivisões e, nos anos 1960, são dois os proprietários de alguns terrenos da futura Vila Guiomar, que foram parcelados em pequenos lotes postos à venda na década seguinte. Em paralelo, grileiros venderam terras na sua parte norte, bem como as áreas do loteamento vizinho, Jardim Silvano. Os moradores destes bairros continuam a procurar os antigos proprietários com a finalidade de conseguir o direito de propriedade dos imóveis, pois os contratos de compra e venda não têm valor jurídico, por tratar-se de área de proteção dos mananciais.

Os dois bairros estão situados na divisa entre os municípios de São Paulo e de Itapecerica da Serra. Os terrenos foram loteados e vendidos de forma ilegal e, não obstante seus habitantes pagarem IPTU, condição básica para ganharem os processos judiciais de regularização da propriedade, os loteamentos não são reconhecidos pelas prefeituras das duas cidades: isto decorre do fato de situarem-se na bacia hidrográfica da Represa Guarapiranga. Agregam 570 famílias e 2.400 habitantes, a maioria dos lotes tem 70 m², 85% dos quais já ocupados. É por esta razão que a água, recém-ligada em certas partes dos bairros, "não sai da torneira durante o horário comercial". De fato, ela só sobe às caixas-d'água por volta das cinco ou seis horas da manhã, por curto espaço de tempo e em dias indeterminados. No verão a situação é ainda pior, pois a Sabesp raciona o fornecimento, alegando tratar-se de uma zona irregular: "A água chega às seis horas e acaba às sete. Água aqui não tem. Na torneira, não tem. É uma hora mesmo, das cinco às seis ou das seis às sete; quando é bom tem das sete às oito ou oito e meia. Depois, não tem água, encheu a caixa e parou. Quando a gente chega à noite, já ficou vazia a caixa".

Alguns moradores consideram sua moradia vinculada a Itapecerica da Serra, pois pagam o IPTU a este município, embora a energia elétrica e a água sejam fornecidas por São Paulo: "O problema agora é o Correio. O correio entregava as cartas de todas as pessoas do Silvano aqui comigo. Mas eu saí, trabalhei uns quinze dias. Aí as cartas do pessoal atrasaram: conta de cartão de crédito, conta de telefone. Aí chegou a reclamação no Correio. O Correio tirou o rapaz que entregava aqui e falou que Jardim Silvano é endereço desconhecido. Não entrega pra ninguém. Aí está tudo sem carta. É essa droga de divisa. Então o Correio não quer entrar por causa que lá no Silvano é São Paulo e é irregular. Aqui é 'Itapecerica', mas já é oficializada no Correio. A divisa é São Paulo lá e eu aqui sou 'Itapecerica'. Só que lá é mais 'Itapecerica' e a Vila Guiomar é mais São Paulo. Tá tudo torto. É uma bagunça. Ninguém sabe se é de São Paulo ou lá de Itapecerica".

O bairro não possui linhas de ônibus ou lotação que saem de suas cercanias, sendo necessário andar por cerca de trinta minutos até a Vila Calu ou Jardim Capela e aí esperar, em média, outros quarenta minutos para tomar a condução. O roteiro daqueles que têm emprego em São Paulo indica um tempo médio de locomoção de quatro a seis horas diárias. O ensino fundamental situa-se a meia hora a pé, o posto de saúde é distante, "precisa de tomar ônibus", coleta de lixo em pontos distantes, ausência de hospitais. A iluminação é precária e o terreno íngreme coloca em risco as construções nos dias de temporal. Isto para não falar no lamaçal e na ausência de serviços e lojas comerciais.

Os bairros encontram-se rodeados por grandes áreas verdes com poucas construções, e que, provavelmente, serão desmembrados em futuros loteamentos ilegais. De certa forma, esta zona de fronteira na expansão periférica de São Paulo assemelha-se ao loteamento Três Marias do início dos anos 1990, à época — como já detalhado — zona verdejante, rarefeita de população, carente de infraestrutura e serviços públicos e de comércio e serviços privados: "Não temos escolas, postos de saúde, farmácias, supermercados grandes que possam oferecer um preço melhor.

O transporte coletivo é muito horrível. O bairro está aí ao deus-dará. Porque nós só pagamos impostos. Nós não temos nada no bairro. Nós temos asfalto, que fomos nós, os moradores, que fizemos. Nós não temos um vereador pra brigar com o bairro. Na nossa Sociedade de Amigos de Bairro as pessoas não têm muito interesse também. Pra ter um bom bairro, tem que ter uma boa comunidade. Uma união da comunidade. E não é o que acontece na nossa comunidade".

Não obstante a negação de alguns de seus moradores, trata-se de uma região violenta. No passado havia desmanche de carros, feito por um grupo de jovens que também praticava assaltos nas redondezas: perseguidos por "justiceiros para dar cabo deles", o grupo foi desarticulado, seja pela prisão ou pela morte de alguns, seja pelo aparecimento do crime organizado nesta parte sul de São Paulo. O tráfico de drogas começou no início dos anos 1990, quando Boy, um pequeno bandido local, comprou a padaria Mirante da Serra, distante sete quarteirões da área: "Ele não roubava ninguém. Ele só traficava. Ele não influía no jovem a entrar na droga e nem pra ir vender. São pessoas que trabalhavam com ele que levavam, porque ele não incentivava ninguém. E ele deixava bem claro. Ele já teve uma palestra no campo de futebol, há uns anos atrás. Ele disse: 'Eu jamais vou influenciar o filho de qualquer um que seja morador ou de alguém de bem a estar entrando nessa vida. Jamais eu vou fazer isso. Se eu puder aconselhar pra não entrar, eu vou falar'. Agora, entra quem quer. Ele não é desse tipo. Agora, já as pessoas que trabalham com ele, já é mais diferente, não pensam como ele. Ele já ajudou muito a comunidade, hoje em dia ele não ajuda mais. Primeiro porque ele sumiu, desapareceu. Mas ele sempre foi de ajudar a comunidade. O que precisar podia contar com ele, que ele estava lá pra ajudar".

Os negócios de Boy prosperaram na organização do crime e ele passou a ter influência na vida dos habitantes: "bandido comunitário", decretou que não poderia ter mais assaltos e homicídios na região, o uso de cocaína foi proibido para os moradores e os jovens "dos seus domínios" deveriam assistir às palestras realizadas por ele e seu grupo. Mas logo surgiram no pedaço traficantes rivais, principalmente o Bronx e, a partir de 1997, iniciou-se uma guerra entre as facções. "Tem um ponto de tráfico, então eles querem disputar quem fica e quem não fica. É aonde acontece as chacinas deles, aí. Então, é aonde acontecem as coisas. Essa semana teve um assassinato no sábado, de uma pessoa inocente, que era funcionário: peneiraram no rosto com muitas balas, porque ele virou de frente pra poder ver o que acontecia e falou: 'Não vou correr porque eu não devo em nada!'. Então foi aonde ele acabou morrendo inocentemente." Foram vários tiroteios e mortes na frente da padaria, culminando com a fuga de Boy. A "queda do Boy" — como dizem os jovens locais — permitiu a volta da criminalidade com o retorno de assaltos e desmanches de veículos. Um grupo de ladrões que morava próximo foi preso, mas isso não impediu que os moradores fossem ameaçados: "Jurados de morte, eles roubavam coisas grandes, como caminhão de carga. Chegaram a ameaçar a vizinhança caso denunciassem. Acabaram presos e continuaram ameaçando que voltariam à vizinhança, quando saíssem da cadeia, pra matar quem havia denunciado".

Homicídios são raros quando comparados a alguns bairros próximos. Contudo, a convivência com assassinatos reside no fato de haver desova de corpos, visto que não há policiamento, por não ser reconhecido legalmente pelo poder público de São Paulo e de Itapecerica da Serra: a máxima comum do Jardim Ângela, segundo a qual "polícia só passa quando tem morte", também é válida para a Vila Guiomar e para o Jardim Silvano. Seus habitantes relatam ser frequente o barulho de brigas e tiros vindos da padaria, o que causa grande temor, a ponto de nenhum dos entrevistados deixar seus filhos sairem de casa depois das sete horas da noite.

A área é uma das fronteiras do crescimento periférico que transbordou os limites de São Paulo. Nestes loteamentos, distantes dos centros de emprego, a população mais pobre pode adquirir um pequeno terreno e nele edificar com suas próprias mãos e, mais recentemente, também com trabalho alheio, a sua casa própria. Neste caso particular, a situação se agrava ainda mais porque seus habitantes, por estarem na divisa de dois municípios, não sabem a quem pressionar pela regularização da área e pela obtenção de benfeitorias públicas.

PERSONAGENS DO VILA GUIOMAR/JARDIM SILVANO

	Elza	Ronaldo e Ivonete	Zaqueu e Tereza
Idade	39	29 e 21	40 e 28
Escolaridade	Superior incompleto	5ª série e 6ª série	4ª série e 4ª série
Mora com	3 pessoas	2 pessoas	2 pessoas
Renda mensal	R$ 3.000	R$ 570	R$ 600
Renda mensal per capita	R$ 750	R$ 143	R$ 150
Moradias anteriores	Casa própria no mesmo bairro	Favela na divisa com Diadema	Aluguel de 2 cômodos e banheiro
Tempo de moradia atual	4 anos (I)	5 anos (I)	15 anos (I)
Cômodos da casa	4S/1C/2B/ 3D/1O	1C/1B/2D	1S/1C/1B/ 2D/1O
Forma de construção	TPT	TPT e AC	50% TPT e 50% AC

Dados coletados em 2002.
Legenda: construção acabada (A); inacabada (I); autoconstrução (AC); trabalho pago à terceiros (TPT); mutirão (M); sala (S); cozinha (C); banheiro (B); dormitório (D); outros (O).

Elza, 39 anos, nascida na cidade de Umuarama, no Paraná, veio para São Paulo há cerca de 26 anos. Casou-se duas vezes e hoje mora com o marido Roberto, 41 anos, e os filhos Fabiano, dezessete anos, e Dayane, doze anos. Estuda pedagogia na Faculdade de Taboão da Serra e é dona e diretora da Escolinha Conto de Fadas, que funciona na sua própria casa. Seu rendimento bruto é de R$ 3.000, faturando um valor líquido mensal de cerca de R$ 2.000. O marido estudou até a 5ª série e trabalha como pintor. Porém, atualmente, está desempregado e sem receber por conta da falta de serviços da empresa em que está registrado. Esporadicamente, faz alguns bicos em que chega a ganhar uns R$ 500. Fabiano está no segundo ano do ensino médio e trabalha como auxiliar contábil. Seu salário é de R$ 500. Dayane cursa a 6ª série do ensino fundamental.

A casa sobressai no loteamento pelo tamanho e pelo acabamento: tem sala de jantar e de estar, cozinha, banheiro e lavanderia na parte térrea, e no primeiro andar três quartos, duas salas e banheiro. A construção foi iniciada em 1993 e, quatro anos depois, a família se mudou para a Vila Guiomar. O terreno tinha grande declividade e precisou ser aplainado, mas, mesmo assim, quando chove a parte inferior do lote fica alagada. O esgoto foi ligado em 2002, a rua é pavimentada e tem coleta de lixo, o que não ocorre em todas as partes do bairro. As diversas etapas construtivas foram feitas com mão de obra remunerada, à parte a laje: "Só na laje é que houve uma autoconstrução mesmo. Foram os amigos da família que ajudaram: foi num sábado e num domingo. Fizemos um churrasco". Considera a casa ainda inacabada, assim como a Escolinha Conto de Fadas, contígua à residência, onde falta terminar uma sala de aula e confeccionar outra.

Antes morava com o irmão no mesmo bairro, em casa pertencente aos dois, também construída através de pagamento a terceiros. Habitava na parte de baixo, onde havia quarto, sala, cozinha e banheiro, a parte de cima alugada. Atualmente, os dois andares estão com inquilinos e a renda é fraternalmente dividida. Casa própria para Elza é "ter seu espaço, seu terreno, ter o que deixar pros filhos". É também maior segurança, pois "hoje você está empregado, de repente amanhã não. E aí você não tem como pagar o aluguel. O dono da casa não vai te esperar. Você vai pra rua". É também escapar da discriminação que se abate sobre quem mora em área invadida, posto que "as pessoas rotulam as pessoas que moram em favela". "Casa de quintal", nem pensar, já que "a vida no cortiço é terrível. Só de pensar naqueles banheiros, todo mundo junto, usando o mesmo tanque".

Serviços médicos e escolares estão em outros bairros, a cerca de uma hora a pé, ao se contar o duplo trajeto de ida e volta ao local de residência. O transporte, como apontado, é moroso e longínquo. Quando Elza era assalariada, eram quatro horas diárias entre a moradia e o emprego: entre 1989 e 1999 foi gerente de uma loja na rua Peixoto Gomide, nos Jardins, auferindo R$ 1.200, carteira de trabalho assinada: "Eu cheguei e falei pra eles que a gente faria um acordo: o dinheiro do acordo serviu para investir na minha casa e na minha escola". A ideia da escolinha veio "da noite pro dia", inicialmente em sociedade, e nos últimos dois anos administra sozinha a Conto de Fadas.

Para Elza, o bairro melhorou devido à prisão de algumas pessoas que "desmanchavam" carros em frente à sua casa: "[...] o bairro pra mim não é muito violento, aqui na minha rua. Já teve problemas de violência aqui, mas essas pessoas, assim, eram uns garotos que moravam aqui, até porque eles não tinham escola, não conseguiram trabalho. Então, esses meninos ficaram muito rebeldes. Acabaram entrando na vida do crime e hoje eles estão presos. Então, assim, a rua é calma, no bairro sempre acontece problemas, mas é de pessoas que vêm de fora".

Embora não considere o bairro violento, reconhece que não é o caso das redondezas. No entanto, ela também se refere à violência na sua própria rua: "Roubavam os carros e deixavam aqui na frente de casa. Levavam apenas os acessórios do carro, já foi desmanche. Então eles roubavam — eram esses meninos que estão presos —, eles roubavam e traziam os carros para desmanchar aqui. Era a turminha deles. E você não podia falar um 'a'. Teve uma vez, que por eu conhecer eles, eu falei assim: 'Não façam isso aqui que aqui não fica legal'. Aí ele falou para mim: 'Cala a boca e entra para dentro tia, e fica na sua'".

Segundo Elza, os crimes no bairro geralmente são cometidos por jovens, muitos envolvidos com o tráfico de drogas na região. Assaltos a bares do bairro são bastante frequentes: "Principalmente os jovens. Eles estão assaltando com armas os estabelecimentos comerciais. Seu Antônio teve seu bar assaltado por uns moleques armados às dezenove horas". A polícia também é problema: "Às vezes, ao invés de passar coisas boas, ela passa coisas muito ruins. Se roubam e você denuncia à polícia, ela demora muito pra chegar. Mais de horas. Se você arranja dinheiro pra polícia, eles pegam os bandidos. Já vi a polícia atirar em bandido na frente de minha casa, há uns quatro anos atrás. Se existe alguém a quem se possa confiar a segurança do bairro, ela certamente não é a polícia. Aqui não tem segurança. Nossa segurança é Deus".

O ponto de tráfico está localizado em uma tenda feita de madeira, cimento e telhas ao lado da Padaria do Mirante da Serra, conhecida na região como "Padaria do Boy". O local está situado a algumas quadras da casa de Elza: "A irmã do Boy incentivava os jovens a estar indo para essa vida, que lá ia ganhar mais. Então, era facilitado nesse sentido, porque ela chegava e dava tudo, enganava. Esses meninos que desmanchavam, eles eram meninos bons, estudavam, não tinham emprego e o pai ficou desempregado. Aí ela chegou e chamou: 'Vamos trabalhar que lá você vai ganhar dinheiro'. De repente, com seis meses, eles estavam matando e roubando. Eram os 'desmancheros', começaram na errada".

"Por mais que você fale: 'Eu não tenho medo', você sabe que mais no fundo você acaba tendo e sabe que você também está sujeito a acontecer. Então você fala: 'Não tenho medo?'. Eu, na verdade, eu conheço quase todos os meninos daí, mas você não pode falar, nunca pode falar: 'Comigo nunca vai acontecer'. Você não sabe, nunca sabe."

Alegre, falante, com muitas ideias e iniciativas, Elza tem planos precisos quanto ao futuro: "Eu quero trabalhar como diretora de escola pública. Este ano presto concurso para professora na Prefeitura de São Paulo e de Itapecerica. Mas manterei a Conto de Fadas. É minha conquista, o meu sonho, o meu xodó. Se não conseguir ser diretora de escola, ficarei por aqui mesmo. Minha escola é meu ganha-pão sem patrão, sou independente graças à pedagogia. Depois de terminar pedagogia, farei psicologia. Minha vida me ensinou que nunca é tarde: fiquei 26 anos sem estudar. Nunca me desanimei. Desistir não é o meu caso".

Ronaldo, 29 anos, pernambucano, trabalha de porteiro, estudou até a 5ª série. Casado com Ivonete, 21 anos, do interior de São Paulo, que terminou a 6ª série e está desempregada. Têm dois filhos, Rodrigo, quatro anos e Vitor, com dois anos. "Foi legal! Num certo tempo, a gente foi ficando mais unido: 'Vamos morar juntos? Vamos'". Isto aconteceu na Favela Pantanal, na divisa de Diadema, última moradia antes de chegar ao Jardim Silvano: "Aí invadiram lá em Diadema. Meu pai comprou o terreno barato. Ilegal, mas moramos lá. Aí construímos lá, de alvenaria. Não ficou bom, mas ficamos lá durante oito anos. Aí você pergunta: vale a pena? Sei lá! Porque morar em favela é complicado. Vou lutar pra não voltar. Se tiver que voltar, eu volto, mas com dor".

A dor vem do fato de um irmão ter sido assassinado: "É ruim lá. A pessoa boa entra no meio da pessoa má sem perceber. A polícia e o policial mataram ele. O pessoal usa droga na rua, na frente da gente, na frente dos filhos, te oferecem arma pra você comprar na frente de todo mundo. Você vive em alerta o tempo todo. Tinha medo de sair pra trabalhar, tinha medo de voltar. Eu baixava a cabeça e ia pra casa tremendo. Eu já sabia que tinha muita coisa ruim, tiroteio. A gente não sabe com quem anda, a gente não é gente; meu irmão...".

Quando Rodrigo nasceu, Ronaldo resolveu sair da favela. A mãe e o pai também acharam mais seguro procurar outro lugar: "Aí veio na minha cabeça de sair de lá, como tinha combinado as coisas com meu irmão e tudo mais e com outros colegas meus, eu falei: 'Temos que sair daqui de qualquer forma'. Minha mãe também queria sair de lá de qualquer jeito. Ajuntamos e viemos a comprar este terreno à vista. A partir daí nós começamos a construir. E tá no que tá: desse tamanho".

Estão no Jardim Silvano há quatro anos. No lote, além de Ronaldo e sua família, moram dois cunhados em outra casa e, numa terceira, seus pais e um irmão. O orçamento foi canalizado para pagar pedreiro e comprar o material, a fim de construir aos poucos as moradias, nas quais todos trabalharam nos momentos de folga: "Eu construí a minha casa e aí eu falei: 'A senhora constrói a sua'. Porque eu tenho condições de ir aos poucos. No comecinho, o alicerce, não contratamos pedreiro. Meu tio fez boa parte. Aí nós vimos que ele estava um pouco sem entender, e aí chamamos um pedreiro. Claro que combinei minha parte e ajudei meu pai e mãe com a maior parte da casa deles. Depois meu pai entrou com a maior parte do caixa. Então conseguimos fazer essa parte de baixo todinha. Só aí que minha mãe falou assim: 'Vamos construir agora em cima'. Aí meu irmão, que morava na parte de baixo lá em Diadema, veio também pro trabalho e ficou morando com a gente. No final, a família ficou em paz. O terreno é grande e tem espaço pra todo mundo. Só minha casa que foi meio sozinha. A família ajudou no aperto, mas eu ajudei mais. Família grande é assim mesmo. E depois da história do meu irmão, eu só queria sair de lá, viver em lugar bom, tranquilo. Valeu a pena, aqui tem mais firmeza".

O bairro, "tranquilo, ar fresco", tem os problemas de oferta de serviços médicos, educacionais e de transporte, já assinalados pelos outros entrevistados. Além disso, "falta esgoto, falta energia de qualidade: a luz é ruim, sempre piscando". Há também o problema da violência nas escolas, que considera dos mais sérios para o futuro dos filhos: "O que me preocupa mesmo é a escola pra mais tarde, a partir dos doze anos de idade. Eu vejo as coisas acontecer por aí, me preocupa muito. O que me preocupa é o envolvimento, me preocupa demais. Enquanto não se envolver, está tudo bem. E depois? Como é que eu vou conseguir fazer a cabeça dele? Eu gostaria de mudar por causa disso. Porque lá é tranquilo no interior. O estudo é o mesmo, até melhor, mas é mais tranquilo".

Ivonete conta que na Favela Pantanal, em Diadema, havia

muita violência, sempre ouvia tiros e via gente assassinada nas ruas. "Aqui existe muito roubo, isso sempre aconteceu por aqui. Mas aqui nunca vi um morto. Aqui tem mais sossego. Eu acho que é mais violento lá pro lado de cima, depois da padaria: lá é lugar de gente perigosa. Lá tem tiroteios, chacinas. Houve um tiroteio na Padaria do Boy, no Mirante, e morreu uma menina que ia fazer dez anos."

Ao que Ronaldo acrescenta: "O Mirante da Serra é fogo. É por lá que acontece mais. Aqui é mais organizado, quando morre é que tem que morrer. Tenho medo de sequestrarem meus filhos. Não é porque somos pobres que estamos livre dessas coisas. É difícil não ter traficantes no bairro. Tem em todo lugar. Tem gente que sabe dos traficantes, mas não denunciam por medo". Assim como Ronaldo, Ivonete teme pelo futuro dos filhos, quando ficarem maiores, adolescentes, com mais independência. Já escaparam da Pantanal. Agora, desejam migrar para o interior, onde é mais tranquilo; o que significa dizer: procurar um lugar menos violento para viver, onde seus filhos estejam mais protegidos do envolvimento com o mundo das drogas.

Ele sempre trabalhou de porteiro em condomínios. Há seis anos em um prédio no Itaim, registrado, ganhando R$ 570 mais horas extras, pois, muitas vezes, passa um mês sem folgas. A jornada de trabalho e a locomoção atingem quase doze horas: "Eu saio às quatro e dez de casa, pego ônibus até as quatro e vinte, quatro e vinte e cinco, e chego no serviço às cinco e trinta, cinco e quarenta. Aí troco de roupa rapidinho. Agora, pra voltar, aí já é mais complicado: saio do serviço às catorze horas e chego aqui às três e quarenta, quatro horas. É muito duro".

Ela procura trabalho há seis meses. Sua última atividade remunerada permanente foi em 1995, como empregada doméstica: "Quando você trabalha fora, você se sente valorizada. Só o fato de estar trabalhando é outra coisa. Eu me sinto mais útil. Acho que vou conseguir, pois já apareceram alguns. Se eu tivesse aceito, não teria horário pra chegar em casa e teria que sair muito cedo, umas quatro horas da manhã". Introspectiva, tem dificuldade em se relacionar com eventuais empregadores: "Eu acho que é minha aparência, o meu rosto, não sei dizer o que atrapalha, mas atrapalha bastante. Não é por conta da minha cor, negra. Talvez os meus dentes. Eu sou muito tímida e isto atrapalha muito".

Ronaldo é extrovertido, batalhador, saiu da favela para se afastar da violência e conseguiu, junto com a família, a almejada casa própria. "Sair daqui e ir pro interior é meu sonho. É ter um lugar mais tranquilo pra eles poderem brincar, estudar, viver com mais firmeza. Mas, aqui, mesmo sendo assim, a casa ficou melhor; aí deu no que deu pra fazer. Mas vou fazer mais."

Zaqueu, 40 anos, nasceu na Bahia e chegou a São Paulo no final da década de 1970. Eletricista de profissão, cursou até a 4ª série e encontra-se desempregado desde 1977. Faz bicos e ganha cerca de R$ 150 por mês. Tereza também é baiana, veio no início dos anos 1980. Tem o mesmo grau de escolaridade, trabalha como assistente em escola em Santo Amaro e ganha R$ 250. Há ainda uma renda adicional de R$ 200, proveniente do aluguel de uma sala. Os filhos, Diego, dezesseis, cursa o ensino médio, e Diane, dez anos, a 4ª série. Adquirem um lote na Vila Guiomar em 1982, e cinco anos depois estão em uma casa com banheiro, área de serviço, dois cômodos e um grande salão que já foi oficina e agora está alugado. O terreno tem 175 m² e grande declividade. Entre 1987 e 1990 "levantou" a área de serviço e a cozinha, enquanto o salão-oficina só foi construído no final da década seguinte: "Hoje nós temos três cômodos. Banheiro não conta. 50% foi autoconstrução, 50% eu paguei. Mas ficou uma construção fraca. Naquele tempo fui fazendo tudo correndo e ficou uma coisa malfeita, não vale nada. Eu moro aqui dentro porque é meu mesmo. Eu não pago aluguel, mas se fosse pra mim pagar aluguel numa casa dessa, eu não entrava". Para a feitura da laje, vieram os parentes: "A gente sempre dá uma mão um pro outro: cada um pega uma lata, joga em cima, outro pega outra. Ninguém paga esse serviço assim, pra encher laje, montar estruturas, um churrasquinho, uma cervejinha".

Quando Zaqueu estava empregado, o salário era suficiente para pagar mão de obra nas tarefas mais difíceis, estruturas, as colunas e parte da casa: "Não houve sacrifício pra começar a construção, mas pra terminar estou tendo muito, por causa do desemprego. Falta acabar, mas falta dinheiro, verba. E o acabamento não tem como, tudo sem pintura". Antes moraram em casa alugada de dois cômodos e banheiro, nas cercanias da Vila Guiomar: "Era uma casa mais ou menos igual a essa aqui. A diferença dessa pra outra é que a outra eu pagava aluguel. E essa é minha, minha mesmo! Considerei lá um pouco melhor, era asfaltado. Mas lá tinha que pagar aluguel. Isso esgota a gente. O dinheiro que eu gastava com aluguel eu vou comprando material pra realizar minha casinha, só pra mim não pagar aluguel". Antes, ainda solteiro, morou num cortiço: "É perigoso, os quartos eram separados por uma madeira fina, era só o cara chutar e ela caía em cima de você. Não se podia deixar nada lá. Com a família, não dá pra morar em cortiço".

O bairro continua com problema de água "porque é Sabesp de São Paulo e pra nós é racionamento". A rede de esgoto já chegou mas ainda não foi conectada à sua casa. Como todos afirmaram, os serviços públicos continuam precários: "Escola não tem, nós não temos segurança, não tem nada aqui. Aqui não tem polícia, só quando matam pessoas é que eles vêm por aqui. A vida é muito dura aqui. Então, tendo emprego e casa com segurança, eu saio daqui".

Entre 1992-1995, Zaqueu trabalhou como eletricista autônomo na Rede Zacharias de Pneus. Os quatro anos subsequentes na PCC Engenharia, com carteira assinada e ganhava R$ 450. Saía de casa às seis da manhã e, por fazer muitas horas extras, não raras vezes só chegava às nove da noite, depois de uma jornada de dez horas: "O negócio é a condução. A condução é que mata. Se chegar atrasado, o patrão manda você embora, xinga. O filho da mãe não sabe que horas você saiu de casa. Às vezes você saiu às cinco horas e chega lá às nove. Eu já ouvi um bocado de vezes: 'Você vai embora hoje e amanhã você acorda mais cedo e vem trabalhar'". Este foi seu último emprego, pois a partir daí foi só trabalho ocasional: "Já não peguei emprego como eletricista por causa da minha escolaridade. Minha idade, quarenta anos, também um pouco avançada. O custo de procura é o maior gasto que eu faço. O custo é dez reais por dia. É um mês de trabalho por dez dias de procura. Não fiz nada pelo meu futuro nesta última semana. Fiquei em casa, lavei louça, limpei a casa. Fiz serviços que não era pra eu fazer. Muitas vezes não faço nada".

Seu cotidiano é marcado pelo medo da violência. Os filhos andam sempre juntos da mãe, não ficam nunca na rua e jamais saem de casa à noite: "Tem muita violência aqui, mais do que nos outros lugares. Nos bairros mais nobres existe mais segurança. Lá eu nem corro esse perigo, mas aqui no loteamento eu me torno vítima. Resulta que nós ficamos na periferia sem segurança, sem ajuda do governo, prefeito. Ninguém liga por nós. Ninguém olha". Acredita que existam muitos lugares piores que o loteamento. "Capão Redondo e Jardim Ângela são piores que aqui. Lá no Ângela melhorou porque agora tem o posto de polícia." Por conta disso, Zaqueu reclama que, com o novo posto policial lá, acabou piorando seu próprio bairro. "Vem tudo para cá, correram tudo, tá tudo escondido por aí, porque eu não conheço, mas tem muito aqui. Aqui tá um perigo nesse bairro. Quem fica até tarde, vixe! Meia-noite aí não pode! Lá naquela encruzilhada lá em cima não pode ficar ninguém, em nenhuma hora. A Capela é problema!"

A família já sofreu vários assaltos. Contudo, nunca fez B.O. "Se eu decido chamar a polícia e vem aquele monte de carro aqui em casa, os bandidos ficam só me filmando, ficam de olho em você. Se você chama a polícia você fica marcado, podendo até ocorrer homicídio. A saída é deixar eles levarem o que você tem e não reagir. Pra que eu vou chamar a polícia se eu já entreguei o que tenho? Não adianta fazer B.O. Eu já denunciei, pelo telefone, o desmanche de um carro aqui na frente da minha casa. Hoje, eu não denunciaria mais. Eu é que não vou sair lá pra falar nada, faço de conta que não estou vendo nada. Se eu denunciar e eles saberem que fui eu... aí, vai ficar ruim pra mim. Eu denunciei um rapaz, nesse tempo eu tinha telefone; eu até já vendi a linha telefônica, com medo. Eu liguei pra polícia e falei: 'Tem um carro ali na rua em cima do meu estabelecimento, os caras jogaram o carro ali, estão desmontando'. Então, eu tava orgulhoso, cidadão denunciando, de repente o telefone toca, era o capitão deles: 'Oh, é o senhor Zaqueu?'. 'É.' 'Mandei meus policiais pra aí e eles não estão encontrando o carro.' Aí eu pensei: como é que eles acharam meu telefone lá? E se o bandido também gravou meu telefone nessa conversa? E se o safado viu minha cara? E se a polícia tá com o moleque? Aí eu pensei, bom! De agora em diante eu não tenho mais esse telefone e vendi a linha. E falei pra Tereza: 'Quando aparecer outro telefone, não faço mais isso. Nunca mais'".

Ao que Zaqueu acrescenta: "Não confio em nenhum policial e bandido. Acho que é mais certo confiar no bandido. Mas é tudo igual. Porque pelo menos ele não faz nada comigo. Polícia chega e já quer me bater, manda pôr a mão na parede".

Não costumam sair à noite: "Eu tenho medo e não fico na rua à noite. As crianças têm que sair sempre com a mãe. Isto é uma rotina. Eu acho que isso é só uma maneira de prevenir. Mas não assegura nada". Para ele, o problema está na falta de trabalho: "O desemprego: o cara tá desempregado, ele tem filho pra dar de comer, ele vai ter que se virar de qualquer jeito, correr atrás de alguma coisa. Algum alimento ele vai ter que conseguir. E se ele não tiver como e não tiver como se virar? Ele não tem como se virar e ele vai ter que conseguir dinheiro! Como que ele vai dar comida aos filhos se ele não está trabalhando, está desempregado? Isso até no jornal passa direto. Ele mata, rouba, faz o diabo, só não estupra, porque aí já é safadeza".

Zaqueu é alegre, brincalhão, sempre há risos no meio de suas falas: "A vantagem é que eu não pago IPTU pra imobiliária. Eu já pago tudo pra mim mesmo, com meu nome. O presidente da República passa lá no computador engomadinho e vê: 'Esse daqui é um cidadão brasileiro'. Quero fazer em cima da laje um puxadinho bom, a minha casa pra mim ou pro meu filho, minha filha, pro futuro. Se der tudo errado, eles já têm espaço. Eu quero construir um mínimo de seis cômodos. Eu vou tentando fazer, fazendo e lutando pra ver se vence".

Vale a pena construir?

A um ritmo menos intenso do que nos anos 1950-1970, a autoconstrução — conforme indicado no item 2 — continua um processo volumoso, de modo particular em "cidades-dormitório" de alguns municípios da Grande São Paulo, onde o preço da terra é relativamente barato e o controle público sobre os loteamentos clandestinos menos rigoroso do que aquele imperante na Capital. Nela, em uma dimensão bem menos intensa, também continua a confecções de moradias por seus proprietários, principalmente nas bordas ainda pouco urbanizadas do Município.

A pergunta "Vale a pena construir?" deve ser entendida — como já assinalado — em um contexto da inexistência de políticas habitacionais voltadas para a população pobre. Deve ser também compreendida no âmbito de alternativas restritas que se resumem ao aluguel de um cômodo em cortiço — chamado pátio — ou em uma casa precária nas periferias longínquas dos locais de emprego. Resta ainda a favela que, como será analisado a seguir, cada vez mais se assemelha aos loteamentos periféricos, seja pela oferta de serviços, seja do ângulo de mercantilização dos imóveis, pois não obstante a maior dificuldade de regularização da propriedade, a compra e a venda de lotes ou casas passaram a ser a dinâmica preponderante na mobilidade das pessoas que entram ou saem desta modalidade de ocupação da terra alheia.

A moradia autoconstruída não é só um abrigo que serve para defender as pessoas contra a desproteção social e econômica nem, apenas, uma forma que o capitalismo predatório produziu para manter irrisórios os níveis de remuneração, como, durante muito tempo — e com razão — insistiu a literatura latino-americana que se debruçou sobre esta forma massiva de construção presente em todos os países da região (Pradilla, 1982). De fato, o contraponto desta argumentação reside nas frases — "meu sonho é ter uma casa" ou "é preciso escapar do aluguel" — repetidas reiteradas vezes por milhões de indivíduos que querem escapar da condição de inquilinato. Isto porque, apesar de largos sacrifícios, a casa autoconstruída constitui a única forma de poupança, na medida em que os gastos com aluguel representam um dispêndio que não leva ao acúmulo de bens. Além disso, representam uma forma de habitar instável que requer, no mais das vezes, constantes mudanças. Se a autoconstrução é desgastante, ao menos, perante outras alternativas habitacionais, ela redunda em uma propriedade que, além das vantagens já mencionadas, deixa de ter dispêndios uma vez concluída, tende a valorizar-se na medida em que os serviços públicos e privados atingem o bairro onde está situada e, em consequência, representa um pecúlio que uma família pobre dificilmente conseguiria obter se permanecesse na condição de inquilino (Kowarick, 2000a: cap. 5).

Deve ser ressaltado que os anos 1990 foram marcados por desaceleração econômica que redundou, entre outros aspectos, em queda de rendimentos, precarização do trabalho e aumento do desemprego. Contudo, mesmo com uma queda média nos níveis de remuneração de 30%, entre 1989 e 2000, a duplicação da quantidade de desempregados, que atinge também os chefes de família, o aumento brutal no tempo de procura de trabalho e do período de desemprego, além da precarização a que está submetida mais da terça parte da mão de obra, decresce a moradia de aluguel enquanto a casa própria ganha crescente significação. É o que indicam os dados apresentados na Tabela 2.

No percurso da década de 1990, é evidente a tendência de diminuição da casa de aluguel (-8,9%) e o aumento da moradia própria (+5,3%), incremento que não foi mais significativo devido ao salto que ocorre no número de favelados. De fato, nas áreas invadidas, praticamente dobram as unidades habitacionais, atingindo 9% das moradias da Grande São Paulo, o que pode significar um acréscimo de cerca de 800 mil pessoas e uma população de quase 1,6 milhão de favelados nos anos finais do período considerado.

Tabela 2
CONDIÇÃO DE OCUPAÇÃO E HABITABILIDADE DA MORADIA SEGUNDO CICLO FAMILIAR
Região Metropolitana de São Paulo, 1990 e 1998 (%)

Ciclo familiar	Condição de ocupação da moradia								Condição de habitabilidade satisfatória[1]	
	Própria		Alugada		Cedida		Invadida			
	1990	1998	1990	1998	1990	1998	1990	1998	1990	1998
Jovem	19,6	34,2	49,5	36,9	27,0	21,2	3,9	7,7	47,5	64,0
Adulto	64,4	65,1	20,8	17,1	8,6	9,2	6,2	8,6	70,5	73,8
Idoso	66,2	78,3	16,3	10,7	15,6	6,6	1,9	4,4	79,1	86,5
Total	53,1	58,4	28,9	20,0	13,1	12,6	4,9	9,0	65,2	68,0
Idoso - jovem	46,6	44,1	-33,2	-26,2	-11,4	-14,6	-2,0	-3,3	31,6	22,5

[1] Categoria dicotômica: satisfatória ou insatisfatória.
Fonte: Fundação SEADE, Pesquisa Condição de Vida (PCV), 1990-1998.

A análise por ciclo familiar mostra que o processo de envelhecimento tem um papel significativo na condição de ocupação da moradia. Ressalta o fato de que, tanto em 1990 quanto em 1998, na medida em que a idade avança, ocorre massiva mobilidade habitacional que se desprende do inquilinato; apenas 10,7% do grupo mais idoso paga aluguel no final do decênio, momento em que quase quatro quintos desta faixa etária residem em casa própria. O fato de haver substancial proporção de jovens em moradias cedidas certamente significa um estágio provisório para outro tipo de habitação. Deve ser também anotado que o montante de pessoas em áreas invadidas aumentou em todos os tipos de família, revelando uma trajetória caracterizada, em muitos ca-

sos, por acentuada precariedade habitacional: não obstante ter havido melhorias no que diz respeito a serviços urbanos básicos, em muitas favelas perduram áreas insalubres e contaminadas, marcadas pela insegurança decorrente de sua situação de risco e pela dificuldade em legalizar o imóvel.

Contudo, estas indicações ganham uma significação mais ampla quando se tem em conta que a qualidade da moradia também melhora à medida que se passa dos grupos etários jovens para os idosos, pois tanto no início quanto no final do período, os mais idosos estão em melhores condições de moradia em relação aos grupos jovens, em, respectivamente, 31,6% e 22,5%. É procedente dizer que substancial parcela deste contingente que habita em melhores condições reside em casas próprias, muitas delas realizadas pelo processo autoconstrutivo: se assim for, os longos processos inerentes à confecção da habitação por seus proprietários, que são — repita-se quantas vezes necessário for — marcadamente espoliativos, acabam por edificar uma moradia satisfatória do ponto de vista da habitabilidade, se por isso se entender uma construção feita com material apropriado, uso privativo de cozinha, banheiro e tanque, e com espaço adequado para abrigar todos os componentes da família.

De modo arrojado para a época, e para mim de maneira convincente, este tipo de argumentação foi pela primeira vez desenvolvido, pelo menos no caso brasileiro, em meados dos anos 1980, no qual, em face de outras alternativas habitacionais, destacava-se as vantagens da casa própria autoconstruída:

> "*É a possibilidade concreta de se entesourar*, acumular [...] Representa também a garantia de morar a médio prazo praticamente a custo zero, aspecto fundamental se considerarmos que o dispêndio com a moradia de aluguel pesa enormemente [...] Significa, por fim, a possibilidade de *amoldar a casa aos desejos da família*, incorporando trabalho e recursos que *se cristalizam num bem que se valoriza inteiramente em fa-*

vor do morador proprietário" (Bonduki, 1986: 323, grifos do autor).

Acrescente-se que a passagem para a moradia própria, com as vantagens já assinaladas, também atinge a população pobre, cujas condições de habitabilidade melhoram substancialmente à medida que se passa dos grupos jovens aos idosos. É o que mostra a Tabela 3:

Tabela 3
CONDIÇÃO DE OCUPAÇÃO E HABITABILIDADE DA MORADIA SEGUNDO CICLO FAMILIAR E FAIXA DE RENDA
Região Metropolitana de São Paulo, 1994 (%)

Ciclo familiar	Condição de ocupação da moradia				Condição de habitabilidade satisfatória[1]	
	Própria		Alugada			
	Pobre	Não pobre	Pobre	Não pobre	Pobre	Não pobre
Jovem	31,6	44,2	32,2	36,6	35,3	69,3
Adulto	55,0	66,6	23,3	24,3	51,7	81,7
Idoso	70,9	83,8	10,4	11,1	60,7	89,1
Total	48,0	62,6	24,8	25,5	46,3	78,9
Idoso - jovem	39,3	39,6	-22,8	-25,5	25,4	19,8

[1] Categoria dicotômica: satisfatória ou insatisfatória.
Fonte: Fundação SEADE, Pesquisa Condição de Vida (PCV), 1990-1998.

Se as camadas pobres estão menos presentes nas moradias próprias, o confronto entre os grupos etários mostra um substancial desligamento das residências de aluguel e acesso à propriedade da moradia. Ressalta também a vasta mobilidade em direção a condições satisfatórias de habitabilidade por parte dos estratos de baixa renda.

Como o ano de referência dos dados situa-se em 1994, e como se sabe que a casa própria para as camadas pobres leva anos para ser completada, convém apontar que o período que vai de 1985 a 1994, o PIB per capita teve um incremento de apenas 1,16% a.a., durante o qual houve quatro anos de retrocesso, especialmente em 1990, quando mais de 1 milhão de empregos foram destruídos. Mesmo assim, em uma conjuntura extremamente desfavorável para os trabalhadores, a situação habitacional melhorou também para os mais pobres. Portanto, tudo indica que é procedente afirmar que a trajetória dos anos 1980-1990 se consubstanciou em uma *década positiva* quanto à condição da moradia. Isto porque substancial número de pessoas encontra-se em uma situação de moradia mais segura e de melhor qualidade habitacional, o que sem dúvida possibilita enfrentar os momentos de crise que afetam os grupos carentes de proteção social e econômica. Contudo, estas afirmações devem ser entendidas enquanto indicações de um processo complexo e diverso, pois não se pode esquecer as 600 mil pessoas que habitam cortiços, o aumento do número de favelados que atinge 1,1 milhão de indivíduos, o recente aparecimento de 10 mil moradores de rua ou mesmo a situação precária de muitas residências.

Já foi demonstrado que as famílias se defendem de modo diverso durante os momentos de crise econômica e aproveitam as conjunturas de crescimento também de forma diferenciada, em que, além dos níveis de renda, conta de modo significativo sua composição etária e sexual (Lopes e Gottschalk, 1990). Mas não deixa de ser relevante que, mesmo nas conjunturas negativas, as camadas de baixa remuneração caminhem significativamente rumo à propriedade da casa e que habitem em melhores condições. As entrevistas em profundidade apontaram que as moradias levam longo período para ficarem prontas, sendo construídas cômodo por cômodo, em função das disponibilidades e necessidades da família.

Elas são em parte autoconstruídas, não obstante o trabalho pago aparecer de modo frequente, dada a disponibilidade dos habitantes locais de fazerem bico.[7] Todas as famílias pesquisadas consideram suas casas inacabadas, malgrado terem iniciado o processo construtivo há vários anos, e indicam que a obra teve que ser interrompida por razões de desemprego, diminuição da renda ou morte do chefe de família, denotando enormes sacrifícios para dar sequência à confecção da moradia. Por outro lado, é comum também a ocorrência de mais de uma unidade domiciliar por lote. Regra geral é a ocorrência do churrasco nos fins de semana de mutirão na confecção das lajes. Estes são momentos de festa, após longos sacrifícios que envolvem crianças, jovens adultos e idosos de ambos os sexos em uma empreitada que se alicerça enquanto objetivo primordial daqueles que quiserem e puderem escapar das favelas ou dos cômodos precários de aluguel. Vale a pena construir? A resposta é complexa, difícil, variável, mas, na opinião daqueles que entraram neste espoliativo processo, no final das contas, por vários motivos, se chega a uma opinião favorável: apesar de todos os pesares.

Os habitantes da periferia vivem frequentemente próximos a favelas, tidas como locais rotulados "onde não se deve morar". Os cortiços das áreas periféricas, também chamados pátios, são constituídos por um montão de casinhas, num mesmo quintal, "o mesmo banheiro, o mesmo tanque, muito apertado". Morar aqui, não morar lá produz categorias explicativas que estruturam as escolhas das pessoas a partir de adjetivação formulada segundo uma escala de valores que hierarquiza o que é pior e melhor, ou o "menos ruim": "barro amassado" significa local distante, muito sacrifício na construção da casa, longas horas nos transportes coletivos, carência de serviços públicos e privados, mas significa também escapar do aluguel e a segurança de ter algo pa-

[7] Nos loteamentos pesquisados, uma amostra dos residentes mostrou que 45% das moradias foram construídas inteiramente através de mão de obra paga, 23% através do trabalho gratuito, 18% através das duas combinações, e 14% compradas prontas e depois ampliadas.

ra o futuro: são escolhas restritas, pois as alternativas para as classes pobres, quando não optam pela construção das casas próprias, são as rotuladas favelas, pátios das áreas periféricas ou os cortiços das áreas centrais: "O aluguel esgota a gente. É um dinheiro que vai e não volta. Quando você mora em um lugar que é seu, é um sonho realizado, não é favela, não é quintal, não tem que dividir com ninguém. Deixei neste caso a melhor parte de mim. Em cima da laje quero fazer um puxadinho, pra mim, pros meus filhos, pro futuro".

A grande vantagem reside em escapar do aluguel, gasto inútil. Sair dele é um alívio. É também ter mais segurança, pois "hoje se está empregado e o amanhã é incerto". Permite fazer a casa aos poucos, pagar tudo para si mesmo. O que sustenta o sacrifício de construí-la e morar longe de tudo é produzir um bem que é um abrigo contra as intempéries da vida e uma garantia para os dias de velhice. É tudo isto e também o empenho de ser o dono de seu espaço, de morar naquela que é sua e deixá-la para os filhos. Significa, enfim, "construir um futuro", confeccionado com o esforço do conjunto da família, que despende suas energias para atingir uma meta de grande valor material e simbólico.

Tudo indica que os laços de sociabilidade primária continuam importantes na confecção da moradia mesmo se, segundo tudo indica, há maior proporção de contratação de mão de obra em relação a décadas anteriores. Por outro lado, as entrevistas mostram também que as redes associativas de solidariedade também jogam importante papel na obtenção de bens e serviços urbanos, indispensáveis para melhorar a qualidade de vida nos bairros periféricos.

Mas é necessário insistir que o "vale a pena construir" implica sacrifícios muito marcantes: "A água passava direto na rua, não tinha pavimentação, batia direto na minha parede. Aí aconteceu. Foi até no dia do aniversário da minha filha; aconteceu que a parede caiu. Aí foi embora tudo. A água estava passando por cima, destruindo tudo. Aí eu fiquei aqui embaixo, a água passou. Mas se fosse por cima, tinha destruído mais, levava a gente. Eu sentia um dia de terror. Estava fazendo a festinha, de repente, todo mundo chorando, com medo da casa desabar. Aí acabou a festa, acabou tudo no mesmo dia. Até a *honra* da gente acabou. Agora a água passa pelas guias e desce aí na frente. Agora é só umidade e goteiras: isso é bom, não é mesmo?".

5.
FAVELAS: OLHARES INTERNOS E EXTERNOS

Breve histórico e atualidades

> "Na nossa capital não se conhecia a improvisação da favela, talvez porque todo o palmo de terra tem dono e paga imposto"
>
> *Diário Popular* (7/11/1946)

Ao contrário do Rio de Janeiro e outras cidades litorâneas, a favela é a última modalidade de moradia precária a aparecer no cenário urbano de São Paulo. O cortiço foi a moradia popular mais importante até as primeiras décadas do século XX, enquanto a autoconstrução nas periferias desprovidas de infraestrutura avança de forma galopante a partir da década de 1940. Seu ritmo decresce a partir do decênio 1980-1990, quando a favela passa a ter crescente e significativa presença.

Antes de analisar sua evolução e características, convém apontar que sua definição deixa a desejar, na medida em que suas características transformaram-se radicalmente nos últimos vinte anos. De fato, a conceituação oficial realizada pelo Instituto Brasileiro de Geografia e Estatística (IBGE), a partir de 1950, considerava favela o aglomerado que apresenta parcial ou totalmente, entre outras, as seguintes peculiaridades: agrupamentos com mais de cinquenta unidades constituídos por barracos rústicos em terrenos de propriedade alheia, carentes de infraestrutura básica e compostos de ruas não planejadas, destituídas de placas e numeração (Pasternak, 2001b: 35). O IBGE continua a se basear nesta caracterização, apesar de se saber que as moradias nas favelas paulistanas, na sua imensa maioria, são de alvenaria, conectadas à rede de água e em parte também à de esgoto, as ruas têm iluminação pública, emplacamento e numeração. É também frequente a coleta de lixo.

Por outro lado, não obstante sua ocupação ilegal, a situação jurídica da propriedade tem sido regularizada e os imóveis, objeto de comercialização: as favelas constituem um mercado imobiliário que apresenta diversos níveis de valorização, em grande parte em consequência de políticas de urbanização promovidas pelo poder público a partir de 1980. Atualmente, não é mais o recém-chegado à cidade que nelas habita, sendo frequente a presença de jovens que já nasceram nestes aglomerados ou que vieram de outros locais da Metrópole. Como será detalhado, apesar de terem obtido melhorias, continuam a ser uma forma de moradia precária, muitas em áreas de risco, e seus habitantes são marcados por condições socioeconômicas mais adversas, não só em relação ao conjunto dos habitantes de São Paulo, mas também em relação àqueles que habitam áreas próximas, ou seja, em loteamentos das periferias da Metrópole.

Necessário se faz ressaltar que, não obstante a pobreza relativa de sua urbanização e de seus moradores, as favelas não devem ser vistas como áreas específicas, marcadas por uma singularidade que as segrega do resto da cidade (Préteceille e Valladares, 2000; Pasternak, s.d.). Este olhar externo, que as homogeneíza enquanto áreas que concentram problemas sociais, está na raiz de vastos preconceitos que as discriminam como locais potencialmente perigosos, por onde mais facilmente se disseminam os caminhos que levam à delinquência: a favela produz imaginários que, em tempos de aumento do desemprego e da criminalidade, só podem acirrar a visão de "promiscuidade", "vício" ou "perigo", afetando a vida dos seus habitantes, que entre outras condutas procuram esconder de seus patrões o local de moradia. Por isso, as favelas e seus habitantes devem ser vistos no plural, pois não só são diferentes entre si, como, num mesmo aglomerado é frequente encontrar-se padrões socioeconômicos e urbanísticos bastante diversos: elas constituem microcosmos que espelham os vários graus de desigualdade presentes nos estratos baixos de sedimentação da sociedade e, assim, não podem ser vistas como mundos à parte e excluídas da cidade em que estão inseridas (Kowarick, 1993).

Ao contrário de São Paulo, no Rio de Janeiro a população moradora em favela marca sua existência desde os primórdios do século XX, quando soldados que combatiam em Canudos instalaram-se no Morro da Providência, em plena reforma urbana de Pereira Passos: a planta leguminosa, *Favella*, de Canudos, é transplantada para os arrabaldes da capital da República e daí advém a denominação que se generaliza para este tipo de ocupação. Mas foi só a partir dos anos 1920 que elas se generalizaram no espaço urbano carioca, quando sua população se expande de modo acelerado: desde então, despenca a pecha do "atraso... persistência da África negra no meio da civilização", verdadeira "ralé da cor negra" (Abreu, 1994: 40). Nesta época, habitavam as favelas cerca de 100 mil pessoas e, no final do milênio, havia 811 aglomerados reunindo 1,1 milhão de pessoas.

Em São Paulo do ano 2000 contam-se 1.548 assentamentos que reúnem 910 mil pessoas, 8,7% da população paulistana.[1] Favelas como Heliópolis ou Paraisópolis, respectivamente com 80 mil e 50 mil pessoas, constituem os maiores aglomerados da Capital, apresentando grande diversidade interna quanto aos padrões habitacionais, nelas havendo também cômodos de aluguel com a característica de cortiço, à semelhança do que foi descrito para o maior aglomerado brasileiro, a favela da Rocinha.

[1] Este é o dado do Censo Demográfico do IBGE. O Centro de Estudos de Metrópole (CEM) estimou a população favelada de São Paulo em 11,1%, cerca de 1,16 milhão de indivíduos (Saraiva e Marques, 2005). A FIPE-USP calculou aproximadamente 1,9 milhão de favelados em 1993; ou seja, cerca de 20% da população da Capital foi definitivamente abandonada (Prefeitura do Município de São Paulo, 1996).

Como já mencionado, este é um fenômeno recente. Há notícia de existência de algumas favelas nos anos 1940 — Vila Prudente, Oratório na Moóca, Vergueiro ou Ordem e Progresso, na Barra Funda —, originárias das desapropriações decorrentes do Plano de Avenidas do Prefeito Prestes Maia e da crise habitacional que se instaura a partir de 1942, decorrente da lei que congela o aumento dos aluguéis (Bonduki, 1998). Contudo, a maioria dos núcleos foi desativada, sendo seus moradores removidos para outros locais. Tanto é assim que, em meados da década de 1950, estimava-se serem 50 mil os moradores em favelas, montante que vinte anos depois, atinge 117 mil pessoas, 1,6% dos habitantes de São Paulo (Pasternak, 2001a). No início de 1960, um documento oficial assim dizia:

> "As primeiras favelas surgiram em São Paulo entre 1942 e 1945, localizadas em propriedades municipais [...]. Comparando-se com a população favelada do Rio, que segundo os mais otimistas chega a 700 mil e outros a 1 milhão para uma população pouco inferior à de São Paulo, a de Belo Horizonte, que com cerca de 700 mil habitantes possui 60 mil em favelas, a do Recife, com 800 mil habitantes, dos quais 200 mil favelados, a de Brasília, que [...] tinha a metade da população, isto é, 60 mil homens vivendo em favelas, a situação de São Paulo não é tão má, quanto ao número" (Prefeitura do Município de São Paulo, 1962: 10, *apud* Bueno, 2000: 47).

Esta já não é mais a atualidade das favelas paulistanas nem a de muitos municípios de Região Metropolitana de São Paulo, nos quais, não raras vezes, mais de 10% da população habita nesta modalidade espoliativa de moradia. Não é também o caso de muitas cidades médias e grandes brasileiras, pois sabe-se que este tipo de assentamento está presente em 1.540 municípios: a quarta parte da população de Belo Horizonte habita em favelas,

30% em Salvador, para não mencionar as palafitas de Manaus ou os mocambos do Recife, que reúnem 46% da população da cidade (Instituto de Cidadania, 2000).

Até a década de 1980, muitas favelas situavam-se em áreas mais centrais de São Paulo, seguindo as trilhas da construção de prédios e do trabalho doméstico, duas fontes tradicionais de emprego de seus habitantes. Exemplo desta localização eram os aglomerados localizados na Vila Olímpia ou na Marginal do Pinheiros, que, na maior parte dos casos, foram destruídos pelas operações de limpeza urbana realizadas pelo prefeito Jânio Quadros e, posteriormente, nos anos 1990, por Paulo Maluf na avenida Águas Espraiadas. Dessa forma, boa parte dos favelados perdeu a vantagem comparativa em relação aos loteamentos populares quanto à proximidade do trabalho, pois foi crescente a sua periferização para regiões longínquas e carentes de infraestrutura e de serviços. De fato, enquanto o anel central da cidade é destituído de favelas e, entre 1991 e 2000, as zonas interiores e intermediárias do Município mantiveram o mesmo contingente — em torno de 80 mil pessoas —, a região externa teve um acréscimo de 14%, reunindo 265 mil habitantes. Mas foi nas zonas limítrofes do Município que esta modalidade de morador veio a se concentrar, passando de 399 mil a 566 mil habitantes (Pasternak e Baltrusis, s.d.): dos dez distritos que reúnem maior número de favelados e que maior incremento tiveram, todos se situam nos extremos do Município, particularmente na Zona Sul, em especial no Grajaú, Capão Redondo, Jardim Ângela e na Cidade Ademar.[2] Localizam-se preferencialmente nas zonas de pro-

[2] Entre 1991 e 2000, nas regiões periféricas de São Paulo, a população favelada cresceu a uma taxa de 4,3% ao ano, enquanto os moradores em loteamentos de baixa renda tiveram um incremento de 3,4% e aqueles que habitam outro tipo de moradia, de apenas 2% ao ano. Assinala-se que a taxa de incremento demográfico do município de São Paulo no período considerado foi de 0,9% ao ano (Prefeitura do Município de São Paulo, 2003: 39).

teção dos mananciais das represas Guarapiranga e Billings ou se dirigem para as reservas da Serra da Cantareira, situadas na parte norte de São Paulo, com enormes danos não só para seus habitantes, pois estas são zonas particularmente carentes do ponto de vista urbano, como também para o conjunto da Metrópole, na medida em que desmatamento, poluição hídrica e depredação ambiental colocam em risco áreas de vital importância para o equilíbrio ecológico da Região Metropolitana.[3]

Já foi mencionado que, à diferença de épocas anteriores, a favela não abriga mais o recém-chegado à Cidade. Ela deixou de ser um estágio provisório, espécie de trampolim para melhores condições de vida. Isto porque, de um lado, a migração para São Paulo tornou-se diminuta, ao mesmo tempo em que o número de favelados cresceu a um ritmo 3,8 vezes superior ao incremento demográfico paulistano. Por outro lado, como será detalhado a seguir, apesar de muitas apresentarem condições urbano-habitacionais bastante insatisfatórias, houve melhorias significativas na qualidade habitacional e nos serviços e infraestrutura básicos. Como já assinalado no Capítulo 2, os fluxos populacionais que têm se dirigido às favelas nos últimos anos são, em larga medida, provenientes de uma mobilidade originária da própria Metrópole, dos quais 39% dos seus moradores pagavam aluguel e 9% vieram de casa própria (Prefeitura do Município de São Paulo, 1996).

Este foi um período de grave crise econômica, principalmente os drásticos anos do governo Collor, que gerou enorme quantidade de desempregados e, neste sentido, os processos antes arrolados parecem indicar que muitos dos que chegaram às favelas

---

[3] Os domicílios das favelas situadas nas bacias do Guarapiranga e da Billings são abastecidos por rede de água em 94% dos casos, 81% tem serviço de coleta de lixo e apenas 42% está conectada a rede de esgoto, fato que constitui poderoso indicador acerca da contaminação ambiental das reservas hídricas (Prefeitura do Município de São Paulo, 2003: 17).

o fizeram a partir de um processo de mobilidade descendente: de um lado, é de supor que sair da casa própria para a favela, e mesmo da condição de inquilino para ocupante de terra alheia, representa uma perda objetiva e subjetiva de status socioeconômico. Isto porque a moradia anterior certamente era de melhor qualidade, mas também porque a favela é uma condição de habitação discriminada negativamente. De outro lado, o fato de muitos dos que nela ingressaram serem jovens revela uma profunda mudança no percurso tradicional, no qual aqueles que saíam da casa dos pais ao se casarem, ingressavam no longo e tortuoso processo de autoconstruir sua moradia em loteamentos populares: tudo indica que muitos que se dirigiam para esta modalidade habitacional agora produzem ou ampliam suas moradias em terrenos de propriedade alheia:

> "Por que e como crescem as favelas? [...] Fuga do aluguel, redução da oferta de imóveis e lotes populares, e falta de política habitacional e fundiária, parecem ser as variáveis mais explicativas. Acrescente-se a elas, políticas que reduziram as incertezas de permanência no local e proporcionaram à favela infraestrutura adequada [...]. Abriga hoje um espaço que não difere tanto da periferia" (Pasternak, 2001b: 141).

Vale insistir que, malgrado as enormes diferenças inter e intrafavelas, houve melhora significativa tanto no que diz respeito à qualidade habitacional como em serviços urbanos básicos, conforme aponta a Tabela 1.

Em suma: a moradia-padrão das favelas paulistanas é de alvenaria, tem entre 40 a 60 m², piso adequado, mais de um cômodo, banheiro privativo interno à residência e uma média razoável de pessoas por compartimento. Está conectada à rede de água e coleta de lixo, mas, em metade dos casos, o esgoto é lançado a céu aberto, o que leva a enorme contaminação ambiental.

Tabela 1
INDICADORES DE MELHORIAS
URBANO-HABITACIONAIS
Município de São Paulo, 1980-2000

	1980	1991	1993	2000
Indicadores domiciliares:				
Pessoas por cômodo	3,1	-	1,8	-
Domicílios com um único cômodo (%)	30,9	-	13,6	-
Paredes de alvenaria (%)	2,4	-	74,2	-
Sem banheiro ou com banheiro coletivo (%)	44,3	-	7,5	-
Indicadores urbanos:				
Energia elétrica (%)	65,0	-	90,0	-
Coleta de lixo (%)	43,0	63,0	-	82,0
Rede de água (%)	23,0	90,0	-	96,0
Rede de esgoto (%)	-	25,0	-	49,0

Fontes: Pasternak, 2001b: 53 e 56 (1980 e 1993); Prefeitura do Município de São Paulo, 2003: 15 (1991 e 2000).

Sabe-se que durante os anos 1990 seus padrões de instrução, rendimento e qualidade habitacional e urbana melhoraram de modo mais intenso em relação aos avanços verificados para o Município. Isso constitui um indicador seguro de que as políticas públicas dirigiram-se de modo especial para os grupos que vivem em favelas (Saraiva e Marques, 2005: 148). Mas esta escalada positiva não significa que deixaram de ter uma condição peculiarmente espoliativa e pauperizada. De fato, os favelados não só apresentam níveis de remuneração e instrução mais baixos do que os imperantes para o conjunto da Capital, mas também em comparação com a população que habita as áreas em torno das aglomerações invadidas. De certa maneira estes dados estão a indicar uma condição de vida marcada por vulnerabilidade socioeconômica, que reproduz o que já se verificava nos anos 1980, época em que começaram a ter expressão quantitativa no cenário da Cidade.

> "Pobre entre os pobres, este estrato de população trabalhadora só pode encontrar na favela a solução para subsistir na cidade [...]. Não é por outra razão que, não obstante o impedimento formal do surgimento das novas favelas, o congelamento dos núcleos já existentes e as inúmeras remoções que se fizeram nos últimos anos, o número de favelados cresce num ritmo acelerado" (Kowarick, 1993: 88).

A Tabela 2 aponta para este relativo escanteamento social e econômico.

Tabela 2
COMPARAÇÃO DOS CHEFES DE FAMÍLIA
EM DIFERENTES LOCAIS DE MORADIA
Município de São Paulo, 2000

Indicadores	Município	Entorno[1]	Favelas
Até 3 anos de estudo (%)	17,8	26,1	38,4
Índice	100	147	216
Até 3 salários mínimos de renda (%)	40,1	55,4	73,2
Índice	100	138	183

[1] Área de 100 metros circundante às favelas.
Fonte: Saraiva e Marques, 2005: 156.

Indicadores de infraestrutura como água, esgoto e coleta de lixo, faixas de renda e proporção de grupos jovens e idosos, patenteiam a sensível hierarquização dos aglomerados paulistanos, na qual pouco menos da metade está na pior situação, enquanto quase 30% aponta para condições socioeconômicas e urbanas mais satisfatórias (Saraiva e Marques, 2005). Assim, apesar de melhorias, ponderável proporção de favelados tem pequeno grau de instrução, ganha pouco e reside nas áreas precárias. Neste sentido, em meados dos anos 1990, quase 60% dos aglomerados localizavam-se em margens de córregos e 12% sobre lixões, sem falar das vastas áreas que, pelo menos em parte do seu território, situam-se em terrenos de erosão ou de grande declividade (Prefeitura do Município de São Paulo, 1996).

Localizadas em ruas estreitas e tortuosas, em vários casos verdadeiros labirintos com casas amontoadas em pequenos terrenos, em meio a um emaranhado de fios puxados clandestinamente, a visão das favelas, por detrás da aparente desordem, revela intensa dinâmica. Há enorme quantidade de moradias em processo de construção, reformas ou ampliações, nas quais também estão abundantemente presentes as antenas de televisão e, não raro, os automóveis estacionados em garagens protegidas, como, aliás, estão também portas e janelas. Bares, pequenos armazéns, igrejas, serviços de reparação e serviços pessoais de várias ordens e matizes, conserto de máquinas e utensílios, cabeleireiras, costureiras, transporte de mercadorias, e, nos fins de semana, ambulantes, a pé ou motorizados, anunciam ruidosamente alimentos, roupas, inúmeros utensílios domésticos, eventos religiosos, bailes e liquidações: na favela há enorme burburinho, pessoas gritando de uma casa para outra, crianças pelas ruas, muitas pipas pelos ares, algumas peladas no que sobrou de terreno para o futebol, muita falação e jogo de dominó pelas esquinas, nos inúmeros bares viceja cachaça, cerveja, salgadinhos e bilhar. Há também tiroteios, assassinatos e *blitze* policiais, como, aliás, nas periferias onde proliferam os loteamentos populares e os índices de criminalidade são sensivelmente maiores que a média da Cidade.

Em certas áreas periféricas é difícil distinguir o loteamento popular da favela, a não ser pelo traçado das ruas, às vezes menos irregular. Os lotes tendem também a ser de maior tamanho, com a presença de encanamentos sanitários e postes de iluminação de metal nas áreas invadidas que, no caso de reintegração de posse, podem ser facilmente removíveis.[4] Malgrado estas e outras diferenças antes assinaladas, as favelas tendem a se aproximar, do ponto de vista urbanístico, dos "loteamentos clandestinos", mesmo porque a transação mercantil constitui uma prática que se generalizou no processo de compra e venda dos imóveis. São frequentes as placas oferecendo a venda de casas, as transações intermediadas por corretores e, nas grandes favelas como Heliópolis e Paraisópolis, é observável a presença de imobiliárias: não é por outra razão que em 95% dos aglomerados há ocorrência de negócios, ainda mais quando se sabe que 57% das casas foram compradas prontas (Prefeitura do Município de São Paulo, 1996):

> "Nas favelas estruturadas, a Associação de Moradores atua como 'Cartório'. É através dela que passa a ser feita a maioria das transações imobiliárias referentes à compra, venda, doações, partilha de imóveis, além de licença para ampliações e reformas" (Pasternak, 2001b: 73).

Etnografia da favela Vila Nova Jaguaré

Ao contrário do que ocorria nos anos 1970, a partir do final da década seguinte tornou-se temerário ir a favelas ou a loteamentos periféricos sem o apoio de uma liderança local. As pessoas não só relutavam em responder a perguntas como ficou comum o aviso de que, depois de certa hora, era conveniente deixar o local: os índices de criminalidade aumentavam nas áreas pobres e o tráfico, até então centralizado no Rio de Janeiro, havia penetrado em São Paulo.

---

[4] Informação de Eduardo Marques, do Departamento de Ciência Política da FFLCH-USP e do Centro de Estudos de Metrópole.

Passaram-se cerca de dois meses até chegarmos à favela de Vila Nova Jaguaré. Duas tentativas anteriores, em Heliópolis e Paraisópolis, haviam sido frustradas devido ao fato de que haviam disputas armadas entre grupos de traficantes em ambos os aglomerados. Chegamos na Jaguaré por meio do padre Roberto, 62 anos, canadense que está no Brasil desde 1968 e na favela desde os inícios da década de 1970. Desenvolve intenso trabalho comunitário, de modo especial através de três creches conveniadas com o poder público municipal, nas quais são atendidas 430 crianças entre um e sete anos, além de outros serviços voltados para uma centena de pré-adolescentes, setenta vagas para curso de corte e costura, outras quarenta para a profissionalização de jovens e o atendimento a mais seiscentas pessoas que necessitam de ajuda: "Só o padre Roberto é assim no Jaguaré, só ele luta pelo Jaguaré. Antes tinha medo dele, usava barba, falava umas coisas, parecia comunista. Se não fosse o trabalho dele, seria muito pior. Faz trabalhos que surtem resultados e através das creches atingimos as famílias. Ele teve encontro com certos jovens que disseram que querem mudar de vida, estão perdidos, mas querem mudar alguma coisa".

Um dos objetivos básicos do trabalho desenvolvido nas creches é evitar a violência doméstica, verdadeiro tabu sobre o qual as pessoas silenciam. De fato, brigas e espancamentos são acontecimentos frequentes. Na segunda-feira, após o excesso de bebida do fim de semana, muitas crianças chegam às creches com o comportamento alterado, muito agitadas ou apáticas, quando não com marcas no corpo, e então é feita uma checagem para saber se a causa foi espancamento. Por meio deste trabalho os responsáveis procuram dar uma orientação à família, com ajuda de psicólogas, do S.O.S. Mulher ou até da Vara da Família.

"A questão de violência doméstica é muito delicada, muito polêmica. Nas creches, se as crianças chegam com marcas, procuramos saber o que aconteceu. Tem muita violência com as crianças, com a mulher, entre os adultos. A violência acaba sendo contada pela própria criança. Há muita promiscuidade, a se-

xualidade aflora cedo, 25% das crianças não têm registro de pai e cada vez está aumentando. A jovem engravida mais cedo, quinze, dezesseis anos, e os homens vão embora. Muitos abortos. As crianças a gente ensina e elas ensinam os pais. Tem de ensinar tudo, ir ao banheiro. Alguns pais entram na dos filhos. Tem muita violência e fome. Fome ainda tem."

O aglomerado está situado às margens da Marginal do Pinheiros, do lado oposto ao CEASA, nas proximidades da ponte do Jaguaré, em uma área de 150 mil m². Nele residem pouco mais de 12 mil pessoas distribuídas em 3.560 domicílios. Em 1975 existiam 579 barracos e, no início dos anos 1980, este montante já subiu para 1.518. As residências estão conectadas à rede de água, a coleta de lixo em certas áreas é precária, assim como a conexão com a rede de esgotos, sendo visível grande quantidade de ligações clandestinas de energia elétrica. A população conta com sete escolas públicas, além de quatro creches conveniadas com a Prefeitura sob o controle da Ordem de Santa Cruz, três das quais lideradas pelo padre Roberto. A população tem acesso a um posto de saúde próximo e aos serviços do Hospital Universitário. Conta-se também a presença de duas igrejas católicas e outras dez de várias orientações evangélicas. No período da gestão Celso Pitta (1994-1998), foram construídos dois conjuntos Cingapura, um com dez prédios que abrigam duzentas famílias, e outro com apenas três edifícios, que congregam sessenta unidades habitacionais.

É conveniente, inicialmente, apontar o contraste entre os altos da favela, em torno da Praça Onze, e as zonas mais baixas. Aquela área é servida por rede de água, esgoto, coleta de lixo, telefone, as ruas são asfaltadas, a iluminação pública está presente, bem como caixas de correio, creche e muitos serviços como bares, mercadinhos, adega, igrejas, cabeleireiros, padarias, aluguel de vídeos e, pela rua Vitor Freire, chega-se facilmente a várias linhas de ônibus para inúmeros circuitos da cidade: trata-se de um espaço de urbanização mais antigo e consolidado, que se assemelha às residências da baixa classe média. Nas zonas baixas estão os barracos de madeira, esgoto a céu aberto e toda espécie de detritos que nos dias de chuva chegam das partes superiores da favela. Nelas são frequentes as inundações, o consequente lamaçal e o mau cheiro impregnando o cotidiano dos seus habitantes. Lixo, esgoto e água parada das chuvas atraem insetos e a temida presença de ratos, que invadem os barracos, corroem o cimento das lajes, causam doenças. Estes são os locais mais pobres, situados ao longo da rua Três Arapongas ou no pedaço denominado favela do Diogo: "Não dá pra morar aqui, nessa imundice. Tem muita diferença na favela. Em volta da Praça Onze já há muita estrutura, tradição vem de pai pra filho, tá na terceira geração. Na Dracena é o caos, miséria pura. Na Onze é como cidade de interior, é elite. Aqui é brutão. Lá são pessoas com mais comunidade, aqui é só ganha-pão. Até os bandidos: lá na Onze, os bandidos eram elite e os de baixo, do trilho, são pé de chinelo".

Estas áreas são recortadas por uma linha de trem na qual um comboio carregado de cimento e trigo, sem horário fixo, trafega várias vezes ao dia e à noite, o que constitui motivo de constante temor para aqueles que lá habitam. Passa muito próximo e, em alguns trechos, a não mais que vinte centímetros dos barracos: "Não dá pra pôr a cabeça pra fora". Já descarrilhou, derrubou moradias, causou acidentes fatais e, assim, só pode provocar sobressaltos, principalmente quando a locomotiva empurra os vagões, pois o barulho da máquina só chega após o trem ter passado. É motivo de "pesadelos" para os pais com filhos pequenos: "Dá sensação que o barraco vai desmoronar. Só penso em mudar daqui, pra algum barraco longe da linha. É um perigo danado. Uma criança lá embaixo morreu. Tenho muito medo quando ele passa que eu estou longe de casa. Dá medo, uma noite veio derrubando barraco. Esse trem já acidentou muita gente. De noite não deixa ninguém dormir".

Nas encostas do morro há várias moradias com risco de desabar, em contraste com os dois Cingapuras, facilmente perceptíveis para quem olha a favela da Marginal do Pinheiros. Sua construção não foi tarefa simples, pois os moradores da área foram transferidos para alojamentos, onde ficaram durante dois anos. Houve muita discussão para saber quem teria direito a adquirir um apartamento, a Prefeitura ofereceu passagens para alguns voltarem para seus locais de origem e daí advieram confrontos, com ameaças às lideranças que participavam do processo de negociação. Em uma das áreas havia um campo de futebol e, na outra, "a maioria vivia no lixo, esgoto a céu aberto, os becos e vielas que lá existiam eram esconderijos pros bandidos".

A história da favela Vila Nova Jaguaré é bastante antiga. Até os anos 1970 era uma região verdejante, os lotes podiam atingir mais de 300 m², o que possibilitava a criação de animais. Água era de poço, luz de lampião, existia muito barro e pinguelas para se chegar até a condução: "Tinha pouca gente, chácaras com plantações, não tinham água nem luz, mas os terrenos eram bem maiores".

É necessário voltar aos anos 1940 a fim de ressaltar a existência de vasto empreendimento realizado por Henrique Dumont Villares, referente a uma área de 150 alqueires na confluência dos rios Tietê e Pinheiros: o Centro Industrial Jaguaré. Engenheiro e urbanista, Villares implementou, na trilha de experiências realizadas em Manchester, Londres e Chicago, um parque manufatureiro no qual, além de zonas propriamente fabris e comerciais, foram programados bairros para 2 mil famílias operárias. Tratava-se de um projeto urbanístico do tipo cidade-jardim, organizado em torno de escolas, área comercial, centro cívico, além de praça de esportes, restaurante, cinema e enorme terreno doado à Ordem de Santa Cruz para desenvolver atividades religiosas e educacionais. Naquela época já haviam se instalado 22 empresas, 12 mil metros de vias haviam sido abertas e plantadas 5 mil árvores:

> "[...] o objetivo de um bairro residencial é facultar aos seus moradores condições de salubridade e de bem-estar que produzem um sentimento de satisfação

e prazer. Cada bairro residencial deve ser um verdadeiro centro de vida exuberante [...] Só ao instalar e edificar um bairro residencial especializado para o operariado é que se podem seguir diretrizes obedecendo às normas impostas pelo moderno dinamismo. É o que se procura realizar no Centro Industrial Jaguaré" (Villares, 1946: 66 e 266).

Haviam sido projetadas muitas áreas verdes e a maior delas, no topo da colina, aos poucos foi sendo invadida, e fundamentalmente a partir dos anos 1980, se transformou na favela, pois "a Prefeitura deixou de desenvolver não obstante ter instalado energia elétrica e rede de água: a área foi congelada, não podia aceitar ninguém, mas o povo foi por cima disso".

PERSONAGENS DA
FAVELA VILA NOVA JAGUARÉ

	Suely e Valdir	Rosali	Isaura e Alexandre
Idade	44 e 46	29	48 e 34
Escolaridade	Superior e superior	2° grau incompleto	1° grau incompleto e analfabeto
Mora com	2 pessoas	3 pessoas	2 pessoas
Renda mensal da família	R$ 450	R$ 230	R$ 970
Renda mensal per capita	R$ 150	R$ 57	R$ 243
Tempo de moradia atual	15 anos	10 anos	12 e 22 anos
Localização	Rua Dracena	Parte baixa junto aos trilhos do trem	Rua Três Arapongas
Tipo de construção	Alvenaria, com vários cômodos	Barraco de madeira com 8 m^2	Alvenaria, 24 m^2 + bar + fundos
Água/esgoto/lixo	S/S/S	S/N/+-	S/N/+-

	José e Damiana	Lurdinha e Francisco	Rita
Idade	71 e 58	35 e 35	40
Escolaridade	Analfabeto e analfabeta	2º grau incompleto e 2º grau completo	2º grau incompleto
Mora com	2 pessoas	2 pessoas	2 pessoas
Renda mensal da família	R$ 554	R$ 950	R$ 1.200
Renda mensal per capita	R$ 139	R$ 238	R$ 400
Tempo de moradia atual	30 anos	30 e 17 anos	40 anos
Localização	Praça Onze	Praça Onze	Limites externos da favela
Tipo de construção	Alvenaria, 6 cômodos + garagem + lavanderia	Alvenaria, 180 m² com 6 cômodos + garagem	Alvenaria, sala, cozinha, 2 quartos e banheiro externo
Água/esgoto/lixo	S/S/S	S/S/S	S/S/S

Legenda: sim (S); não (N).

Suely, 44 anos, cursou o magistério no antigo 2º grau. Nasceu no bairro da Água Branca, em São Paulo, viveu a adolescência entre a classe média na Pompeia e na Lapa. Com dezoito anos casou com Valdir, engenheiro, tiveram dois filhos, ambos universitários formados por escolas privadas. É diretora de uma das creches da favela, a Nossa Senhora Aparecida, situada na rua Dracena, nos baixios do lado pobre, "pé de chinelo", nas cercanias dos trilhos e das inundações, onde se concentram barracos de madeira e o fedor do esgoto.

Com 21 anos vai para a Vila Nova Jaguaré, por insistência do marido: "Nem sabia que era favela ali, tinha pavor de favela. Quando viemos, deram a volta pra não ver a favela. Quando soube, não saí nem no portão. Não queria saber de entrar na favela.

Minha primeira impressão foi muito triste, era um mundo à parte, um horror mesmo: tinha tanto medo dos trilhos". Em 1995, filhos já grandes, iam juntos da casa para a faculdade: "Senti um vazio na minha vida e o padre Roberto me convidou pra dar aula no Sercom, Serviços Comunitários, pra crianças de dois a seis anos. Comecei no Jardim, apaixonei, entrei de cabeça: ganhava R$ 150. No início sofria quando entrava na favela: era classe média, parecia que tinha entrado num túnel do tempo, outro bairro. Daí trabalhei nas pastorais, encontro de casais, só pros moradores de classe média, o pessoal da favela não se misturava, tinha preconceito contra eles".

Suely foi encontrando seu rumo nos trilhos abertos pelo padre canadense: "Comecei a fazer visitas, saber se as famílias precisavam de cestas básicas, se eram de fato pobres. Daí eu entrava sozinha na favela. Eu, aquela mulher com medo, entrava nos barracos horrorosos". Em 1996, tomou emprestado as apostilas dos filhos, prestou vestibular e entrou em pedagogia: "Então o padre Roberto me disse pra pegar a coordenação da Creche da Praça Onze, no centro da favela, porque eu tenho magistério. Fiquei até 98, quando abriu esta creche na Dracena. Sabia que ia pegar uma coisa que estava muito mal. As crianças vinham pra cá, era um horror; garfo, faca, comida, tudo voava. Um caos. As mães daqui eram agressivas. Aparecem crianças com todo tipo de violência física, sexual, emocional. Com frequência chegam com marcas. Todo dia fazemos triagem pra verificar como as crianças estão. Comecei a tratar com o juiz da Vara de Família. Teve um caso de violência sexual: a mãe deixou a criança com o padrasto. Mas não houve penetração. Tem uma criança com AIDS, a mãe foi presa grávida e morreu na cadeia. O pai abusou dela, tem seis anos, recebe AZT todo dia aqui na creche. Muitas mães vêm desabafar, apanham muito, muitas mães são viciadas, chegam com cheiro de maconha, os maridos alcoólatras".

Suely é reconhecida e respeitada. Não só pelas crianças da creche e pela maioria dos seus progenitores, mas também pelo lado violento da favela: "Faz algum tempo minha casa foi assaltada. Comentei o fato e no dia seguinte apareceram dois homens, eram bandidos da elite, só bancos, coisas assim. Queriam saber o que levaram. Eu chorava e disse: 'Vocês não vão matar ninguém?'. E eles: 'Se a senhora está pedindo não vamos matar ninguém'. Daí vieram telefonemas de uma loja: 'A senhora pode vir buscar um aparelho de som, não está quebrado, só pediram pra ligar pra senhora vir buscar'. Eu não queria nada, não peguei nada". E daí? "Daí, subindo a Praça Onze, vejo o Caveirinha e ouvi: 'É essa', e os homens que estavam com ele arregalaram os olhos. Passei, fui pra creche, mas tenho certeza que ele estava mostrando pros rapazes com quem tinham mexido. Existe uma lei na favela. A favela você tem que conquistar, senão morre. O Caveirinha não era boa coisa, já mataram ele."

E a violência, como está? "O Cingapura é um foco de droga, muito violento, há mortes. Aumentou muito o tráfico. Mas também tem comércio muito grande e gente bem de vida. Tem gente aqui que tem casa lá fora, até na praia: carrega o preconceito de viver na favela, mas não quer dispensar os privilégios de não pagar luz, água. Tem postura que não mora na favela, lá fora não diz que mora aqui na favela."

E as coisas para o futuro? "Eu não vejo que a violência vai diminuir, continua, está até pior. Tem briga de gangue, tiroteio. Mudou os atores: quando é molecada, é pior. Tinha uma época um pessoal mais maduro, que respeitava o local. Hoje é droga solta. No trecho dos trilhos os pés de chinelo. No caso da PM, houve uma época que exterminavam, hoje matam só quando tem troca de tiros. Aqui tem certa proteção. Aquele que fica na dele, cala a boquinha, é protegido. Respeitam trabalhador, mas se matam entre eles..." Faz visitas sociais, distribui cestas básicas: "Eu comecei a fazer boca de urna, ajudei alguns candidatos na época da Erundina. Não era militante, mas fui me apaixonando pela filosofia do partido, passava folhetinhos, filme de conscientização. A gente faz o trabalho de base, o corpo a corpo". Classe média, fala mais correta, pedagoga, diretora de escola. Perdeu o medo dos barracos, dos trilhos, da Dracena. Sabe o que quer: "Peguei a diretoria da creche sem ter pedagogia. Fui pra luta. Era uma mulher que não queria ficar na favela, agora não quero mais sair. Estou realizada. Mesmo os bandidos me respeitam".

Rosali, 29 anos, solteira, mãe de Pedro, 9 anos, Lariça, 7 anos e Clariça, de apenas 4 anos. Cursou até o ensino médio, trabalha de auxiliar de faxina, registrada, e ganha R$ 195 de auxílio-família e outros R$ 10 e R$ 25 de vale-transporte e tíquete-alimentação. Os filhos mais velhos cursam o ensino fundamental e a pequena está na creche. Aprendem e também se alimentam, fato vital para uma mãe solteira e sozinha que não recebe ajuda de companheiros passados e presentes: são seus desamores. Está entre os milhões de brasileiros que ganham o salário mínimo, apesar do nível educacional avançado, fato que se adiciona à crescente massa que o discurso técnico classifica de chefia feminina, de família quebrada. Situação que mergulha as pessoas que lutam para não se vergar aos desvios da moderna cotidianidade urbana no massacre da imensa vulnerabilidade socioeconômica e civil: sabe o significado profundo do que é *viver em risco*.

Um salário mínimo por mês: "A firma é tão vagabunda, paga uma mixaria. Mas eu nunca escorei em ninguém, não sou de fazer corpo mole, sou de pegar no pesado". Nunca se escorou em ninguém, nem no pai que nela batia: "Meu pai nunca me adorou, acho que sou filha ilegítima, de tanto ele foi ruim comigo". Nem nos seus desamores, pais ou não de seus filhos: primeiro foi o "canalha", pai de Lariça e Pedro, também chamado de "cafajeste" ou "cachorro". A relação durou três anos e seu nome nunca foi revelado: "Prometeu casamento e nunca cumpriu". Era "metido" com tráfico de drogas e dele recusou dinheiro, pois "sabia de onde provinha".

Praticamente separada, Rosali foi ao salão, "pra distrair, dançar, esquecer um pouco". Foi convencida a travar um conhecimento e colocaram algo na sua cerveja. Não viu nem se lembra de mais nada: "Aquilo foi estupro", e o resultado foi Clariça, sem certeza de quem era o pai. O que fazer: "Eu não queria ter, batia na minha barriga; daí ela nasceu". E daí? "Daí eu amo ela como amo todos os meus filhos". O suposto pai-estuprador morreu assassinado no dia seguinte ao dia em que Clariça nasceu.

O companheiro seguinte foi Geraldo: "Depois de quatro meses que a gente se conheceu, acabou vindo morar aqui. Depois começou a beber e aí parecia diabo chupando manga; me ameaçava com um facão e um dia, se não fosse Lariça ter escondido o facão, tinha me matado. Botei pra fora, xinguei de tudo, bati, unhei. Saiu todo rasgado". Depois veio José, ex-presidiário, condenado por latrocínio. Está em liberdade condicional: "Queria falar de uma pessoa, muito importante na minha vida, achei que vocês não iam entender". Quem é? "Ele é presidiário." Uma amiga levou a foto dela até a Colônia Penal do Tremembé. Rosali foi visitá-lo. Começou o namoro e um ano depois, veio para o barraco e tornou-se "pai" dos três filhos. No início de 2000, a relação acabou. Ela perdeu o salário no meio de um temporal: "Ele nem deu apoio, nenhuma ajuda, nem uma palavra de carinho. Não quero mais. Fiquei nervosa, comprei batida, fiquei bêbada, não aguentava de tanta dor. Chega de em mim escorar".

Rosali também não obteve ajuda da família. Contra sua vontade chegou com o pai a São Paulo, com dezoito anos: "Vim forçada". O pai voltou para o Ceará e ela ficou no barraco do Jardim Jaqueline. Trabalhou dois anos em uma mercearia sem registro. Desempregada por uns tempos, já grávida de Pedro, empregou-se de doméstica. Desempregada de novo por longo período, Lariça nasceu: "Só pensava em morrer, eu e meus filhos. Todo mundo passava fome". E daí? "Daí consegui creche pros dois, então eles comiam. Eu passava fome." Em meados dos anos 1990 conseguiu emprego de faxineira na LSI, empresa terceirizada de serviços de limpeza, onde permaneceu cinco anos. Acordava às cinco horas, saía às seis e chegava às sete em Pinheiros. Por isso, não podia levar os filhos à escola e à creche: "Pagava cinquenta reais para uma vizinha levar, buscar e cuidar enquanto não chegava". Aos sábados pela manhã, costumava ir ao CEASA para catar alimentos nos latões.

Ruma para a favela do Jaguaré, onde mora há mais de três anos: "Um barraco de madeirite, podre; era só andar nele que parecia que ia virar, principalmente quando o trem passa". Situado na área baixa da favela, lugar de enxurrada que carrega excrementos morro abaixo, local de inundação em que boiam ratos, o barraco de Rosali está em um dos piores locais da favela, a cerca de meio metro dos trilhos em que passa o trem. Nesta área também está a bandidagem, conhecida como "favela do Diogo", barro penetrando pela casa, por baixo da qual corre o esgoto dos arredores.

No final da década de 1990, juntou o 13° salário com o dinheiro das férias e comprou telhas, madeirite e caibros. Uma amiga deu o cimento para o piso, os canos e a pia da cozinha: "Dona Jô foi minha mão e meus pés". Pagou um pedreiro e a reconstrução foi feita em três dias com ajuda de vizinhos, em troca de mocotó e bebida. No total são 4 x 2 metros; do lado esquerdo da cozinha um lençol separa sua cama daquela em que dormem os filhos mais velhos, já que a pequena Clariça dorme com a mãe. O banheiro resume-se a um cubículo onde está o chuveiro e a privada, desprovido de encanamentos de descarga. Não há janelas e lá também se lava a roupa. Quando a porta da casa fica fechada, exala o cheiro de urina. Quando está quente, sem chuvas, mistura-se com o fedor que sobe por baixo do barraco: "Isso é lugar de gente morar? Às vezes tenho um pressentimento ruim. *Parece que o chão desabou na minha cabeça*".

A vizinhança ajuda: "Quando falta comida, eles também dão, não negam. Um ajuda o outro com um pouco de sal, açúcar, um pouco de café, um pacote de feijão emprestado. Eu comprei o material da reforma todinho, foi à custa do meu suor. Mas eles me ajudaram a construir. Depois ficaram 'amigão'. Clariça nasceu depressa demais, foi na casa do Pernambuco, 'cumpadre', ficou padrinho".

Desamores com companheiros, amores com os filhos, amores raivosos, com muita distribuição de tapas: "O tempo todo atrás deles, por causa do trem, sujam a casa, não param, fazem bagunça o tempo inteiro". Pedro, Lariça e Clariça são seu saco de pancadas, seu fardo, os mais velhos com frequência aparecem com marcas no corpo: "E ainda por cima ele quebrou a televisão; não quero bater de deixar marca, mas ela me chamou por causa dessa marca no rosto. Foi sem querer, porque não era pra acertar o rosto. E isso depois de saber que lá no trabalho vão me mandar embora". Rosali teme por seus filhos que são tudo para ela: "Tenho medo, mas não por mim, pelos meus filhinhos. Do barraco pegar fogo, deles estarem na escola, uma bala perdida. Porque isso já aconteceu, passou no *Datena*. Vira e mexe, fica falando na televisão que isso acontece: fico doidinha. Enquanto não entro em casa com meus filhos, não estou sossegada. Minha alegria é quando estou com os três juntos. Se nós morrer, morre junto". Aqui é violento? "Já foi no tempo que morava um cara aqui, era um bandido de mão cheia, matou um policial lá em baixo, depois mataram ele. Foi policial pra tudo quanto é lado. Ele mexia com droga. Ali em baixo já mataram um cara. O cara ia passando e o cara foi e derrubou ele, ali mesmo na rua. Eu tenho mais medo fora daqui, porque ninguém vai vir machucar a mim sem motivo e lá fora quando tem briga, bala perdida, facada. Quando estou em casa, estou protegida, ali fora é bem diferente: tenho medo."

Você quer voltar para o Ceará? "Só pra passear, gosto muito daqui de São Paulo. Tenho vontade de ir à praia, conhecer Nossa Senhora de Aparecida, meu sonho é ir numa churrascaria." Rosali ri muito. Também chora. Alegria e tristeza se revezam numa trajetória difícil de seguir. Amores e desamores. Quer ir longe da linha: "Pedro, meu filho, nós vamos sair daqui, vai passar, ano, ano, ano, ano, ano, um monte de ano. Vamos sair daqui?".

Isaura, 48 anos, 6ª série, dois filhos, Antonio, 22 anos, ganha dois salários como vendedor em loja das proximidades, e Antonia, 18 anos, colegial completo, desempregada, ambos nascidos na favela do Jaguaré. Está casada com Alexandre, 34 anos, carpinteiro nas obras do Cingapura, analfabeto. Moram em um sobrado de alvenaria junto aos trilhos do trem: "Quero sair". Nasceu no Ceará, e com seis anos acompanha o pai rumo ao interior de São Paulo: "Foram treze dias de pau de arara". Dez anos depois está no Paraná, trabalha na roça e lá se casa com Pedro, um "campeiro, lidador de gado. Daí minha vida foi igual de cigano, não parava em lugar nenhum".

Em 1975 chegam à Praça Onze, barraco de parentes. Ambos conseguem emprego com carteira assinada: "Naquela época tinha muito emprego, principalmente pra gente da favela, porque tinha muita indústria. Quando acabei de tirar documentos, já tinha emprego. Batia cartão de hora extra, trabalhava também de sábado e domingo. Depois trabalhei na Supergel, ganhava bem melhor do que no comércio". A vida de cigano continua: voltam para o Paraná, lavoura por quatro anos, e chegam novamente a São Paulo no final da década de 1970. Trabalhou como copeira na Cooperativa Agrícola de Cotia. Pediu demissão, pois o marido havia comprado um imóvel no interior: "Sem eu saber. Não combinava em nada com ele".

Separa-se e migra para São Paulo em 1988 com os filhos. Trabalha n'O Barulho da Lapa, "salário baixíssimo, fiscal cuidando pra ninguém roubar nada". Depois, dez meses na Persoap: "A firma faliu". Em seguida, na linha de produção da Diocon: "Fui mandada embora porque a firma mudou, entrou em crise". E depois? "Depois na Cirumédica, como auxiliar de produção. Foi a empresa em que ganhei melhor, seria hoje mais ou menos R$ 600. Quando fui mandada embora, eles me chamaram pra explicar que a empresa tava em crise. Chorei muito." Seu último emprego foi na Tecnosuissa por quase cinco anos, de faxineira: "Pedi pra ser registrada como copeira. Também não falei que morava em favela. Não davam nada, convênio, cesta básica. As empresas iam fechando, indo embora. Tá difícil emprego agora. Todas as firmas acabaram".

Na sua chegada a São Paulo com os filhos, mora de favor, mas logo conhece o dono do barraco: "Pensei alugar, mas ele me convidou pra morar com ele naquela casa". "Fase muito boa", que durou pouco, pois o companheiro voltou para a ex-mulher: "Mas ele me emprestou um dinheiro pra comprar um barraco". Eram 20 m^2, moradia ampliada aos poucos com a ajuda de Alexandre, com quem passou a viver faz cinco anos. Um puxado em direção aos trilhos, outro para a rua, onde funciona o bar que Isaura comanda. A casa agora é toda de alvenaria. A entrada é pelos trilhos. Lá fica o banheiro e o local de lavagem das roupas, em seguida uma sala-quarto com o grande armário de divisória. Fez mais dois quartos em cima: "Alexandre pagava os pedreiros e ajudava e eu entrava com o material. Tenho medo que caia por causa do trem. De noite vem com mais velocidade, balança tudo. Tem muito barulho. O terreno é metade da Prefeitura, outra metade da FEPASA". O esgoto passa a céu aberto e, com a chuva, toda a sujeira desce e se avoluma no lamaçal dos trilhos, debaixo de sua casa: "Quero sair daqui. A gente aqui não tem amizade, nem bom-dia nem boa-noite. Lá no Paraná a casa é de madeira, mas não chamava barraco, aqui qualquer casa de madeira é barraco. Lá não se sabe o que é favela. Aqui faz diferença morar em favela".

Nesta área da favela há violência. Por isso, Isaura não quis ser entrevistada. Poderiam desconfiar que estaria delatando alguém. Com o tempo, sem revelar nomes ou locais, falou da violência em torno dos trilhos: "Deixo esta porta fechada, tá cheio de bandido aí: encheu de barraco porque a situação tá muito difícil. Essas pessoas aí, quase todas vendem droga. Não dá pra facilitar. Quando eu vim pra cá não existia nenhuma barraquinha, agora, de um ano pra cá, encheu. A maioria tem filho pequeno e não vai deixar passar fome. Daí vem os grandão e dão droga pra eles vender. Filho de gente rica vem comprar droga aqui. Mas aqui não tem só traficante".

Como era a favela? "Era tudo diferente. Onde tá o Cingapura era um grande campo de futebol. O escadão era bem ruim e lá em cima na Praça Onze só tinha barro. Era tudo amontoado. Já teve muita violência na favela, o filho da vizinha morreu todo baleado. Mataram porque usava drogas, foram os justiceiros. Acontecia direto tiroteio em frente da casa. Era difícil não ter duas ou três mortes por semana. Mais violenta era a Praça Onze. Depois que fizeram os prédios, sossegou. Era cheio de beco, quando a polícia vinha tinham onde se esconder." E agora, como está a favela? "Antes de ontem, dez da noite, deu um monte de pipoco. Falei baixinho: 'Alguém tá querendo tomar o ponto'. Semana passada deu outra pipoqueira, bateu bala no teto, Antonia veio se arrastando com o colchão. Nesse dia não era bandido, era polícia atrás de suspeito. Lá pra baixo, no matagal, parece que tão matando gente direita, dois, três por semana. Sinceramente, a gente sai de casa, não sabe se volta, porque o que tá acontecendo de assalto, violência. A gente vê na TV, antigamente não era assim. Tá muito difícil a vida em São Paulo, não tem emprego."

E a polícia? "Ela leva mulher grávida pro hospital, presta serviços, desmonta boca, mas também abusa. Há mais ou menos um ano, a polícia veio de tudo quanto era jeito, helicópteros, treze carros pararam aí em frente: era denúncia de drogas. Antonia decidiu fechar a janela e os policiais desconfiaram dela: empurraram a porta, vieram com tudo, tinha três aqui dentro: 'Você é noia ou é aviãozinho?'. 'Sujaram tudo de barro, subiram, abriram os armários, tudo com ignorância. Aí eu falei: 'Acho um abuso! Onde vocês têm que fazer isso, não fazem'. Mas tem que ter mais segurança. Por mim, todo dia vinha policial."

A terça parte da remuneração do casal é dirigida para as aulas de inglês e o aparelho nos dentes de Antonia. Quer proporcionar à filha a possibilidade de ascensão social: "Estando formada, ela podia abrir um negocinho pra ela, escolinha de inglês. Não queria que Antonia parasse de estudar. Falei pra ela que, se não conseguisse trabalho, eu ia buscar trabalho de margarida, varrendo ruas. Ela tem boa aparência, mas não arruma emprego, tá difícil".

O outro grande desejo é sair dos trilhos — sujeira, violência, escapar do preconceito que desaba sobre o local onde mora:

"Quem mora aqui não é bem-visto. Na última empresa em que trabalhei, só depois de dois anos souberam que era favelada. Não desconfiaram porque sou branca, loura e tenho olhos azuis. Tenho conhecidos que moravam aqui e agora não querem que os filhos morem na favela. No começo, não prestava atenção a essa conversa, mas faz três anos teve uma discussão na firma. Sabe do que me chamaram? Me chamaram de favelada". Isaura é decidida, comanda a família: "Alexandre é meio burrinho". Sabe que a área dos trilhos é perigosa. "Aqui não tem só traficante. Mas tenho medo que o trem descarrilhe. Tem lixão e não levam o lixo pra lá. Esse povo é muito ignorante, vive drogado. Tenho que sair daqui."

Ao contrário de Rosali e Isaura, José e Damiana moram na Praça Onze, parte superior da favela, área de urbanização antiga e consolidada, com ampla oferta dos principais serviços públicos e privados. Lurdinha, filha do casal, também mora por lá com Francisco e os dois filhos, Débora, 12 anos, 6ª série, e Douglas, 6 anos, na creche, onde ela trabalha. São três gerações, distintas nas suas trajetórias de trabalho e escolaridade. Também diversas no momento em que chegam a São Paulo para "pelejar na cidade".

Os idosos: José, 71 anos, analfabeto, nasceu na Paraíba. Damiana, 58 anos, também é de lá e analfabeta. Os primeiros trabalhos são na roça e na construção civil: ele, desde os onze anos entre a Paraíba, Minas e o interior de São Paulo, guarda noturno em hidroelétrica. Aos vinte anos, Damiana reencontra seu primo José no Paraná: "Foram dezoito meses de namoro". Ambos moraram em casa de chão batido: "Pro Norte não volto de jeito nenhum, tem muita tristeza e não tenho nada pra dar. Também pro serviço que eu fazia não precisava saber ler e escrever".

Voltam para a Paraíba e, enquanto ela fica com Lurdinha na terra natal, José vem pelejar em São Paulo: "Foram quinze meses, daí viemos todos". Chegaram na favela do Jaguaré em 1970 e se abrigaram com mais sete parentes: "Era tudo mato",

lembra José, "pra tomar condução precisava andar no barro, atravessar umas pinguelas". E depois? "Depois de um ano compramos um barraco, tava pra cair, todo podre, chovia mais dentro do que fora: pelejamos por anos." Construíram dois cômodos, sala-quarto e banheiro. Aos poucos, cozinha e mais um cômodo; depois de anos, dois quartos no primeiro andar, além da garagem e do quintal com lavanderia nos fundos. Está em um dos pontos mais valorizados, rodeada de conterrâneos: "Os vizinhos sempre se ajudam quando alguém precisa ir ao médico; quem tem carro logo se oferece".

José e Damiana chegaram a São Paulo em pleno milagre econômico da ditadura militar do "ame-o ou deixe-o". Ele, sempre na construção civil, ajudante de pedreiro; ela, faxineira, e, nestes trabalhos sempre contínuos, com rendimentos pequenos, porém constantes, aumentados por frequentes horas extras, venda de férias e fundos de garantia, analfabetos, da roça em casa de chão batido, conseguem dar um salto no trampolim de ascensão social. Diz José, o provedor da família: "Tinha muito serviço, sempre dava pra arrumar alguma coisa".

Ele se aposentou por invalidez aos cinquenta anos, mas só deixou de trabalhar em tempos recentes: "Não encontro mais serviço". Ela, "em casa de família", perto da favela, depois por seis anos na Brasanitas, firma de limpeza que presta serviço na USP: "Adoeci dos nervos, estou na Caixa. Trabalho era muito pesado e agora nem me aguento mais em pé, já não saio mais de casa sozinha". Cada um deles ganha R$ 151. Os filhos menores, Airton, 28 anos, e Andressa, 18, tem o 2º grau completo, sempre moraram na favela e nasceram em hospitais públicos. Ele, cobrador de ônibus, ganha dois salários mensais, com registro em carteira: "Não encontro outro trabalho que pague mais". Queria continuar os estudos, mas o salário não permitia pagar uma universidade. "Desistiu", diz a mãe, "e não pensa mais nisso." Depois do estágio nos Correios, Andressa não encontrou mais trabalho. Estuda à noite, fez curso de computação e pretende ingressar em psicologia. Considera que por falta de escolaridade e experiência, não conseguirá um emprego com futuro: "No Correio não dá pra fazer carreira, os salários estão muito baixos. Minhas colegas ganhavam melhor porque usavam minissaia".

Lurdinha, 35 anos, ensino fundamental completo, veio com seis anos para a favela com seus pais. Começou a trabalhar aos quinze anos como ajudante de embalagens em firma das redondezas e atualmente ganha R$ 400 como pajem na creche da Praça Onze. Francisco, 35 anos também, ensino fundamental incompleto, migrou de Minas Gerais para São Paulo com dezoito anos. Ganha R$ 550 enquanto proprietário da mercearia. Faz curso de vigilante para arrumar um ganho complementar às atividades do comércio, e Lurdinha, por exigência da creche, cursa o supletivo do ensino médio. Seus filhos nasceram no Jaguaré, Débora, 12 anos, está na 6ª série e ajuda o pai; Douglas, 6 anos, frequenta a creche. É o orgulho da família: "Já sabe ler e escrever", diz a avó, "e só tem seis anos".

Francisco trabalhou desde os treze anos em firma de reflorestamento: "Era muito cansativo trabalhar e estudar". Já em São Paulo, seu primeiro emprego é de zelador, com registro, durante três anos. Em seguida, office-boy em fábrica de confecção situada no Jaguaré por mais sete anos. Fez carreira: "Passei pro almoxarifado, primeiro como auxiliar, depois encarregado, e cheguei a chefe. Depois fui demitido, veio o Collor e a fábrica fechou". Em seguida, um ano como porteiro e outro como funileiro: "Saí da Toguki pela recessão, não foi porque eu quis". Neste período, já tinha o bar-armazém. Começava o dia às seis da manhã, entre meio-dia e seis horas da tarde permanecia na fábrica, e voltava para o comércio até às dez da noite: "Montei o bar porque com esta escolaridade não tem bom emprego". Foram mais de vinte anos de trabalho árduo até chegar ao bar: "Fui ficando atrás, tinha muita experiência mas fiquei atrás porque não tenho estudo, não dava conta porque a tecnologia foi avançando". E agora? "Agora a coisa piorou. A mercearia já foi melhor, mas de um ano pra cá complicou, tá muito pior, ninguém tem emprego, as pessoas vão abrindo mais quitandinhas. No meu caso foi concorrência, abriu uma padaria na Onze: antigamente vendia 1.300 pãezinhos, agora só vendo trezentos. Por isso quero um emprego de guarda-noturno".

Lurdinha começou como ajudante de embalagens em empresa de tecelagem, registrada durante dois anos. A fábrica faliu; e conseguiu outro emprego na Lapa durante três anos. Sempre com carteira assinada, foi balconista em padaria das redondezas e, finalmente, na Bebê Braz nos seis anos seguintes. Na creche está desde os meados da década de 1990: "O trabalho na creche é bom, mas a Prefeitura exige muito e dá pouco retorno". Foi através do trabalho formal anterior à creche e ao negócio que conseguiram construir a casa, onde moram há dez anos: 180 m^2, alvenaria, dois andares, embaixo sala, cozinha, banheiro e a mercearia; em cima, dois quartos, banheiro e uma laje com churrasqueira, três televisores, videogame para as crianças e todos os aparelhos domésticos.

O pior acontecimento para Lurdinha e Francisco foi o assassinato de um primo em frente à sua casa. Damiana, a mãe de Lurdinha, por causa dos nervos, foi proibida de assistir ao programa do *Gil Gomes* e *Cidade Alerta*: "Essa época na roça que era boa, porque não tinha violência, não havia TV. Um dia, quando ia pro trabalho, tinha dois mortos na rua e a polícia pediu pra olhar: 'Dá pra senhora olhar se são seus filhos'. Deus me livre, não quero nem saber". Para o jovem casal, "a violência hoje é mais ruim. A favela tem fama de violenta, mas é como qualquer lugar; fora tá pior". Ao que Francisco arremata: "É ruim viver em São Paulo, muita violência, tem muita droga, corrupção, gostaria de voltar pra minha cidade". É ele que mais sente a violência dos bandidos, da falta de emprego, de ter que morar na favela: "Quero sair da favela, mas não tenho dinheiro".

Damiana sabe da dureza de subir na vida: "Eu falo pros meus três filhos: vocês tão num berço de ouro, porque nós sofremos muito. Tem que ter educação, essa aqui, a mais velha, Lurdinha, essa aqui não estudou". Francisco é quem melhor percebe os limites da ascensão social em uma sociedade que lhe parece bloqueada: "A sociedade é injusta, não dá pra estudar, até o 2º grau. Não tem jeito, precisa ser apadrinhado pra se dar bem. Não dá pra estudar com os preços dos cursos. É caro demais pra quem ganha trezentos ou quatrocentos reais por mês. Talvez eles consigam". Consigam o quê, Francisco? "Consigam chegar lá, a Débora e o Douglas."

Rita, 40 anos, cursa o ensino médio e trabalha registrada como pajem na creche Nossa Senhora Aparecida, situada na Praça Onze: ganha R$ 400 e faz alguns bicos com crochê e lavagem de roupas. Tem três filhos, Kátia, 21 anos, ensino médio completo, estuda inglês e computação e pretende cursar Pedagogia; Fábio, 20 anos, ensino médio completo, e Ivan, 19 anos, que mora com a avó e só tem ensino fundamental. Todos nasceram na favela e trabalham: ela como pajem na creche Santa Luzia da rua Dracena e, com os bicos, ganha R$ 450. E eles, o mais velho como ajudante de caminhão, esperando ser chamado para uma metalúrgica das redondezas para atingir R$ 350, e Ivan, também como carregador, ajudante de caminhão ou enchendo lajes, atividades informais e descontínuas que lhe rendem cerca de R$ 200 mensais.

Rita casou-se aos dezessete anos e foi morar com o marido em casa de aluguel na favela. Desquitou-se há cerca de cinco anos: "Ele conheceu uma viúva com casa própria, foi ficando preguiçoso, muita briga, ameaças com faca". Um dia chamou a polícia, que obrigou o marido a deixar a casa. E daí? "Daí ele voltou e dei queixa na Delegacia da Mulher. Perdi o medo dele, e junto com a minha irmã, demos uma surra nele. Daí veio o desquite. Isso me matou, naquele domingo não existia mais família. Ivan não quis mais morar comigo. A gente mesmo se condena."

De família negra, Rita trabalha desde os onze anos e soube desde cedo o que é ser discriminada: "Tem preconceito no trabalho, também dos colegas. Tem coisa que é tão de berço, às vezes eles dizem: 'É serviço de negro'. A gente diariamente serve de chacota pros outros, porque tudo de errado que sai é serviço de negro. Você sabe que eles não dão vaga pra uma negra, mas dão pra uma branca. O negro também não se ama: quer namorar mulher branca, quando vira chefe trata o outro negro subordinado pior que o chefe branco. A gente que é negra, nunca teve vez".

Trabalhou como doméstica até os catorze anos, na Lapa e em Pinheiros. Nos inícios da década de 1980, conseguiu seu primeiro trabalho com registro na creche liderada pelo padre Roberto, por meio da Sociedade Benfeitora do Jaguaré: "Aprendi muito com as crianças. Lá consegui encarar e conviver com as pessoas. Passei a participar do Clube de Mães. A problemática da vida, do trabalho, dos direitos da gente como trabalhadora. Então a gente aprende a se valorizar como pessoa, como ser humano. A gente não tem só dever. Então eu cresci muito".

Em seguida, emprega-se na metalúrgica Comerit como auxiliar de serviços gerais: "Só vi gente sem dedo. Era barulhento, corria o suor, não me encontrava". Sua jornada semanal atingia 63 horas. Depois foi carregar caminhões, doze horas por dia e, em seguida, emprega-se na Paulitubo. Fica um tempo desempregada, fazendo bicos e, em 1991, torna-se cozinheira no serviço comunitário, atual creche Santa Luzia. Em seguida, monitora no Centro de Juventude e, finalmente, creche Nossa Senhora Aparecida, atividades coordenadas e implementadas pela igreja católica local: "Todo mês a gente participa de cursos de capacitação, sempre tá aprendendo".

Rita nasceu na favela e lembra do pai carregando-a nos ombros "quando tinha muito mato". Ignácia, a mãe, mora a uma centena de metros. Tem cinco irmãos, vários sobrinhos e primos, muitos habitando a favela ou as cercanias para o lado da Lapa. O pai, João, morreu faz dez anos. Lembranças da infância há muitas: "Eram momentos felizes, quando vinha vinte negros de toda cor nas reuniões regadas a samba". O pai gostava de música e de bebida. Bebia muito e batia em Ignácia e em quem estivesse por perto, especialmente em Rita, que protegia a mãe da fúria paterna: "Bebida na vida da família foi tragédia".

A moradia atual, localizada em área contígua à favela, foi construída por Rita, Kátia e pelo tio Amadeu. Antes, com o marido, morava em casa alugada; depois compraram "um barraco de madeira, teve que ser remendado". O esgoto a céu aberto, muitos ratos e insetos: "Aquilo era um chiqueiro. Precisava sair daquele buraco". Em 1993, já separada, compra outro barraco. Era de madeira, com sala, cozinha, um quarto e banheiro. Atualmente a casa é de alvenaria; mudou o local do banheiro e fez mais um quarto: Rita acorda às cinco horas, varre a rua, recolhe o lixo, lava o banheiro, limpa "o barraco". Tinha muitos amigos na vizinhança. O retraimento não vem só pela morte do pai e pela separação do marido. Vem também por medo de comprometimento com o tráfico: "Aumentou a reserva entre vizinhos".

Conhece o preconceito na favela e no emprego. Conhece também o olhar discriminatório do policial que desaba, fundamentalmente, sobre quem tem pele escura: "Eu não tenho o mínimo de confiança em polícia. A gente vê que ela dá fim nas pessoas: eu estudava, até o Ivan tava indo comigo. Daí veio uma patrulha e parou na porta da escola, deu uma olhada, eu com meu caderno no meu colo, o polícia fez eu me levantar pra ver se não tinha nada, revistou o Ivan: só que tinha um monte de gente ali. Por que eu e o Ivan? A cor da gente não ajuda". Um primo foi assassinado, bala perdida: "rapaz trabalhador". Outro foi morto em uma discussão no bar: "Tem muita gente armada; um homem pediu pra ele pagar uma pinga. Não quis, levou bala!".

A experiência no Clube de Mães abriu seus olhos: "Depois dos encontros a gente vê como funciona a política, aprende a ver quem tá do lado do povo e quem não tá. Aqui a maioria é malufista; se vende por pouco, não pensa no futuro. Na época de eleição, a gente vê o candidato que se propõe a fazer algo pela gente, pelo bairro. Aí vou fazer boca de urna, pego panfleto". A televisão é o veículo que mais informa: "Passa várias situações e, às vezes, dá pra se comparar. Prefiro o *Cidade Alerta*, porque mostra a verdade nua e crua, só passando o que aconteceu. Tudo isso serve pra vida da gente. Na questão de violência, quando acontecem essas coisas bárbaras, a gente comenta: como pode um ser humano chegar aonde chegou pra fazer aquilo?".

Sua atenção está focalizada nos filhos, para quem quer deixar uma casa: Fábio, "é um folgado, mimado", Ivan, "eterno menino, bebê preferido". Entenderam o sofrimento da mãe e o motivo que levou à separação: "Se vejo batendo na mãe", diz Kátia, "quebro ele". "Eu queria que ele ficasse com minha mãe", fala o filho mais velho, "mas só se parasse de beber e deixasse de ser safado, mulherengo", enquanto o caçula afirma que "assim tá bom, não tem briga e minha mãe é muito especial".

Fábio é carregador terceirizado, trabalha para a Indústria Santista de Alimentos: "Não tem hora pra sair, não tem hora pra voltar pra casa. Nem saúde nós temos". Ivan acrescenta: "Só quero um emprego bom. Mas, como não estudei, também não fiz curso, um trabalho de carregador de caminhão tava bom". Kátia diz: "De vez em quando vou preencher ficha. Poxa, tenho informática e 2º grau. Sou até professora. Mas falta o inglês, falta isso ou aquilo. Outro dia fui em uma empresa aqui do Jaguaré: 'Não tem vaga pra você'. Quando cheguei em casa, uma amiga me visitou e disse: 'Consegui emprego lá nos freios'. Me acabei. Com certeza é porque ela é branca. É favelada, mas é branca. O pior, quando vai lá na cidade: *preto, pobre é olhado como lixo*. A gente cresce sabendo disso. Quem morre? Preto! Quem não consegue emprego? Preto! Quem é favelado? Preto e nordestino!". Fábio conta seu caso: "Outro dia tava subindo da escola, certinho, banho tomado, perfume, quando passou um carro, o dono fechou rapidinho o vidro e acelerou. Eu tava com livro, caderno arrumado. Isso é um absurdo, todo mundo achar que tenho cara de ladrão".

E a violência por aqui? "Então tá tudo certo", diz o caçula, "ninguém mexe comigo, não estou no esquema errado." Kátia coloca: "têm uns babaca aí que já tinha que tá preso, há tempo! Batem na cara dos pais, os vagabundos. Ficam socando na rua, brigam no bar e tiram uma de trabalhador: tão fazendo hora extra no mundo". Como pajem na creche, conhece a situação:

"Tem muito pai que bebe, cheira. Cada vez mais tem pai cheirando". Para os irmãos, a polícia tem forte preconceito contra jovens negros. O mais velho assinala: "Em frente de casa tinha um pessoal conversando, desceu um cara que é traficante, mas é branco: ele sempre anda armado. Um gambé chegou na mesma hora e deixou ele passar: eu que sou negro, tomei geral".

Além de ajudar a mãe, os jovens têm planos para o futuro que se centram na paixão pelo samba. Para Ivan: "O sonho é viver de música, minha semana é música e mais música", enquanto para Fábio "o negro é o samba e o samba é o negro. Eu queria um salário de R$ 1.000, porque aí dava pra tudo, até pra ajudar a mãe. Mas eu sei que nunca vou poder ser rico com a minha cor, pra ser rico só com samba mesmo".

Rita é decidida, temperamento forte, triste e alegre de um instante para outro. Assumiu o papel da mãe — provedora do conforto material e moral dos filhos. Deseja deixar algo de "segurança", uma casa que lhes garanta uma vida mais tranquila e não "este barraco", como costuma designar sua moradia. Por que barraco? "Porque, quando a gente é negro e mora em favela, a gente já é nada: você sabe, tudo na vida da gente é política. A gente vai aprendendo a ver as coisas. Aprende a ver quem está do lado do povo, quem não está. Foi uma felicidade quando comecei a perceber que tinha direitos e não só deveres. A gente sabe que é gente quando se vê como cidadão."

Conclusões: olhares internos e externos

Convém enfatizar que, na atualidade, os favelados compram, constroem, ampliam ou reformam suas casas, não pagam impostos ou taxas, mas a aquisição de lotes ilegais tornou-se mais dispendioso e, frequentemente, pouco diferenciado de um imóvel nas periferias do ponto de vista jurídico da propriedade. Vale apontar que estudo recente realizado em favelas de Guarulhos

mostrou que a escolha do local de moradia relacionava-se a fatores como acessibilidade ao trabalho e presença de laços de sociabilidade primária, parentes e conterrâneos que tornam a vizinhança uma rede de relações de proteção básica para enfrentar os desafios da Metrópole e se defender das crises a que estão sujeitas as camadas pobres de população (Baltrusis, 2004). Além destes processos de autoajuda, assinale-se que, a partir dos anos 1980, não só foram poucas as remoções como também as favelas tornaram-se objeto das políticas públicas dos governos municipais: são por estas razões que se vai cada vez mais nelas morar. Foi a partir desta época, com o aumento da sua população e no meio das remoções levadas adiante pela administração janista, no seu furor de limpar as áreas nobres dos barracos, que as favelas se tornaram objeto de atenção de várias instituições públicas e privadas, que passaram a diagnosticar e a intervir neste então novo fenômeno urbano de São Paulo. Inicialmente, cabe destacar a atuação de órgãos governamentais que desenvolveram um conjunto variado de programas. Neste particular, sublinhe-se que o Movimento de Defesa dos Favelados da Zona Oeste, e o Movimento Unificado dos Favelados, voltado para a Zona Sul, aliam suas ações no final dos anos 1970. Assim, tiveram forte impulso durante a década seguinte e conquistaram melhorias nos serviços e infraestrutura urbana obtidos através de fortes e longos embates e debates junto aos órgãos públicos. As lutas contra a remoção e pelas políticas de urbanização, em uma conjuntura de crescente competição e abertura política, avançaram na gestão Mário Covas (1983-1986) e consolidaram-se no governo de Luiza Erundina (1989-1992). A Universidade e os centros de pesquisas também se debruçaram sobre esta recente modalidade de habitar, analisando as características de sua população, o processo territorial de sua localização, o nível de habitabilidade de suas edificações, os serviços que nelas estavam ausentes, a mobilização de seus habitantes na luta pela conquista das benfeitorias urbanas, apontando sempre para o fato de que as favelas não eram um trampolim para melhores condições de vida, nem algo singular, isolado e homogêneo do ponto de vista socioeconômico e urbano (Pasternak, 1976; HABI/COPED, s.d.): ao contrário, elas constituíam núcleos que refletiam macroprocessos presentes em uma sociedade que escanteava, também do ângulo habitacional, uma larga fatia da população pobre, que, em consequência, só poderia se reproduzir, diante das remunerações imperantes, nestas áreas marcadas por uma vasta espoliação urbana (Kowarick, 1979: cap. 4).

Contudo, concomitante ao aumento do número de favelados, com a explosão do desemprego e das ocorrências criminais, esta modalidade de aglomerado passou a receber uma identificação estereotipada que a homogeneizava a partir de sua aparência caótica e passou a ser discriminada enquanto espaços sociourbanos similares, enclaves que destoavam do resto da cidade. Os olhares e as falas, produzidos em boa medida pela mídia policialesca, começaram a identificar as favelas como locais de desordem que congregavam agudos problemas sociais:

> "A favela, vista pelos olhos das instituições e da classe média, é por excelência o lugar da desordem, território urbano dos pobres, tradução urbana da exclusão social. O próprio termo *favelado* [...] frequentemente é usado para designar uma pessoa que ocupa determinado lugar na sociedade, tornando-se pessoa de baixa renda, com ocupação precária. Em nível de representação social, o residente em favela pertence não apenas ao mundo dos pobres, mas ao mundo dos problemas sociais" (Pasternak, 2001b: 89).

Não raras vezes, com a exacerbação do que foi denominado *fala do crime*, associava-se os locais que congregavam pobreza a espaços que reuniam pessoas potencialmente perigosas, vistos como territórios da imoralidade, de vidas promíscuas, de vadiagem, locais nos quais impera o alcoolismo, a droga, a violência e a desorganização familiar (Caldeira, 2000). Muitos aglomerados são palco de violência, local de moradia de delinquentes e ponto de tráfico de drogas. Como já detalhado, na favela Vila Nova Jaguaré as pessoas sabem quem são e onde habitam os criminosos, os assassinatos foram e continuam frequentes e os moradores devem aprender desde cedo a lidar com a truculência da polícia e as difíceis regras da convivência para quem habita nas proximidades de ladrões e assassinos cujo respeito aos vizinhos varia no tempo e no espaço. Talvez mais do que outros habitantes pobres da cidade, os favelados encontram-se em situação de profunda vulnerabilidade civil no que ela tem de mais essencial: a integridade física de pessoas. Feitos estes assinalamentos, penso que a afirmação segundo a qual as favelas concentram práticas delinquentes mais do que outros locais de moradia das periferias onde, de fato, a criminalidade é muito mais alta, é destituída de fundamento empírico: penso que, no caso paulistano, os aglomerados de áreas invadidas não constituem núcleos que geram de modo especial a assim chamada *sociabilidade violenta*, apesar de ela também se fazer neles presente (Machado da Silva, 1994 e 2002).

Contudo, a visão exterior que os discrimina de modo excludente e negativo produz processos que acirram a desproteção social de seus habitantes, fazendo com que muitos queiram morar em outros locais, inclusive para escapar da proximidade dos bandidos: nas favelas de Guarulhos, por exemplo, 60% dos moradores gostariam de morar em outro local. Além de mudar de cidade, 15% dos que querem vender sua moradia o fazem para escapar da violência (Baltrusis, 2004: 54). Convém insistir nas visões e nas ações preconceituosas que, agora creio, desabam particularmente sobre os favelados:

> "Esta concepção de ordem [...] é importante para fundamentar uma forma de controle social pela vistoria da vida privada das pessoas: o mundo da desordem, potencialmente delinquente, é jovem, de tez morena ou escura. De preferência não tem carteira de tra-

> balho e [...] mora nas favelas da periferia. Sobre [...] essa modalidade de moradia, o imaginário social constrói um discurso que esquadrinha a mistura de sexos e idades, a desorganização familiar, a moralidade duvidosa, os hábitos perniciosos, olhando estes locais como focos que fermentam os germes da degenerescência e da vadiagem e daí o passo para a criminalidade. Ou seja: a condição de subcidadão como morador [...] [da cidade de São Paulo] constitui forte matriz que serve para construir o diagnóstico da periculosidade (Kowarick, 2000a: 54-5).

O bairro do Jaguaré constitui um espelho do processo de industrialização em São Paulo. Coração fabril do país, foi, após os anos 1970, perdendo vantagens locacionais para outras regiões do Brasil. Nos períodos de acirramento da crise econômica, em particular nos anos Collor, enorme quantidade de empresas fechou as portas. É o momento em que se aprofunda a mudança no perfil econômico da Capital, tornando-se cada vez mais centrado no setor terciário, o emprego assalariado registrado diminui na medida em que aumenta o trabalho informal e intermitente, fruto de transformações que levam à precarização da mão de obra. Estas mudanças estão presentes na trajetória do Jaguaré. Das cerca de vinte empresas mencionadas pelos entrevistados, todas fecharam, com exceção da Palmolive, da Anderson Clayton e do CEASA. Sobrou também a USP, tradicional fonte de emprego que, nos últimos anos, passou a terceirizar seus serviços de limpeza. O exemplo mais flagrante foi o da Cooperativa Agrícola de Cotia, que chegou a empregar 1.300 pessoas: "Por volta de 1970, as pessoas trabalhavam nas indústrias, na época, no bairro tinha mais de 120 indústrias só na linha do trem; hoje não tem nenhuma. Antes do Collor, o bairro produzia 400 milhões de dólares por ano. Hoje tem muito menos indústria, o emprego diminuiu muito. Tem muito depósito, galpão, companhia de transportes, mas não empregam muita gente".

Os que chegaram à favela nos anos 1970 recordam-se de uma época que tinha "muito emprego, carteira assinada". Vinham da roça, baixa escolaridade, ganhava-se pouco, mas o trabalho era contínuo, geralmente na construção civil: "Ninguém ficava parado, sempre tinha serviço". Depois, na década de 1990, quando muitos já haviam nascido em hospitais de São Paulo, usufruído da expansão do sistema de ensino, inclusive o 2º grau, as falas se alteram: "A firma fechou, lá tinha convênio, cesta básica, chefe legal, festa no fim de ano. O Jaguaré tinha tanta firma, mais de 80% saíram daqui. Carteira assinada é sonho, tive que virar autônomo, é mais barato pro patrão".

Vale ressaltar que, já na nossa primeira visita à favela, a presença da violência manifestou-se: "Aqui mataram um homem, domingo à tarde, eu vi. O cara disse pra mim que se eu falasse ele vinha me pegar". Hamburgo, 7 anos, mora na área dos trilhos, está na 3ª série do ensino fundamental: disse que a professora é chata. Como outros meninos, é um exímio surfista no trem que corta a favela e, também como os demais, convive com cenas de violência.

Isto não quer dizer que a violência seja algo banal. Ao contrário, as pessoas têm medo, se protegem, mas convivem com tiroteios, mortos estirados nas ruas pela ação da polícia ou de traficantes. Os mais temerosos evitam contatos: "As pessoas perderam a confiança pra se conhecer. Antes convidava-se o vizinho pra ser padrinho, hoje é cada um pra si, a gente tem receio, tem muita gente envolvida com droga". De toda forma, sabe-se que a regra é "ficar na sua", seguindo a férrea lei do silêncio, pois o mundo do crime está nas proximidades. Na atualidade, os bandidos, via de regra, nada fazem aos moradores se eles não ouvirem, virem e, principalmente, não falarem das atividades criminais: "Aqui o que ocorre de errado tem que fingir que não viu. Se falar, ou sai com a polícia ou morre. A TV pede pra denunciar, mas quem é bobo pra denunciar? Na rua tem muita briga, assassinato. Conheço a vizinhança, eles não mexem comigo, conheço os bandidos há muito tempo. Tem muito cara na parada que eu conheço. Mas eles me respeitam, nem chegam perto. Hora ou outra, morre um, eu fico sabendo, mas tô na minha. Fico triste quando morre um cara que bateu bola comigo, empinou pipa. Amizade forte só com trabalhador ou gente de bem".

Houve momentos em que a convivência dos trabalhadores com os bandidos era mais temerária, pois violências de várias ordens eram praticadas contra os moradores. A favela tem uma longa história de criminalidade. O primeiro justiceiro, de nome Inácio, carpinteiro, casado, filhos pequenos, surgiu em 1978. Sua mulher foi assaltada e estuprada dentro de casa, e o carpinteiro foi dar queixa na polícia. O delegado falou: "Estou muito ocupado com um caso grande; você sabe quem fez isso com a sua mulher? Você é pobre e favelado, vá correr atrás do seu prejuízo". Inácio aceitou a sugestão do delegado e matou os seis rapazes: "Depois tomou gosto pela coisa e chegou a matar 125 vagabundos ao todo. No começo continuava carpinteiro, mas com o tempo foi sendo contratado pelos comerciantes pra fazer justiça. Largou a carpintaria e ficou só nisso. A polícia nem mexia, nem se incomodava com o Inácio. Em 1986, foi morto pela polícia. A polícia veio, cercou, uma ação muito grande".

Na década de 1980 aconteceram muitos episódios de assassinato e então a favela foi dominada pelos "chefões", que procuraram impor uma ordem na qual se respeitava os moradores locais. Na década seguinte, essa geração saiu do bairro, foi presa ou morta, e tudo indica que atualmente o tráfico está nas mãos de jovens: os chefões saíram daqui, passavam com arma na mão. Os da Praça Onze já morreram. A nova geração é mais violenta, matam, expulsam. Se um vai preso e fala, quando sai, morre. A vida deles é curta, 25 anos. Se escapa da polícia, não escapa dos companheiros".

Difícil saber se a violência diminuiu ou aumentou. De toda forma, os moradores precisam desenvolver uma sociabilidade de distanciamento, já que o temor constitui sensação permanente, pois sempre há bebedeiras, brigas, tiroteios e acidentes podem ocorrer: "Era trabalhador mas morreu por acaso, numa discussão". Os habitantes das áreas mais altas e urbanizadas tendem a se sentir mais protegidos do perigo, que é experimentado de forma intensa por aqueles que estão situados nas partes baixas: também neste aspecto há mais de uma favela, e os de cima veem as partes de baixo como áreas que "não são de elite, pés de chinelo, miseráveis, muita violência".

Como em todos os bairros pobres da cidade, a polícia é vista com temor. Sua arrogância e arbitrariedade estão no relato das pessoas. Mas ela aparta briga, leva pra maternidade e, às vezes, evita a violência doméstica, o duro é quando confunde trabalhador com bandido. Às vezes vem cerca de quatrocentos homens. Novamente, a polícia é vivenciada em função do local de moradia e também muito em decorrência da cor da pele: "A polícia não perdoa, mata o preto e depois vai ver se é ladrão".

Se há vantagens de morar em favela, em termos de deixar de pagar aluguel, taxas e impostos, o problema de nela habitar, como já ressaltado em páginas anteriores, reside no olhar discriminatório de quem a enxerga de fora. Habitantes das redondezas ou empregadores alimentam os preconceitos alicerçados na trilogia barraco-pobreza-violência. Sabem que não são bem-vistos, e, em consequência, omitem seu local de moradia para conseguir se empregar: "Os favelados são muito discriminados. O japonês do frigorífico não dá emprego pra favelado. Muitos meninos que moram aqui, quando conseguem emprego no shopping e levam comprovante de residência, são discriminados. Nas contas de luz e telefone dos moradores da favela consta um código, FV, que identifica a casa como sendo da favela. Só quem mora no Cingapura recebe com endereço comum, igual de qualquer casa de fora, sem esse código de favelado. É duro, tem que fazer tudo certinho, não pode vacilar".

A Vila Nova Jaguaré, arremata Padre Roberto, tem uma larga história de lutas para obter melhorias urbanas. Eram reivindicações pontuais por água, luz, lixo e esgoto. Mas houve também mobilizações "de maior envergadura": toda vez que o poder público vinha com uma proposta de urbanização, havia muitas reuniões. "Durante o governo Covas não foi pra frente, e então a população esvaziou. Depois veio a Erundina. De novo houve participação, assembleias, grandes discussões, muitas reuniões. De novo não foi pra frente, então a reação do povo foi desacreditar. O povo se organiza quando vê possibilidade, quando sabe com quem está falando, o que tá falando e o que implica na vida dele." A gestão Marta Suplicy elaborou outra proposta de urbanização que prevê a remoção da quarta parte da população favelada, cerca de 3 mil pessoas, particularmente na zona dos trilhos, na qual deverá passar uma avenida. Estão também previstas duas áreas para acomodar as pessoas no mesmo distrito: "o trem vai cair fora".

Conseguir o direito à propriedade do imóvel é um processo longo e temerário. Houve momentos em que não eram permitidas construções permanentes, somente barracos de madeira. Isto se alterou nos anos 1980 com a política de prover as favelas de serviços básicos, ao mesmo tempo em que as associações de moradores procuraram organizar os moradores na luta contra remoções. Contudo, os alicerces desta conquista estão fincados nas práticas dos moradores. Os fiscais impediam a construção com blocos e cimento, pois a moradia tinha que ser provisória. Era preciso muita paciência para ir, aos poucos, erguendo a casa própria, um pedaço em um fim de semana, outro pedaço no feriado. Quando havia mais dinheiro, contratavam-se pedreiros e subiam-se as paredes de vez. De repente, não mais que de repente, do madeirite e da tábua surge o bloco e o cimento que, aos poucos, vai se estendendo pelas alturas. É preciso a perspicácia de saber o momento de sedimentar um pequeno pedaço. É preciso paciência para dar, sem tropeços, um diminuto passo adiante. Certamente, este avanço não provém da percepção de um porvir coletivo, mas advém da lucidez construída na vivência dos limites e das possibilidades do imediato: "Se os fiscais chegassem e a família já tivesse se instalado, eles não tiravam, deixavam ficar. Trabalhei três dias sem parar e deu tempo. Quando eles chegaram, nós já távamos morando lá: eles não fizeram nada, deixaram ficar. Não tenho direito, mas tenho direito: o terreno já era meu. Bom! O terreno é da Prefeitura, mas se ele está sob meu domínio, então ele é meu”.

Em suma: “Na favela não pago aluguel, luz. Mas eu sairia daqui porque aqui não é lugar de se morar: tem tiroteio, bala perdida, muita briga, podem vir te matar. Aqui mata e a pessoa não pode falar que viu. Tem de fingir que não aconteceu nada: as pessoas moram na favela não porque querem, mas porque é o espaço que sobrou para elas”.

6.
CONSIDERAÇÕES FINAIS: VULNERABILIDADE SOCIOECONÔMICA E CIVIL EM BAIRROS POPULARES

Produção do espaço urbano

> "Esforço, sofrimento, rebaixamento, honra desmoronada, humilhação *versus* dignidade como forma de existência."

Apesar de apresentar ritmo menos acelerado, a expansão da mancha urbana da Metrópole continua significativa, tendo aumentado em 300 km² durante os anos 1990. O incremento populacional, também em declínio, não deixa de ser importante, pois naquela década quase 3 milhões de habitantes passaram a residir na Região Metropolitana, conforme aponta a Tabela 1.

Tabela 1
EXPANSÃO DA MANCHA URBANA
E CRESCIMENTO DA POPULAÇÃO
Região Metropolitana de São Paulo, 1950-2000

Anos	Mancha urbana (km²)	População (em mil habitantes)	Crescimento da mancha urbana (%)	Crescimento da população (%)
1950	355	2.663	-	-
1960	614	4.739	73	78
1970	990	8.140	61	72
1980	1.370	12.589	47	55
1991	1.700	15.800	24	26
2000	2.000	18.662	18	18

Fonte: IBGE, Censos Demográficos.

Parte deste aumento processou-se de modo particular em áreas já densamente habitadas, em torno das cidades da região do ABCD, Guarulhos, Osasco e outras relativamente bem servidas e equipadas do ponto de vista urbano. Contudo, boa parte da ocupação territorial continua ocorrendo através da autoconstrução em loteamentos irregulares ou em favelas, em núcleos com baixa densidade populacional, o que significa um processo de expansão através de novas periferias, distantes dos centros onde se concentra a oferta de empregos. Desta forma, o avanço contínuo da mancha urbana continuaria a produzir loteamentos "ilegais", caracterizados pela precariedade de serviços coletivos. Estas dinâmicas estão na raiz da especulação imobiliária decorrente, em grande medida, de investimentos públicos em infraestrutura que, ao serem alocados nestas zonas, jogarão a fronteira de ocupação do solo para áreas ainda mais longínquas e desprovidas de serviços urbanos:

> "As periferias metropolitanas hoje seriam ainda mais heterogêneas do que são comumente consideradas, incluídos espaços já bem servidos e inseridos na malha urbana, e outros cuja população está submetida cotidianamente à condição ainda mais adversa do que as vivenciadas nas décadas de 70 e 80" (Torres e Marques, 2001: 50).

No caso do Município de São Paulo, a ocupação do solo não se fundamenta mais na produção de novas periferias, processo dominante até a década de 1980, mas no adensamento das áreas já existentes. Neste sentido, convém reafirmar que, apesar de declinante, o aumento populacional concentra-se nas áreas limítrofes do Município que, entre 1991 e 2000, tiveram um incremento demográfico nada desprezível de 23%. O principal destino destes habitantes é a favela e o loteamento clandestino, no qual se destacam as áreas de proteção dos mananciais da represa Guarapiranga: é o que explica o rápido incremento populacional de 38% verificado durante a década de 1990 no Jardim Ângela, onde se situam os dois loteamentos pesquisados.

De fato, ao se levar em consideração os 21 municípios mais populosos da Grande São Paulo, as zonas consideradas "fronteiras urbanas" destas regiões cresceram em média a uma explosiva taxa de 6,3% ao ano, provenientes de modo particular da migração interna de origem nordestina:

> "[...] a região da periferia que definimos como fronteira urbana [...] continua apresentando uma estrutura urbana precária; continua sendo o lugar de problemas fundiários, com a expansão de favelas e loteamentos clandestinos [...] e continua a ser uma 'válvula de escape', o lugar de concentração daqueles que não têm lugar" (Torres, 2005: 102).

Voltando à pesquisa de campo: o loteamento Três Marias já apresenta uma urbanização que conta com a presença dos serviços coletivos básicos. No início dos anos 1990, tratava-se de um "*morro de piolhos*", nove moradias em um local de alta declividade, sem infraestrutura, nos arredores, roças e matos: naquela época, tratava-se da primeira camada de produção do espaço urbano na qual as famílias trabalham na confecção de suas moradias em um contexto de carência de serviços públicos (Mautner, 1999). Por volta de 2000, o loteamento já se situava no segundo patamar, marcado pela presença de infraestrutura urbana, mas ainda sem a existência de lojas comerciais com maior oferta de bens coletivos; se encontra no degrau intermediário do patamar de melhorias e não em um terceiro e último estágio, caracterizado por uma urbanização consolidada. A Vila Guiomar e o Jardim Silvano, não obstante serem parcelamentos territoriais dos anos 1960, estão no primeiro momento da ocupação, pois problemas essenciais como oferta de água, coleta de lixo, rede de esgoto, iluminação pública e pavimentação ainda não tiveram soluções definitivas, ao mesmo tempo em que a presença do comércio é restrita a alguns poucos pontos de venda: rodeados de glebas verdes não desmembradas, sua situação limítrofe entre os municípios de São Paulo e Itapecerica da Serra dificulta a obtenção de melhorias e torna ainda mais temerária a obtenção da escritura dos lotes por seus moradores.

Não obstante as diferenças entre os múltiplos bairros existentes no interior de cada aglomerado, parece ser possível afirmar que a maior parcela das inúmeras vilas, recantos e jardins que proliferam pelas periferias da Capital encontra-se no que foi denominado segunda camada de produção de espaço, ao mesmo tempo em que parte mais diminuta já está em estágios mais avançados de consolidação urbana, enquanto uma proporção menos numerosa ainda se caracteriza pela precariedade de infraestrutura e serviços coletivos: são loteamentos clandestinos e favelas situadas em áreas de risco ou de proteção de mananciais que apresentam maiores empecilhos legais para regularizar sua situação de propriedade. De toda forma, trata-se de uma urbanização pobre, com moradias amontoadas em torno de traçados irregulares que tornam difícil distinguir favelas de loteamentos: a visão aérea das áreas periféricas é de extrema monotonia, marcada por aglomerações cinzentas que sobem e descem as encostas e ocupam os longos vales onde praticamente nada mais é verde, para, subitamente, surgir nas franjas do Município extensas áreas verdejantes não povoadas.

Houve profundas mudanças nos processos de produção do espaço urbano de São Paulo, e a tradicional polarização entre zonas centrais bem-providas e periferias carentes tornou-se mais complexa, sem que com isso se queira afirmar que os territórios da cidade deixaram de espelhar a pontiaguda e segregativa hierarquia socioeconômica e urbana imperante na sociedade brasileira (Villaça, 1998, especialmente cap. 7). Neste sentido — assinale-se novamente —, fundamentalmente a partir da década de 1990 ocorreram melhorias significativas na oferta de alguns bens de consumo coletivos. Em decorrência de volumosa inversão pública, grande proporção de aglomerados passou de uma situação precária para um patamar mais consolidado, o que representou um salto na qualidade de vida urbana dos seus habitantes.

Contudo, estas transformações positivas do ponto de vista urbanístico elevaram o preço da terra sem que tivesse ocorrido uma política habitacional que ofertasse às camadas pobres acesso à moradia. O resultado foi que muitas famílias não tiveram mais condições de adquirir um lote e ingressar no processo de confecção da casa própria, o que foi reforçado pela Lei Lehman de 1979, pois passou-se a penalizar judicialmente os empreendedores de loteamentos clandestinos, diminuindo sua oferta, principalmente em São Paulo, onde a fiscalização é mais rigorosa. O resultado — como já detalhado — é que um crescente contingente passou a habitar em favelas.

Vale relembrar que os anos 1980, conhecidos como a década perdida, abrem uma conjuntura de recessão econômica que tem funestas consequências para as classes trabalhadoras: queda no rendimento médio, precarização do trabalho, aumento na proporção de desempregados e no tempo médio de procura de emprego são fenômenos que se desdobram para o decênio seguinte, quando a remuneração média dos chefes de família que habitam as periferias de São Paulo cai em mais de 20%. É preciso também assinalar que a partir destes anos ocorre novo fenômeno com vastas consequências sociais e urbanas: a crescente violência que se espraia pela cidade, produzindo intensa fortificação do espaço — levado adiante principalmente pelas classes mais abastadas —, que se traduz em muros elevados, fechamento de ruas e condomínios, tecnologias de proteção e contratação de seguranças, aprofunda ainda mais o afastamento entre os grupos distribuídos pela excludente pirâmide social das cidades brasileiras: são novas formas de segregação urbana e social que já foram denominadas *enclaves fortificados*, que se caracterizam pela *evitação social* (Caldeira, 2000: 211).

Os processos antes arrolados indicam que São Paulo das décadas de 1950-1970 é muito diversa da que passou a se configurar a partir dos anos 1980. Não se trata apenas de novos processos socioeconômicos e urbanos, mas também de novas representações que passaram a simbolizar as imagens da Cidade. Antes, com orgulho se dizia que São Paulo é "*a cidade que mais cresce no mundo*", que "*não poderia parar*", ao mesmo tempo em que os "*cinquenta anos em cinco*" de Juscelino evocavam uma metáfora que se realizava na "*locomotiva do país*", marcada pelo otimismo do crescimento econômico, incorporação ao trabalho assalariado, conquista da casa própria, pela esperança da mobilidade ascendente por parte dos filhos através do acesso à escola. Nos momentos mais recentes, ao contrário, sobressai o pessimismo advindo do desemprego, do trabalho ocasional, dos obstáculos para atingir o sonho da moradia própria e, sobretudo, do medo que passou a regular os comportamentos daqueles que vivem em uma cidade marcada por violência criminal, gerando uma sociabilidade fundamentada na desconfiança e no retraimento para os círculos das relações privadas organizados em torno da vida doméstica: "na São Paulo do início do século XXI não se pensa mais em termos de progresso e futuro, mas em termos de violência e medo" (Caldeira, 2001: 9).

Vantagens e desvantagens: cortiços, casas autoconstruídas e favelas

A rotina em um cortiço não é algo fácil de ser conduzido. A aproximação com os demais moradores é inevitável. É absolutamente necessário se relacionar com os outros para produzir um clima de cooperação e simpatia. Quando os chuveiros e as privadas são de uso comum, é preciso redobrar os cuidados a fim de evitar que a espera não contamine a paciência necessária das filas. Conhecer, trocar ideias, procurar algo em comum é básico para desenvolver um relacionamento cordial e, certamente, o denominador comum de muitas conversas reside nas próprias mazelas do cortiço e nos seus habitantes mais barulhentos e arruaceiros. O distanciamento é também estratégia necessária de convivência, balizar mexericos, evitar certas conversas a partir de uma dinâmica que serve não só para preservar a identidade pessoal, mas também para aguentar a presença indesejada dos outros: não raras vezes é preciso suportar as gritarias que impedem o sono e a sujeira dos banheiros. Nestes casos, é a "*humilhação*" de ter de ver, ouvir, sentir ou cheirar o repulsivo.

Representa viver em lugar apertado, sem janelas, junto de todo o tipo de pessoas, catarro, mijo e merda no chão. Em lugares assim, as pessoas "*viram bichos*", batem na mulher, criança, camisa no chão e a "roupa fica toda mijada". Isto significa ser "*corticeiro*".

Ocorrem também relações de cooperação, pois é comum em um mesmo cortiço a existência de vários parentes ou conterrâneos ocupando vários cubículos. A presença de pessoas da mesma região rural ou cidade revela a troca de informações que caracteriza o percurso migratório, pelo qual os mais antigos procuram auxiliar aqueles que chegam depois a São Paulo. Ou seja, as pessoas conversam, trocam informações, a ajuda mútua também está presente, seja quando se toma conta das crianças de outra família, seja quando se trocam favores e se presta assistência nos momentos de crise. Tanto é assim que o valor do aluguel pode ser diminuído: desenvolvem-se laços de solidariedade e amizade, inclusive para enfrentar as condições penosas e desgastantes de moradia. E, como em todo lugar, há gente que fala muito com os vizinhos e desenvolve relações, porque ajuda os outros naquilo que pode: no caso de necessidade, não raras vezes "*as portas estão abertas*". Ou ainda: nos limites do possível, ocorre o mutirão para limpar paredes, trocar batentes, reformar o espaço encortiçado: "*o povo vinha, era uma festa*". Mas, nem por isso, mais do que nas favelas e nas casas de periferias, viver em cortiço requer o aprendizado de uma sociabilidade apurada no *retraimento*, já que o cotidiano é frequentemente marcado pela proximidade indesejada do outro: a privacidade constitui algo permanentemente invadido. Trata-se de um local em que ninguém é de ninguém, pois "*ninguém tem seu espaço*".

Na casa própria da periferia, o empenho não reside em evitar a presença do outro, mas, ao contrário, em buscar a ajuda mútua no esforço de melhorar o bairro e levar adiante a edificação da moradia, a cooperação é necessária para obter melhorias já que o loteamento precisa do "*esforço conjunto*" para se desenvolver e seu entorno não é apenas um local de passagem para pegar o transporte coletivo, chegar às escolas e fazer as compras. Para tanto, a obtenção de serviços públicos e privados, está, em boa medida, na dependência em demonstrar que não se trata de mais um "*morro de piolhos*", mas de um grupo de famílias que batalha para obter benfeitorias. Daí a necessidade de fazer valer os "*direitos de cidadania*" que se inicia com a regularização da propriedade do solo. Depois é preciso conquistar a água, a pavimentação, e para tanto é necessário "*juntar a turma*". Formar uma associação, pois "*nada cai do céu*": e desenvolver uma solidariedade em torno de interesses comuns pois — enfatize-se novamente — deixa de haver escolas, postos de saúde e transportes mais eficientes e próximos, bem como farmácias, feiras, supermercados e lojas que ofereçam maior quantidade de produtos a preços mais baratos.

Em suma: o melhoramento dos bairros, do qual decorre boa parte da qualidade habitacional dos moradores da periferia, reside em parte na ação coletiva de seus próprios habitantes. Isto significa dizer que os infindáveis jardins, vilas ou recantos necessitam produzir uma identidade social, uma associação que os represente e que mobilize seus habitantes em torno de reivindicações coletivas que se organizam em torno dos problemas do loteamento. A união da comunidade é bem mais frágil e ocasional quando se tem em conta as lutas sociais que ocorreram nas décadas de 1970 e 1980, em torno de alguns bens urbanos básicos. Não obstante tal fato, as associações de bairro continuam a existir conectadas a órgãos que fornecem suporte técnico-profissional ou assistencial, redes sociais e políticas são de vital importância para o loteamento evoluir, principalmente quando se trata de bairros "*ilegais*".

Isto também ocorre no caso dos cortiços das regiões centrais de São Paulo, onde vários movimentos atuam a fim de obter do poder público políticas que beneficiem aqueles que trabalham e moram nestas áreas. Mas, no caso das habitações coletivas, não obstante o esforço de várias entidades sociais, as mobilizações tem obtido poucos resultados, em grande parte devido à dificuldade de aglutinação dos seus moradores. A mobilidade residencial dos inquilinos pobres das áreas centrais reproduz uma sociabilidade de cuidado, decorrente de uso das áreas comuns, além do desgaste advindo da falta de privacidade; estas situações dificultam o fortalecimento de lutas que visam alterar as condições de ocupação dos cortiços: seus moradores têm com eles identificação tênue e descontínua que só dificulta a criação de ações coletivas mais eficazes. Mas isto não significa que em alguns casos, como no Joaquim Murtinho, não despontem lideranças que procuram mobilizar os moradores e criam associações ligadas a entidades que lutam pela obtenção da propriedade. São vários os movimentos que nos últimos anos ocuparam inúmeros prédios e realizaram dezenas de manifestações com a finalidade de negociar com o poder público políticas subsidiadas para a habitação das camadas de baixos rendimentos, ações que têm ampla ressonância no debate público mas que, em termos quantitativos, poucos resultados obtiveram.

O esforço dos moradores das periferias está voltado para a edificação de suas casas e bairros. É aí que se concentram por longo período as poupanças e a energia das famílias que optaram por esta modalidade habitacional. De toda forma, as famílias dos dois loteamentos que começaram a construção cerca de sete anos declararam que a moradia se encontrava inacabada. Assim, a utilização de maior somatório de trabalho remunerado não trouxe substanciais alterações no tempo em que a obra é considerada terminada: "*deu para o sustento mas não para o acabamento*, ficou uma construção muito fraca, falta acabar, mas falta verba porque falta trabalho", constituem afirmações que expressam as dificuldades em dar continuidade ao processo construtivo.

Por outro lado, os sacrifícios para chegar à moradia própria continuam marcantes, caracterizados pela necessidade de fazer drásticas economias. Estas são práticas necessárias para, num primeiro passo, adquirir um lote e, em seguida, ir comprando cimento e tijolos. A "*humilhação*" neste caso também pode ser alta, pois sempre há o risco de "perder a honra", a casa prestes a desmoronar em um dia de temporal na festinha de aniversário da filha.

Para quem não habita em favela, esta é vista como a pior condição de moradia, seja pela precariedade, seja pela violência que as pessoas consideram lá existir. De um lado, nada indica que elas se destacam por maior índice de crimes em relação às demais áreas periféricas. De outro, é difícil distinguir os aglomerados das áreas invadidas dos loteamentos "ilegais". Mas não resta dúvida de que houve uma aproximação entre estas modalidades de habitar: a Vila Nova Jaguaré é exemplo destas mobilizações por melhorias urbanas: "O povo se organiza quando percebe que pode ganhar alguma coisa".

Os moradores de cortiços migrantes de outros estados estiveram em oito a dez unidades depois de chegarem em São Paulo. Apesar de morarem nos cortiços da Joaquim Murtinho e da João Teodoro em média há mais de oito anos, as observações de campo indicam uma alta rotatividade domiciliar. Tal dado se confirma pela pesquisas amostrais arroladas no Capítulo 3, que apontam para o fato de cerca de 40% dos moradores estarem no local há menos de um ano e metade ter outro cortiço como moradia anterior. Ou seja, tudo indica ser procedente a afirmação segundo a qual existem, pelo menos, dois grandes tipos de habitantes no que diz respeito à migração dos inquilinos de cortiços do Centro: aqueles que têm um curto período de residência no mesmo local e trocam de unidade em função de alternativas ou necessidades socioeconômicas e habitacionais — provavelmente, são os que moram em poucos metros quadrados, em cubículos destituídos de janelas externas, chuveiro, privada e tanque —; e, de outro lado, aqueles que permanecem por longos períodos ocupando cômodos mais amplos, sem a necessidade de dividir áreas comuns. Afinal, a qualidade habitacional altera-se fundamentalmente quando é ou não necessário dividir o chuveiro com 31 pessoas e a privada com metade deste contingente, como é o caso do João Teodoro.

As moradias de ambos os loteamentos apresentam também variações significativas quanto ao tamanho e à qualidade habitacional, conforme apontam as tabelas do Capítulo 4. Como já assinalado, as observações de campo e as entrevistas realizadas, bem como a literatura disponível, indicam maior utilização da produção por encomenda do que o imperante durante as décadas de 1950-1970 (Pasternak e Baltrusis, s.d.). Pela amostra realizada no loteamento Três Marias, só 20% pagou e autoconstruiu, e 25% pagou sua casa por inteiro, pois existe "pedreiro ocioso que cobra a metade", "*é uma mão aqui, outra ali, é mais coisa do passado*". Quase todos consideram que "apesar de todos os pesares, sua situação habitacional melhorou".

Repita-se quantas vezes necessário for: é grande a disparidade entre as favelas, onde também é frequente os desníveis sociais, pois uma parte é "*como uma cidade, mais comunidade*", e outra "*um monte de lixo, ratos, mais violência, miséria pura*". De toda forma, também na Vila Nova Jaguaré as casas foram sendo ampliadas, cômodo após cômodo, a ajuda mútua é frequente, já que "*uns dão o cimento, outros tijolos, muito suor e assim foi indo*".

Ressalte-se que existe uma forte aversão dos que habitam em cortiços pelas moradias das periferias, bem como dos moradores destes locais em relação à situação dos "pátios", sendo a favela o local mais discriminado de todos. Para os inquilinos dos cortiços do Centro, as "vilas", são locais onde falta de tudo, sobretudo emprego, "morro amassado, barro doido, não tem sociedade. Melhor é ficar na fila de pensão. Periferia é cara pela distância, sem infraestrutura, é tiro por todo lado. O pior é a favela, pois "*só tem maloqueiro, ladrão, tiroteio e morte, muita sujeira, pé de barro*". Por seu turno, os habitantes da periferia frequentemente moram próximos ou ao lado de favelas, que são tidas como local rotulado pela polícia, "para onde não se deve voltar". Para aqueles o temor é que o local possa virar uma favela, já que "aqui é horrível, considero aqui uma favela". Os "pátios" são vistos como muito apertados, desorganizados, perigosos: "*Com família não dá para morar*". Há que se enfatizar que boa parte das favelas encontra-se junto a córregos, lixões e em áreas de grande declividade: "*Aqui não é lugar de gente morar, nessa sujeira. Quero sair daqui*".

Estar aqui, não estar lá produz categorias explicativas que estruturam as escolhas das pessoas a partir de adjetivação formulada segundo uma escala de valores que hierarquiza o que é pior e melhor ou o menos ruim: "*barro amassado*" significa local distante, muito sacrifício na construção da casa, falta de trabalho, longas horas nos transportes coletivos, carência de serviços públicos e privados, mas significa também escapar do aluguel e a segurança de ter algo para o futuro. "*Vida em conjunto*" liga-se à fila no banheiro, proximidade indesejada do outro, sujeira, falta de privacidade, barulho, aluguéis altos. Principalmente nos porões, são poucas as janelas externas e, se no inverno é frio, no verão pode ser escaldante, o que provoca toda sorte de doenças respiratórias. Mas há a vantagem do trabalho contínuo, sem perda de tempo na locomoção, da desnecessidade de fiador, de galgar níveis de escolaridade muito mais altos quando comparados aos habitantes das periferias com o mesmo nível de renda. Significa, em suma, estar perto de tudo, porque "*é tudo no Centro*". Na favela, além de todas as carências urbanas e sociais, sobre ela despenca a pecha de ser covil de criminosos: são escolhas restritas, pois como alternativas — repita-se mais uma vez — para as classes pobres, quando não residem nos cortiços ou optam pela construção das casas próprias, sobram as rotuladas favelas ou "*pátios*" das áreas periféricas.

Oportunidade de trabalho, acesso a serviços públicos e privados e desnecessidade de condução constituem o tripé que torna vantajoso habitar os cortiços das áreas centrais. Isto parece compensar o "*apertamento da vida em conjunto*", pois lá se encontra tudo: diversão, lazer e, "*se o emprego é por aqui, melhor ficar por aqui*". O aluguel caro é barato, pois o que se gasta em condução para quem mora longe é ganho em horas de trabalho, e para quem mora perto do emprego pode chegar geralmente a pé. Trata-se de um impecável cálculo que subordina as condições extorsivas de moradia ao tempo de trabalho, pois nas periferias são necessárias quatro, cinco, seis horas para se chegar, sem contabilizar os dias de chuva.

Talvez este seja o principal problema para quem optou pela casa própria ou pela favela, acordar às cinco da manhã, ser mandado embora para casa quando chega atrasado e ser avisado de que no dia seguinte tem que acordar mais cedo: "*O que mata não é o trabalho, é a viagem*" constitui uma frase frequente dos moradores da periferia. Ela sintetiza um modo e condição de vida altamente espoliativos, pois no tempo de remuneração obtido pelo trabalho estão embutidas horas cotidianas de locomoção: trata-se, de fato, de *um tempo extra*, condição necessária para cumprir a jornada de trabalho. É também o caso da ida e volta para a escola, da iluminação das ruas, do posto de saúde ou da limitada oferta de serviços ou da escolha de produtos. Isso para não falar na polícia, que nem chega, tornando os bandidos mais fortes do que os órgãos de segurança pública. Estes e outros aspectos se condensam na frase segundo a qual "*o bairro é fraco*", é preciso que ele evolua, afirmação que se contrapõe às qualidades das áreas centrais: "*Lá tem de tudo*".

Cabe frisar mais uma vez que esta é também a situação da maior parte das favelas. Há também o problema da legalização dos imóveis, pois, apesar da crescente mercantilização nas transações de compra, venda ou aluguel, trata-se de terras invadidas, muitas de difícil regularização legal. Se há vantagens em morar em favelas em termos de uma relativa melhoria nos indicadores domiciliares e urbanos, além de ser frequente o não pagamento de taxas e impostos e poder escapar do aluguel, o grave problema de nelas habitar — como aponta o Capítulo 4 — reside na discriminação que desaba sobre os seus habitantes. Assim, é comum omitirem o seu local de residência, pois as empresas deixam de empregá-los pelo fato de serem favelados: "Morador de favela sofre, *tudo de ruim que acontece é nossa culpa. É muita humilhação*".

Vale insistir que, para os habitantes dos loteamentos da periferia, a grande vantagem reside em escapar do aluguel, "*gasto inútil*". Sair dele é um alívio, pois, se continuar como inquilino, "*acaba morando em favela*". Escapar do aluguel é ter uma casinha de tijolo, vista como diversa do "*pátio ou da invasão*". É também ter mais segurança, pois hoje se está empregado e amanhã não se sabe. Permite fazer a casa aos poucos, "*pagar tudo para si mesmo*". Ter uma casa significa realizar a aspiração de "*morar naquilo que é seu*", ter seu próprio espaço e deixá-lo para os filhos. Significa, enfim, construir um futuro, deixar na casa "*a melhor parte de si*". Isto porque, sem casa, torna-se "*bicho*". O que sustenta o sacrifício de construir uma casa e morar longe de tudo é se liberar da autofagia do aluguel e, na medida do possível, produzir um bem que não é apenas um abrigo contra as intempéries da vida, como doenças ou desemprego, nem tão somente uma garantia para os dias de velhice. É tudo isto e também o empenho para realizar o sonho de ser o dono de seu espaço particular, construído com o esforço do conjunto da família, que dispende suas energias para atingir uma meta de grande valor material e simbólico. Em suma, é realizar-se enquanto "*cidadão privado*", o que significa construir um projeto centrado na reclusão da esfera doméstica, apoiado na sociabilidade primária e edificado em contraposição ao mundo de rua, o espaço público, tido como local em que predomina o arbítrio e a violência em decorrência da fragilidade dos direitos civis e sociais de cidadania (Kowarick, 2000a: caps. 5 e 6).

Convém reforçar que favelas, cortiços e autoconstrução em loteamentos periféricos, três principais formas de alojar as camadas pobres, têm vantagens e desvantagens, e é difícil fazer uma hierarquização na medida em que há grandes variações em cada uma destas modalidades de habitar. O cortiço das áreas centrais está perto de tudo, mas é caro e, no mais das vezes, é promíscuo e falta higiene. A casa própria do loteamento irregular significa local distante e horas nos transportes coletivos, mas representa escapar da condição de inquilinato e, após muito sacrifício, ter algo para si, para o futuro sempre incerto. A favela certamente é a forma mais barata de morar, devido ao preço de compra do imóvel ou o montante do aluguel, mas também se situa distante das zonas de emprego, o direito à propriedade é duvidoso e é tida e havida pelo olhar externo como local perigoso. Em síntese: são opções espoliativas, já que inexistem políticas públicas massivas voltadas para a população pobre.

Violência e medo

Repita-se quantas vezes necessário for: nas redondezas de ambos os loteamentos pesquisados há chacinas e desovas de cadáveres e, em um deles, desmanche de automóveis. Tráfico, bagunça, ninguém tem coragem de estudar em uma das escolas próximas. Depois do mato é frequente o barulho de tiros e, na favela mais embaixo, morreu muita gente, seis só em uma casa, de uma só vez. Nos ônibus há brigas e assaltos. Às vezes nem param, com medo de assaltos. Dentro do Três Marias, mesmo depois de murado, os assaltos continuam e há o temor de que a turminha do fumo provoque tiroteio. Vila Guiomar/Jardim Silvano estão próximos do Mirante da Serra, onde os homicídios são frequentes: "*Há poucos dias peneiraram o rosto de um inocente*". Lá na encruzilhada não pode ficar ninguém a nenhuma hora, o loteamento é mais organizado, pois, "*quando morre alguém, é que deve morrer*". Afinal, nas periferias a "*segurança está nas mãos de Deus*". As pessoas têm medo de sair quando está escuro e o melhor é ficar todo mundo trancado dentro de casa, porque quando se sai, "*não sabe se vai voltar*". Necessário deixar a porta fechada, pois está cheio de bandido pelas redondezas. Por

outro lado, continua a haver ajuda mútua e solidariedade, mas também aumenta o retraimento, a reserva entre os vizinhos.

Não obstante concentrarem trabalhadores pobres, como já assinalado, sobre a favela recai forte preconceito, balizado não só pelas classes abastadas, mas também pelas camadas pobres. A visão de degenerescência, fortificada em uma conjuntura de aumento do desemprego e da criminalidade, fortaleceu um imaginário que destituiu o favelado de seus atributos de trabalhador e elegeu a ilegalidade de sua habitação como forma prioritária de classificação social: mais do que outras modalidades de moradia, ela passou a ser identificada como antro que concentra a bandidagem. Na fala de seus habitantes, a favela do Jaguaré foi dominada pelos "chefões" nos anos 1980, substituídos depois por gente mais jovem, "*pé de chinelo*", que são mais violentos, têm vida curta: "*essa não é tão violenta, até é familiar comparativamente com outras favelas*".

A violência tornou-se algo cotidiano para os habitantes das áreas periféricas. Hábitos e rotinas são desenvolvidos a partir de uma experiência baseada em acontecimentos que produzem insegurança, que tanto podem ser relatos de vizinhos ou da televisão como fatos presenciados pelas próprias pessoas. A sensação de medo está fundamentada na vivência do perigo iminente, imponderável, que pode acontecer a qualquer momento. Esta percepção coletiva imaginária e real vai forjando um conhecimento acerca da violência, sobre os bandidos e os locais aonde não se deve ir, bem como da polícia e dos lugares onde ela nunca chega. Desenvolvem-se explicações acerca do crime. Pode ser o desemprego, pois "*a maioria nem marginal era, virou porque tem que sobreviver*". Ou o tráfico, já que "*aquele era bandidão de mão-cheia, foi tomada de ponto*". Ou ainda o acaso, estar no lugar errado na hora errada: "era trabalhador e foi morto". Essas e outras visões vão criando perspectivas incertas e temerárias sobre o futuro e seus perigosos efeitos sobre os jovens. Em suma, nas periferias e também nas áreas centrais é preciso aprender a conviver com a violência que tornou-se um elemento estruturador da vida dos seus habitantes. Neste sentido, pode-se afirmar que em anos recentes consolidou-se uma forte sensação de insegurança e medo, alicerçados no que foi designado "fala do crime".

> "[...] conversações, narrativas, rumores, piadas, histórias que têm o crime como tema. [...] O medo e a fala do crime não só produzem certos tipos de interpretações e explicações (na maior parte das vezes simplista e estereotipada), mas também organizam as estratégias cotidianas de proteção e reação que restringem os movimentos das pessoas e encolhem seu universo de interações" (Caldeira, 2001: 22-3).

Tanto nos dois loteamentos da periferia como na favela e nos dois cortiços centrais, os entrevistados conhecem o local onde estão os bandidos, e muitas vezes são obrigados a conviver com os transgressores da lei. Muitos tiveram parentes próximos assassinados, viram pessoas mortas pelas ruas e todos sabem onde se localizam os traficantes: "*Conheço todo mundo, quem é da parada e quem não é*". Também as crianças não são poupadas, pois se falasse o assassino "*vinha me pegar*", diz o menino de sete anos. Com exceção dos Severino, moradores do cortiço da rua Joaquim Murtinho, prováveis futuros homicidas, se antes não forem presos, os demais são trabalhadores que evitam e temem a presença de criminosos, pois sabem do perigo de ser atingido pelas balas ou ser confundido pelo arbítrio da ação policial: a sensação de "*viver em risco*" é algo arraigado no cotidiano das pessoas, principalmente nos locais ermos, mal-iluminados, aonde a polícia só chega depois do crime. Menos acentuada nos cortiços centrais, a percepção de vulnerabilidade também está presente, porque há assassinatos na vizinhança, invasão de jovens ligados ao tráfico ou a própria presença de delinquentes nos locais de moradia.

Um momento excepcional foi o da liderança de Boy, do loteamento Vila Guiomar/Jardim Silvano, bandido comunitário que ajudou o bairro. Chegou a dar palestras no campo de futebol, quando afirmou que os jovens de "*seus domínios*" não poderiam mais usar cocaína e prometeu que só recrutaria para o tráfico quem muito insistisse em entrar para a função. Tratava-se de um "*bandido formado*" que respeita o trabalhador e procura garantir a inviolabilidade do seu pedaço (Zaluar, 1994: 21 ss.). Perdeu o ponto para a turma do Bronx e o local passou a ter chacinas, muitas mortes e tiroteios. Por isso é absolutamente necessário conhecer os pedaços da redondeza: "*A encruzilhada é fogo, lugar onde trabalhador não pode ficar em nenhuma hora sob o risco de ser assassinado*".

A década de 1980 foi marcada pela presença de justiceiros, que a mando de comerciantes passaram a exterminar os criminosos, cujo exemplo mais famoso e sinistro foi a atuação do Cabo Bruno. A Vila Nova Jaguaré também teve o seu exemplar, um carpinteiro cuja mulher foi roubada e violada, e que começou a fazer justiça com as próprias mãos: matou os assaltantes-estupradores, e depois largou a carpintaria e passou a ser contratado: "muitos se juntaram a ele pra fazer justiça".

Frise-se novamente que os trabalhadores enxergam a polícia com desconfiança, lembrada por sua ausência quando não é vista como fonte de ameaça, pois pode usar da violência de forma impune: "*Ela chega e já quer bater*". Mas leva para a maternidade, hospital, aparta briga, desmonta bocas, mas, muitas vezes, fazem tudo "*com ignorância*". Pessoa jovem com a pele escura diz: "*Parece que já nasci culpado. Meu destino, querem que seja cadeia*". Mas nem por isso a proteção vem dos bandidos, que não poucas vezes desrespeitam e intimidam os habitantes locais. Deles chega o medo do assalto e da morte, produzindo nos moradores uma prática de deslocamentos defensivos que os leva à reclusão domiciliar. O mínimo que se diga pode ficar registrado e, sobretudo, não se pode olhar a fim de ver o que está acontecendo. Alguns moradores são jurados de morte e o jeito é ficar cada um na sua, já que "*eles ficam só filmando*". Ou seja, proteção individual e familiar calca-se em regras de retraimento que obstaculizam o aparecimento de cidadãos que se sentem com o direito e o dever de denunciar os criminosos, pois a proximidade com eles representa ameaças, frequentemente o risco da própria vida. A solução é fazer de conta que não sabe nada, estimulando a já designada "*cultura cívica da dissimulação*" (Santos, 1994: 100 ss.).

Assim, a violência passou a ser um elemento que também estrutura o cotidiano das pessoas, demarcando espaços, selecionando horários apropriados e forjando atitudes e comportamentos defensivos que visam diminuir os riscos. Em alguns casos, provoca a migração de um bairro para outro ou mesmo a troca de cidades: a decisão de sair de lugares perigosos e encontrar áreas mais tranquilas passou a ser um forte componente na escolha dos locais de residência e, desta forma, o medo da violência constitui, conjuntamente com a busca de trabalho, fontes básicas na escala valorativa para alugar ou construir uma moradia: não são poucos os que querem vender seu imóvel para escapar da violência que caracteriza o cotidiano do local de moradia.

Tal fato não se restringe apenas às mulheres que, devido à violência doméstica, abandonam as moradias para escapar das agressões físicas. Nem tão somente da aspiração de escapar de um pedaço que se tornou "*muito bagunçado*", do desejo de mudar para o interior ou voltar para o Nordeste por conta do possível envolvimento dos filhos que se encontram nesta escola, nesse trajeto, com essa "*bandidagem presente por aí*". Trata-se dos casos de quem, após ter a loja assaltada na periferia, opte por vir morar definitivamente no Centro, da pessoa que, após o assassinato do marido e do filho, muda-se com a família do loteamento onde vivia, para só voltar após três anos, daquele que assistiu ao assassinato do irmão e só tinha a ideia de sair de lá.

Estas falas, certamente, revelam o conhecimento de quem praticou o crime e o medo de que o assaltante ou o homicida, a fim de não ser denunciado, venha a perpetrar outras violências. Trata-se, enfim, de uma sinistra engrenagem de autoproteção, pois a lei do silêncio pode ser a qualquer momento quebrada, colocando em risco não só o algoz que praticou o ato delinquente, como a vítima que pode ser submetida a letais represálias. Sua escolha pode ser anular o oponente através da denúncia, conduta extremamente temerária. A mais racional, porque menos perigosa, reside em evitar o confronto, o que significa mudar-se para outro lugar, longe dos espaços da bandidagem que penetrou de maneira irreversível no círculo privado de sua vida familiar. É o que pode ser designado *migração urbana provocada pela violência*, presente nos relatos de alguns dos entrevistados, processo novo nas motivações da mobilidade territorial.

Não é demais salientar que a violência é percebida como um fato que pode acontecer a qualquer momento. Contudo, é improcedente afirmar que as pessoas a ela se acostumaram e que se tornou um acontecimento banal, na acepção de ser inerente à condição de vida dos habitantes dos bairros populares. Há, ao mesmo tempo, medo da autopercepção de vulnerabilidade, conformismo advindo da necessidade de ficar quieto e indignação decorrente da consciência das injustiças. Há também o esforço de manter a "*autonomia moral*" que opõe o trabalho à criminalidade, as dificuldades de obter emprego e aceitar suas rotinas estafantes, o sacrifício para erguer uma casa mais ampla e confortável, investir material e simbolicamente no futuro dos filhos, afastá-los da delinquência, ou se distinguir do mundo do crime.

As pessoas sentem necessidade de segurança, de leis e serviços que forneçam proteção, de uma polícia que não seja imprevisível e que muitas vezes desconta nos moradores-trabalhadores. Daí, por vezes, a aceitação da violência e da justiça privada, seja o Boy, que "*ajudou e protegeu o bairro*", seja Inácio justiceiro que "*não fazia coisa errada*". Em suma: desponta a normatização da violência privada, em uma atualização dos códigos do sertão, agora urbanos, que se estrutura no sentido de justificar o desfecho pelo assassinato: "*Ele fez por merecer, quem não deve não teme. Se fazem algo é porque a pessoa fez algo*".

As histórias de vida evidenciam que a sobrevivência nos limites da pobreza requer um enorme esforço para manter a "*dig-*

nidade" ditada pelos padrões de moralidade que busca o melhor para o núcleo familiar. Contudo, seria errôneo glorificar situações em que as pessoas estão mergulhadas em situações de vulnerabilidade, e poetizá-las significaria esconder a opressão estrutural que está na sua origem (Bourgois, 2005: 15). São frequentes os momentos em que o "*autorrespeito*" das pessoas é colocado em xeque. Não é por outra razão que o termo "*humilhação*" está presente nas falas, pois estão sistematicamente vivenciando "*experiências de desrespeito*", seja quando moram em locais insalubres ou promíscuos, quando a casa corre o risco de desabar ou quando devem se calar diante da presença de bandidos e da truculência da polícia, para não mencionar a condição de desemprego e as remunerações aviltantes. Trata-se, em última instância, de um reconhecimento individual e social denegado, baseado em formas sistemáticas de privação-violação de direitos básicos de cidadania (Honneth, 2003: 227).

É de esperar que a "experiência de desrespeito", profundamente presente nos bairros populares, venha a se constituir na matéria-prima de resistência e lutas coletivas que façam os grupos escanteados escaparem da vulnerabilidade socioeconômica e civil que caracteriza o cotidiano de suas existências.

REFERÊNCIAS BIBLIOGRÁFICAS

ABRAMOVITZ, Mimi; WITHORN, Ann (1998). "Playing by the Rules: Welfare Reform and the New Authoritarian State". In: REED JR., Adolph (org.). *Without Justice for All: The New Liberalism and Our Retreat from Racial Equality*. Boulder, CO: Westview Press.

ABREU, Maurício de Almeida (1994). "Reconstruindo uma história esquecida: origem e expansão inicial das favelas do Rio de Janeiro". São Paulo, *Espaço & Debates*, v. 14, n. 37.

AFFICHARD, Joëlle; FOUCAULD, Jean-Batiste de (orgs.) (1992). *Justice sociale et inégalités*. Paris: Esprit.

ALMEIDA, Marco Antonio Ramos de (2004). "Associação Viva o Centro: a coletividade pela requalificação do Centro de São Paulo". São Paulo, Uninove, *Exacta*, v. 2.

AMITRANO, Claudio Roberto (2004). "A Região Metropolitana e a área central de São Paulo nos anos 90: estagnação ou adaptação?". In: COMIN, A. A.; SOMEKH, N. (orgs.). *Caminhos para o Centro: estratégias de desenvolvimento para a região central de São Paulo*. São Paulo: PMSP/CEBRAP/CEM.

AULETTA, Ken (1981). "A Reporter at Large (The Underclass)". *New Yorker*, 16, 23 e 30 de novembro.

_________ (1982). *The Underclass*. Nova York: Random House.

AVENEL, Cyprien (1997). "La Question de l'underclass des deux côtés de l'Atlantique". Paris, *Sociologie du Travail*, v. 39, n. 2.

BALTRUSIS, Nelson (2004). "O mercado imobiliário em favela: um exercício sobre a dinâmica do mercado imobiliário formal e informal em Guarulhos". São Paulo, FAU-USP, mimeo., julho.

BARRETO, Jule (1997). "Uma ONG para o Centro". São Paulo, *Revista URBS*, v. 1, n. 2, outubro.

BODY-GENDROT, Sophie (1993). *Ville et violence*. Paris: PUF.

BONDUKI, Nabil (1986). "Habitação e família: porque casa própria". In: KOWARICK, Lúcio (org.). *Modo e condição de vida: uma análise das desigualdades sociais na Região Metropolitana de São Paulo*. São Paulo: CEDEC.

_________ (1998). *Origens da habitação social no Brasil: arquitetura moderna, Lei do Inquilinato e difusão da casa própria*. São Paulo: Estação Liberdade.

_________ (1999). "Do cortiço à habitação digna: uma questão de vontade". São Paulo, *Revista URBS*, v. 2, n. 11, fev.-mar.

BONELLI, Laurent (2001). "Des quartiers en danger aux 'quartiers dangereux'". Paris, *Le Monde Diplomatique*, fevereiro.

BOTELHO, Isaura; FREIRE, Carlos Torres (2004). "Equipamentos e serviços culturais na região central da cidade de São Paulo". In: COMIN, A. A.; SOMEKH, N. (orgs.). *Caminhos para o Centro*. São Paulo: PMSP/CEBRAP/CEM.

BOURDIEU, Pierre (org.) (1993). *La Misère du monde*. Paris: Seuil.

BOURGOIS, Philippe (2005). *In Search of Respect: Selling Crack in El Barrio*. Cambridge: Cambridge University Press, 2ª ed.

BRUNET, Jean-Paul (1980). *Saint Denis, la ville rouge: socialisme et communisme en banlieue ouvrière, 1890-1939*. Paris: Hachette.

_________ (1981). *Un demi-siècle d'action municipale à Saint-Denis-La--Rouge (1890-1930)*. Paris: Cujas.

BUARQUE, Cristovam (1993). *O que é apartação: o apartheid social no Brasil*. São Paulo: Brasiliense (Coleção Primeiros Passos).

BUENO FILHO, Edson Pimenta (1999). *Folha de S. Paulo*, 11 de outubro.

BUENO, Laura Machado de Mello (2000). "Projeto e favela: metodologia para projetos de urbanização". Tese de Doutorado, FAU-USP, mimeo.

BURROUGHS, Charles (1835). *A Discourse Delivered in the Chapel of the New Almshouse, in Portsmouth, New Hampshire*. Portsmouth, NH: J. W. Foster (*apud* Katz, 1993).

CALDEIRA, Teresa Pires do Rio (1997). "Enclaves fortificados: a nova segregação urbana". São Paulo, *Novos Estudos CEBRAP*, n. 47.

_________ (2000). *Cidade de muros: crime, segregação e cidadania em São Paulo*. São Paulo: Editora 34/Edusp.

_________ (2001). "From Modernism to Neo-Liberalism". In: *São Paulo: Reconfiguring the City and Its Citizens*. Sawyer Seminar, Nova York, Columbia University, mimeo.

CÂMARA MUNICIPAL DE SÃO PAULO (2001). *Comissão de Estudos sobre Habitação na Área Central*. São Paulo, Câmara Municipal de São Paulo, setembro.

CARDOSO, Fernando Henrique (1971a). "Comentários sobre os conceitos de superpopulação relativa e marginalidade". São Paulo, *Estudos CEBRAP*, n. 1.

_________ (1971b). "Teoria da Dependência ou análise concreta da situação de dependência". São Paulo, *Estudos CEBRAP*, n. 1.

_________ (1974). "As contradições do desenvolvimento associado". São Paulo: *Estudos CEBRAP*, n. 8.

_________ (1980). "As ideias e seu lugar: ensaio sobre as teorias do desenvolvimento". Petrópolis, Vozes, *Cadernos CEBRAP 13*.

CARDOSO, Fernando Henrique; FALETTO, Enzo (1970). *Dependência e desenvolvimento na América Latina: ensaio de interpretação sociológica*. Rio de Janeiro: Zahar.

CARVALHO FRANCO, Maria Silvia (1969). *Homens livres na ordem escravocrata*. São Paulo: IEB-USP.

CARVALHO, José Murilo de (s.d.). "Interesse contra a cidadania". In: DAMATTA, Roberto et. al. *Brasileiro: cidadão?* São Paulo: Cultura.

CASTEL, Robert (1990). "Le Roman de la désaffiliation: à propos de *Tristan et Iseut*". Paris, *Le Débat*, n. 61, setembro.

_________ (1991). "De L'indigence à l'exclusion. La désaffiliation: précarité du travail et vulnérabilité relationnelle". In: DANZELOT, Jacques (org.). *Face à l'exclusion: le modèle français*. Paris: Esprit.

_________ (1992). "De L'exclusion comme état à la vulnérabilité comme processus". In: AFFICHARD, Joëlle; FOUCAULD, Jean-Batiste de (orgs.). *Justice sociale et inégalités*. Paris: Esprit.

_________ (1995a). *Les Métamorphoses de la question sociale: une chronique du salariat*. Paris: Fayard.

_________ (1995b). "Les Pièges de l'exclusion", *Lien Social et Politiques/ Revue Internationale d'Action Communautaire*, n. 34.

_________ (1999). "Les Marginaux dans l'Histoire". In: PAUGAM, Serge (org.). *L'Exclusion: l'état des savoirs*. Paris: La Découverte.

CASTEL, Robert; LAÉ, Jean François (orgs.) (1992). *Le Revenu Minimum d'Insertion: une dette sociale*. Paris: L'Harmattan.

CDHU/SEADE (2003). *Programa de Atuação em Cortiços (PAC)*. São Paulo: Governo do Estado de São Paulo, maio.

CEDEC (Centro de Estudos de Cultura Contemporânea) (2000). São Paulo, junho, mimeo.

CEM (Centro de Estudos da Metrópole) (2000). Tabela 2.

CUT (Central Única dos Trabalhadores) (2000). *Mapa do Trabalho no Município de São Paulo*. São Paulo, maio.

DAMATTA, Roberto (1987). *A casa e a rua*. Rio de Janeiro: Guanabara.

_________ (1990). *Carnavais, malandros e heróis: para uma sociologia do dilema brasileiro*. Rio de Janeiro: Guanabara, 5ª ed.

_________ (1998). "A casa, a rua e o trabalho". In: *O que faz o Brasil, Brasil?* Rio de Janeiro: Rocco, 19ª ed.

DAMON, Jules (1997). "Problèmes politiques et sociaux". Paris, *Le Documentation Française* (La Politique de la Ville — Dossiers d'Actualité Mondiale), n. 784, maio.

DELARUE, Jean-Marie (1991). *Banlieues en difficulté: la rélegation*. Paris: Syros.

DÉLÉGATION INTERMINISTÉRIELLE DE LA VILLE (DIV) (s.d.). *Repères, 2000-2006: une nouvelle ambition pour la politique de la ville*. Paris: Les Éditions de la DIV.

DIAS, Erasmo (1976). São Paulo, *Última Hora*, 22 de maio.

DIEESE/SEADE (2003). *Pesquisa Emprego-Desemprego (PED)*. São Paulo.

DONZELOT, Jacques (1996). "L'Avenir du social". Paris, *Esprit*, n. 219, março.

_________ (1999). "La Nouvelle question urbaine". Paris, *Esprit*, n. 258, novembro.

_________ (2001). "Sortie de la dépendance et utilité sociale". In: DONZELOT, Jacques; JAILLET, Marie Christine. *La Nouvelle question urbaine*. Paris: PUCA/Ministère de L'Equipement, des Transports et du Logement (Actes du Séminaire, 1999-2000).

DONZELOT, Jacques; ESTÈBE, Philippe (1997). *L'État animateur: essai sur la politique de la ville*. Paris: Esprit.

DONZELOT, Jacques; JAILLET, Marie Christine (2001). *La Nouvelle question urbaine*. Paris: PUCA/Ministère de L'Equipement, des Transports et du Logement (Actes du Séminaire, 1999-2000).

DONZELOT, Jacques; ROMAN, Joel (1991). "Le Déplacement de la question sociale". In: DONZELOT, Jacques (org.). *Face à l'exclusion: le modèle français*. Paris: Esprit.

DOS SANTOS, Theotônio (2000). *A Teoria da Dependência: balanço e perspectivas*. Rio de Janeiro: Civilização Brasileira.

DUBET, François (1987). *La Galère: jeunes en survies*. Paris: Fayard.

DUBET, François; LAPEYRONNIE, Didier (1996). *Les Quartiers d'exil*. Paris: Seuil.

FASSIN, Didier (1992). "Exclusion, underclass, marginalidad: figures contemporaines de la pauvreté urbaine en France, aux États-Unis et en Amérique Latine". *Revue Française de Sociologie*, XXXVII.

FAVERO, Monica (2003). "Adeus à rua". São Paulo, *Revista URBS*, v. 7, n. 30, abril.

FERNANDES, Florestan (1965). *A integração do negro na sociedade de classes*. São Paulo: Dominus/Edusp.

FORRESTER, Viviane (1997). *O horror econômico*. Campinas: Editora da UNESP.

FOURCAUT, Annie (1986). *Bobigny, Banlieu Rouge*. Paris: Les Éditions Ouvrières/Presses de la Foundation Nationale de Sciences Polítiques.

FRANK, André Gunder (1969a). *Capitalism and Underdevelopment in Latin America*. Nova York: Modern Readers.

__________ (1969b). *The Development of Underdevelopment: Underdevelopment or Revolution*. Nova York: Modern Readers.

FRÉTIGNÉ, Cédric (1999). *Sociologie de l'exclusion*. Paris: L'Harmattan (Logiques Sociales).

FRIEDMAN, John (1992). *Empowerment: The Politics of Alternative Development*. Oxford: Blackwell.

FRÚGOLI, Heitor (2000). *Centralidade em São Paulo: trajetória, conflitos e negociações na Metrópole*. São Paulo: Cortez/Edusp, 2000.

FUNDAÇÃO SEADE (1992a). *Pesquisa Condições de Vida na Região Metropolitana de São Paulo: Habitação*, dezembro.

__________ (1992b). *Pesquisa Condições de Vida na Região Metropolitana de São Paulo: Renda*, dezembro.

FURTADO, Maria da Graça (1995). "O casarão da Cleveland: representações depreciativas e práticas sociais em espaço deteriorado de moradia". Dissertação de Mestrado, Departamento de Antropologia, FFLCH-USP, mimeo.

GANS, Herbert J. (1994). "Positive Functions of the Undeserving Poor: Uses of the Underclass in America". *Politics & Society*, v. 22, n. 3, setembro.

_________ (1995). *The War Against Poverty: The Underclass and Antipoverty Politics*. Nova York: Basic Books.

GAUJELAC, Vincent de; LEÓNETTI, Isabel Taboada (1994). *La Lutte des places: insertion et désinsertion*. Paris: Desclée de Brouwer.

GUERRAND, Roger Henri (1999). "Histoire des taudis". In: PAUGAM, Serge (org.). *L'Exclusion: l'état des savoirs*. Paris: La Découverte.

HABI/COPED (s.d.). "Estudo sobre o fenômeno Favela no município de São Paulo". Prefeitura do Município de São Paulo, *Boletim HABI/COPED*, Caderno Especial, n. 1.

HARRINGTON, Michael (1962). *The Other America: Poverty in the United States*. Nova York: MacMillan.

_________ (2002). "The Other America Revisited: A More Difficult Poverty. *New Perspectives Quarterly*, v. 4, n. 1, março.

HEISLER, Barbara Schmitter (1991). "A Comparative Perspective on the Underclass: Question of Urban Poverty, Race, and Citizenship". *Theory and Society*, v. 20, n. 4, agosto.

HOGGART, Richard (1970). *La Culture du pauvre*. Paris: Minuit.

HONNETH, Axel (2003). *Luta por reconhecimento: a gramática moral dos conflitos sociais*. São Paulo: Editora 34.

IBGE (Instituto Brasileiro de Geografia e Estatística) (s.d.). *Censos Demográficos*.

INSTITUTO DE CIDADANIA (2000). *Projeto Moradia*. São Paulo, maio.

JENKS, Christopher (1985). "How Poor are the Poor". *New York Review of Books*, maio.

JENKS, Christopher; PETERSON, Paul E. (1991). *The Urban Underclass*. Washington, DC: Brookings Institution.

JONES, Gareth Stedman (1983). *Languages of Class: Studies in English Working Class History, 1832-1982*. Cambridge: Cambridge University Press.

KATZ, Michael B. (1993). "The Urban 'Underclass' as a Metaphor of Social Transformation". In: KATZ, Michael B. *The 'Underclass' Debate: Views from History*. Princeton, NJ: Princeton University Press.

KOHARA, Luiz Tokuzi (1999). "Rendimentos obtidos na locação e sublocação de cortiços: estudo de caso na área central da cidade de São Paulo". Dissertação de Mestrado, Escola Politécnica da USP, mimeo.

KOWARICK, Lúcio (1975). *Capitalismo e marginalidade na América Latina*. Rio de Janeiro: Paz e Terra.

_________ (1979). *A espoliação urbana.* São Paulo: Paz e Terra.

_________ (1993). "A favela como fórmula de sobrevivência". In: KOWARICK, Lúcio. *A espoliação urbana.* São Paulo, Paz e Terra, 2ª ed.

_________ (1994). *Trabalho e vadiagem: as origens do trabalho livre no Brasil.* São Paulo: Paz e Terra, 2ª ed.

_________ (2000a). *Escritos urbanos.* São Paulo: Editora 34.

_________ (org.) (2000b). "Viver em risco: moradia, desemprego e violência urbana na Região Metropolitana de São Paulo". São Paulo, mimeo.

KOWARICK, Lúcio; ANT, Clara (1994). "Cem anos de promiscuidade: o cortiço em São Paulo". In: KOWARICK, Lúcio (org.). *As lutas sociais e a cidade. São Paulo: passado e presente.* São Paulo: CEDEC/UNRISP/Paz e Terra, 2ª ed. revista e atualizada.

KOWARICK, Lúcio; SINGER, André (1994). "A experiência do Partido dos Trabalhadores na Prefeitura de São Paulo". In: KOWARICK, Lúcio (org.). *As lutas sociais e a cidade. São Paulo: passado e presente.* São Paulo: CEDEC/UNRISP/Paz e Terra, 2ª ed. revista e atualizada.

LABBENS, Jean (1969). *Le Quart-Monde: la pauvreté dans la societé industrielle. Étude sur le sous-proletariat dans la région parisienne.* Pierrelaye: Éditions Science et Service.

_________ (1978). *Sociologie de la pauvreté.* Paris: Gallimard.

LABORATÓRIO DE HABITAÇÃO (LABIHAB) (s.d.). FAU-USP.

LAÉ, Jean François; MURARD, Numa (1995). *Les Récits du malheur.* Paris: Descartes.

LANGENEST, L. (1991). "Os cortiços em São Paulo". São Paulo, *Revista Anhembi*, n. 139, junho.

LAPEYRONNIE, Didier (1995). *L'Exclusion et le mépris.* Paris: Les Temps Modernes.

LAVALLE, Adrian-Gurza (2001). "Espaço e vida pública: reflexões teóricas e sobre o pensamento brasileiro". Tese de Doutorado, Departamento de Ciência Política, FFLCH-USP, mimeo.

LEITE, Márcia (2000). "Ciência, tecnologia e sociedade". Tese de Livre-Docência, Programa de Pós-Graduação em Educação, UNICAMP, mimeo.

LENOIR, René (1974). *Les Exclus: un français sur dix.* Paris: Seuil.

LEWIS, Oscar (1961a). *Antropología de la pobreza: cinco familias.* Cidade do México: Fondo de Cultura Económica.

_________ (1961b). *The Children of Sanchez: Autobiography of a Mexican Family*. Nova York: Random House.

_________ (1965). *La Vida: Puerto Rico Family in the Culture of Poverty*. Nova York: Vintage Books.

_________ (1966). "The Culture in Poverty". *Scientific American*, v. 15, n. 4, outubro.

LOPES, Juarez Brandão; GOTTSCHALK, Andrea (1990). "Recessão, família e pobreza: a década mais do que perdida". São Paulo, *São Paulo em Perspectiva*, v. 4, n. 1, jan.-mar.

MACHADO DA SILVA, Luiz Antonio (1994). "Violência e sociabilidade: tendências na atual conjuntura urbana no Brasil". In: RIBEIRO, L. C. Q.; SANTOS JR., Q. A. (orgs.). *Globalização, fragmentação e reforma urbana*. Rio de Janeiro: Civilização Brasileira.

_________ (2002). "A continuidade do 'Problema Favela'". In: OLIVEIRA, Lúcia Lippi (org.). *Cidade: história e desejos*. Rio de Janeiro: FGV.

MADEC, Annich; MURARD, Numa (1995). *Citoyennetés et politiques sociales*. Paris: Flammarion.

MAGRI, Suzana; TOPALOV, Christian (orgs.) (1990). *Villes ouvrières, 1900-1950*. Paris: L'Harmattan.

MARINI, Ruy Mauro (1969). *Subdesarrollo y revolución*. Cidade do México: Siglo XXI.

_________ (1973). *Dialética da Dependência*. Cidade do México: ERA.

_________ (2000). *Dialética da Dependência*. Petrópolis: Vozes.

MARKS, Carol (1991). "The Urban Underclass". *Annual Review of Sociology*, v. 17.

MARTINS, José de Souza (1997). *Exclusão social e a nova desigualdade*. São Paulo: Paulus.

_________ (s.d.). "O problema da migração no limiar do Terceiro Milênio", mimeo.

MAUTNER, Ivone (1999). "A periferia como fronteira para os espaços do capital". In: CSABA, Dear; SCHIFFER, Ivone. *O processo de urbanização no Brasil*.

MEAD, Lawrence M. (1986). *Beyond Entitlement: The Social Obligation of Citizenship*. Nova York: The Free Press.

_________ (1996). "Raising Work Levels Among the Poor". In: DARBY, Michael R. (org.). *Reducing Poverty in America: Views and Approaches*. Londres: Sage Publications.

MELLO E SOUZA, Laura de (1983). *Os desclassificados do ouro: a pobreza mineira no século XVIII*. Rio de Janeiro: Graal.

MEYER, Regina (1999). "A construção da metrópole e a erosão do seu centro". São Paulo, *Revista URBS*, v. 2, n. 14, set.-out.

MICELI, Sérgio (org.) (1999). *O que ler nas Ciências Sociais, 1970-1995. Vol. 3: Ciência Política*. São Paulo: Sumaré/ANPOCS/CAPES.

MINGIONE, Enzo (org.) (1996). *Urban Poverty and the Underclass*. Oxford: Blackwell.

__________ (1999). "National Conceptions of the New Urban Poverty: Social Structural Change". *International Journal of Urban and Regional Research*, v. 17, n. 3, setembro.

MINISTÈRE DES L'EQUIPEMENT, DES TRANSPORTS ET DU LOGEMENT (2001). "Le Politique de la ville: une comparaison entre les USA et la France". *Plus Ville Internationale*, n. 56, maio.

MOYNIHAN, Patrick (1965). *The Negro Family: The Case for National Action*. Washington, DC: Office of Policy, Planning and Research/United States Department of Labor.

MURARD, Numa (org.) (1995a). *Pauvres ou citoyens? Faites vos preuves!* Paris: Rapport de Recherche pour le Fonds d'Action Sociale.

__________ (1995b). "L'Esprit de la citoyenneté". In: MURARD, Numa (org.). *Pauvres ou citoyens? Faites vos preuves!* Paris: Rapport de Recherche pour le Fonds d'Action Sociale.

MURRAY, Charles (1994). *Losing Ground: American Social Policy, 1950--1980*. Nova York: Basic Books, 2ª ed.

__________ (1996). "Reducing The Poverty and Reducing The Underclass". In: DARBY, Michael R. (org.). *Reducing Poverty in America: Views and Approaches*. Londres: Sage Publications.

__________ (1999). "And Now for the Bad News". *Society*, v. 37, n. 1.

__________ (2002). "The Underclass Revisited". American Enterprise Institute for Public Research, *Papers and Studies*, março.

MYRDAL, Gunnar (1944). *An American Dilemma: The Negro Problem and Modern Democracy*. Nova York/Londres: Harper & Brother.

__________ (1963). *The Challenge to Affluence*. Nova York: Pantheon.

NAKANO, Kazuo; MALTA CAMPOS, Candido; ROLNIK, Raquel (2004). "Dinâmica dos subespaços da área central de São Paulo". In: COMIN; A. A.; SOMEKH, N. (orgs.). *Caminhos para o Centro*. São Paulo: PMSP/CEBRAP/CEM.

NASCIMENTO, Elimar Pinheiro (1994a). "A exclusão social na França e no Brasil: situações (aparentemente) invertidas, resultados (quase) similares". In: DINIS, Elias; LOPES, José Sérgio Leite; PRANDI, Reginaldo. *O Brasil no rastro da crise*. São Paulo: ANPOCS/HUCITEC/IPEA.

_________ (1994b). "Hipóteses sobre a nova exclusão social: dos excluídos necessários aos excluídos desnecessários". Universidade Federal da Bahia, *Caderno CRH*, n. 21, jul.-dez.

NAVES, Rodrigo (1997). *A forma difícil: ensaios sobre a arte brasileira*. São Paulo: Ática, 2ª ed.

NOBLE, Charles (1997). *Welfare as We Knew It: A Political History of American Welfare State*. Nova York/Oxford: Oxford University Press.

NUN, José (1969). "Superpoblación relativa, ejército de reserva y masa marginal". *Revista Latino-Americana de Sociología*, v. 5, n. 2.

_________ (1972). "Marginalidad y otras cuestiones". Chile, FLACSO, *Revista Latino-Americana de Sociología*, n. 4.

_________ (2001). *Marginalidad y exclusión social*. Buenos Aires: Fondo de Cultura Económica.

O'DONNELL, Guilhermo (1988). "Situações: microcenas da privatização do público em São Paulo". São Paulo, *Novos Estudos CEBRAP*, n. 22, outubro.

OLIVEIRA JR., Emanuel Nunes (2003). "Políticas públicas e estratégias de controle de ação letal das instituições policiais em São Paulo". Dissertação de Mestrado, FFLCH-USP, mimeo.

OLIVEIRA, Francisco de (1972). "A economia brasileira: crítica à razão dualista". São Paulo, *Estudos CEBRAP*, n. 2.

_________ (1999). "Privatização do público, destituição da fala e anulação da política pública: totalitarismo neoliberal". In: OLIVEIRA, Francisco de; PAOLI, Maria Célia. *Os sentidos da democracia: políticas do dissenso e hegemonia global*. Petrópolis: Vozes.

_________ (2000). *Classes sociais em mudança e a luta pelo socialismo*. São Paulo: Fundação Perseu Abramo.

OLIVEIRA, Luciano (1997). "Os excluídos 'existem'? Notas sobre a elaboração de um novo conceito". São Paulo, *Revista Brasileira de Ciências Sociais*, ano 12, n. 33, fevereiro.

PAES MANSO, Bruno (2003). "Homicidas e homicídios: reflexos sobre a atualidade urbana em São Paulo". Dissertação de Mestrado, FFLCH-USP, mimeo.

PASTERNAK, Suzana (1976). "Favelas no município de São Paulo: resultados da pesquisa". Comunicação apresentada na 28ª Reunião Anual da SBPC, São Paulo.

__________ (1996). "Degradação ambiental nas favelas de São Paulo". São Paulo, *Espaço e Debates*, v. 16, n. 39.

__________ (1997). "Favelas e cortiços no Brasil: 20 anos de pesquisas e políticas". São Paulo, FAU-USP, *Cadernos de Pesquisa do LAP*, n. 18.

__________ (2001a). "Favelas em São Paulo: censos, consensos e contra-sensos". São Paulo, EDUC, *Cadernos Metrópole*, n. 5.

__________ (2001b). "Desenhando os espaços da pobreza". Tese de Livre-Docência, FAU-USP, mimeo.

__________ (s.d.). "Conhecendo a cidade informal", mimeo.

__________ (s.d.). "Espaço e população nas favelas de São Paulo", mimeo.

PASTERNAK, Suzana; BALTRUSIS, Nelson (s.d.). "Um olhar sobre a habitação popular em São Paulo", mimeo.

PASTERNAK, Suzana; BOGUS, Lúcia (2004). "Como anda São Paulo". São Paulo, *Cadernos da Metrópole*, nº especial.

PASTERNAK, Suzana; MAUTNER, Ivonne (s.d.). "Alternativas habitacionais para a população de baixa renda". São Paulo, FAU-USP, mimeo.

PAUGAM, Serge (1991). *La Disqualification sociale: essai sur la nouvelle pauvreté*. Paris: PUF.

__________ (1993). *La Societé française et ses pauvres*. Paris: PUF.

__________ (org.) (1999). *L'Exclusion: l'état des savoirs*. Paris: La Découverte.

PED (Pesquisa de Emprego e Desemprego) (s.d.). São Paulo, Convênio DIEESE/SEADE.

PERALVA, Angelina (2000). *Violência e democracia: o paradoxo brasileiro*. São Paulo: Paz e Terra.

PICCINI, Andrea (1999). *Cortiços na cidade: conceito e preconceito na reestruturação urbana de São Paulo*. São Paulo: Annablume.

PLANO URBANÍSTICO BÁSICO (PUB) (1968). São Paulo, ASPLAN.

PNAD (Pesquisa Nacional de Amostra Domiciliar) (s.d.). Rio de Janeiro, IBGE.

PRADILLA, Emilio (org.) (1982). *Ensayos sobre el problema de la vivienda en América Latina*. Cidade do México: Universidad Autónoma Metropolitana.

PREFEITURA DO MUNICÍPIO DE SÃO PAULO (1975). São Paulo, Secretaria do Bem-Estar Social.

_________ (1995). *Diário Oficial do Município de São Paulo*, n. 1, edição especial, 31 de maio.

_________ (1996a). *Diário Oficial do Município de São Paulo*, n. 1, edição especial, 31 de maio.

_________ (1996b). "Favelas na cidade de São Paulo". *Diário Oficial do Município de São Paulo*, ano 40, n. 101, edição especial, maio.

PREFEITURA DO MUNICÍPIO DE SÃO PAULO (2003). *SEHAB/Plano Municipal de Habitação*. São Paulo, agosto.

PREFEITURA DO MUNICÍPIO DE SÃO PAULO (2004). *SEHAB/Programa Morar no Centro*. São Paulo, março.

PRÉTECEILLE, Edmond (1998). "De la ville divisée à la ville éclatée: questions et categories et recherche". In: May, N.; LANDRTEU, J.; SPECTOR, T. (orgs.). *La Ville éclatée*. Paris: Éditions de L'Aube.

PRÉTECEILLE, Edmond; VALLADARES, Lícia (2000). "Favela, favelas: unidade ou diversidade da favela carioca". In: RIBEIRO, Luíz Cezar de Queiroz. *O futuro da metrópole: desigualdade e governabilidade*. Rio de Janeiro: Revan.

PROCACCI, Giovanna (1996). "Exclus ou citoyens? Les pauvres et les Sciences Sociales". *Archives Européennes de Sociologie*, v. 36, n. 2.

PRONIER, Raymond (1983). *Les Municipalités communistes: bilan de 30 annés de gestion*. Paris: Baleand.

QUERRIEN, Anne (org.) (1997). *En marge de la ville, au coeur de la société: ces quartiers dont on parle*. La Tour d'Aigues: Éditions de l'Aube.

RAINWATER, Lee; YANCEY, William L. (orgs.) (1967). *The Moyniham Report and the Politics of Controversy*. Cambridge: MIT Press.

REY, Alain (org.) (1992). *Dictionnaire historique de la langue française*. Paris: Dictionnaires Le Robert.

REY, Henri (1996). *La Peur des banlieues*. Paris: Presses de la Foundation Nationale de Sciences Polítiques.

REVUE DU MAUSS (1996). *Vers un revenu minimum inconditionnel?* Paris, n. 7, 1° semestre.

RIZEK, Cibele Saliba; SILVA, Leonardo Mello e (1996). "Trabalho e qualificação no complexo químico paulista". São Paulo, mimeo.

ROBINSON, Fred; GREGSON, Nicky (1992). "The 'Underclass': A Class Apart?". *Critical Social Theory*, v. 12, n. 1.

ROSANVALLON, Pierre (1995). *La Nouvelle question sociale: repenser l'état providence*. Paris: Seuil.

ROULLEAU-BERGER, Laurence (1992). *La Ville intervalle: jeunes entre centre et banlieue*. Paris: Éditions Méridiens Klincksieck.

RUSSELL, George (1977). "The American Underclass". *Time Magazine*, 29 de agosto.

RYAN, William (1976). *Blaming the Victim*. Nova York: Vintage Books.

SADER, Eder (1988). *Quando novos personagens entram em cena: experiências e lutas dos trabalhadores da Grande São Paulo, 1970-1980*. São Paulo: Paz e Terra.

SALES, Teresa (1994). "Raízes da desigualdade social na cultura política brasileira". São Paulo, *Revista Brasileira de Ciências Sociais*, ano 8, n. 25, julho.

SANTOS, Boaventura de Souza (1999). "Reinventar a democracia: entre o pré-contratualismo e o pós-contratualismo". In: OLIVEIRA, Francisco de; PAOLI, Maria Célia (orgs.). *Os sentidos da democracia: políticas do dissenso e hegemonia global*. Petrópolis: Vozes.

SANTOS, Carlos Nelson Ferreira dos (1980). "Velhas novidades nos modos de urbanização brasileira". In: VALLADARES, Lícia do Prado (org.). *Habitação em questão*. Rio de Janeiro: Zahar.

SANTOS, Wanderley Guilherme dos (1994). "Fronteiras do estado mínimo: indicações sobre o híbrido institucional brasileiro". In: *Razões da desordem*. Rio de Janeiro: Rocco.

SARAIVA, Camila; MARQUES, Eduardo (2005). "A dinâmica social das favelas da Região Metropolitana de São Paulo". In: MARQUES, Eduardo; TORRES, Haroldo. *São Paulo: segregação, pobreza e desigualdades sociais*. São Paulo: Editora SENAC.

__________ (2009). "A dinâmica social das favelas da Região Metropolitana de São Paulo", edição revista e atualizada. São Paulo, mimeo.

SCHWARCZ, Lilia Moritz (2001). "Dando nome às diferenças". In: SAMARA, Eni de Mesquita (org.). *Racismo e racistas*. São Paulo: Humanitas/FFLCH-USP.

SCHWARZ, Roberto (1990). *Um mestre na periferia do capitalismo: Machado de Assis*. São Paulo: Livraria Duas Cidades.

SECRETARIA DE ECONOMIA E PLANEJAMENTO (1979). "Construção de moradias na periferia de São Paulo: aspectos socioeconômicos e habitacionais". São Paulo, Série Estudos e Pesquisa 30.

SEHAB (1997). São Paulo, FIPE/USP, setembro.

_________ (2004). "Balanço qualitativo da gestão 2001-2004". São Paulo, Secretaria de Habitação e Desenvolvimento Urbano.

SERRA, José; CARDOSO, Fernando Henrique (s.d.). "As desventuras da Dialética da Dependência". São Paulo, *Estudos CEBRAP*, n. 23.

SILVA TELLES, Vera da (1992). "A cidadania inexistente: incivilidade e pobreza. Um estudo sobre o trabalho e a família na Grande São Paulo". Tese de Doutorado, FFLCH-USP, mimeo.

_________ (1994a). "Cultura de dádiva, avesso da cidadania". *Revista Brasileira de Ciências Sociais*, ano 9, n. 25.

_________ (1994b). "Sociedade civil e a construção de espaços públicos". In: DAGNINO, Evelina (org.). *Os anos 90: política e sociedade no Brasil*. São Paulo: Brasiliense.

_________ (1996). "Questão social: afinal do que se trata?". São Paulo, *São Paulo em Perspectiva*, v. 10, n. 4.

_________ (1999). "A 'nova questão social' brasileira: ou como as figuras do nosso atraso viraram símbolo de nossa modernidade". Salvador, *Cadernos CRH*, n. 30/31, jan.-dez.

_________ (2000). "A modernização vista de baixo: precarização e violência na cidade de São Paulo". Texto apresentado no colóquio "Mondialization Economique et Governements des Societés: L'Amérique Latine, un Laboratoire", Paris, 7 a 8 de junho, mimeo.

SILVA, Helena Menna Barreto (2000). "Habitação no Centro de São Paulo: como viabilizar essa ideia". São Paulo, LAB-HAB/FAU-USP/Caixa Econômica Federal/FUPAM/METRÔ-SP, agosto.

SILVER, Hilary (1994). "Exclusion sociale et solidarité sociale: trois paradigmes". Genebra, *Revue Internationale du Travail*, v. 133, n. 5/6.

_________ (1996). "Culture, Politics and National Discourse of the New Urban Pour". In: MINGIONE, Enzo. *Urban Poverty and the Underclass*. Oxford: Blackwell.

_________ (1999). "National Conceptions of the New Urban Poverty: Social Structural Change". *International Journal of Urban and Regional Research*, v. 17, n. 3, setembro.

SINGER, Paul; BRANT, Vinícius Caldeira (orgs.) (1981). *São Paulo: povo em movimento*. Petrópolis: Vozes.

THOMPSON, Edward P. (1997). *La formación histórica de la clase obrera: Inglaterra, 1780-1832*. Barcelona: Editorial Laia.

TOPALOV, Christian (1994). *Naissance du chômeur, 1882-1910*. Paris: Albin Michel.

TORRES, Haroldo (2005). "A fronteira urbana". In: MARQUES, Eduardo; TORRES, Haroldo (orgs.). *São Paulo: segregação, pobreza e desigualdade social*. São Paulo: SENAC.

TORRES, Haroldo; MARQUES, Eduardo (2001). "Reflexões sobre a hiperperiferia: novas e velhas faces da pobreza no entorno municipal". *Revista Brasileira de Estudos Urbanos e Regionais*, n. 4, maio.

TORRES, Haroldo; MARQUES, Eduardo; FERREIRA, Mario Paulo; BITAR, Sandra (2003). "Pobreza e espaço: padrões de segregação em São Paulo". São Paulo, USP, *Estudos Avançados*, v. 17, n. 47, jan.-abr.

TOURAINE, Alain (1991). "Face à l'exclusion". In: DAUGE, Yves (org.). *Citoyenneté et urbanité*. Paris: Esprit/Seuil.

__________ (1992). "Inégalités de la société industrielle". In: AFFICHARD, Joëlle; FOUCAULD, Jean-Baptiste de (orgs.). *Justice sociale et inégalités*. Paris: Esprit.

VALLADARES, Lícia do Prado (1994). "Cem anos pensando a pobreza (urbana) no Brasil". In: BOSCHI, Renato R. (org.). *A construção do espaço público no Brasil*. Rio de Janeiro: Rio Fundo Editora.

VERAS, Maura P. Bicudo (1999). "Territórios de exclusão em São Paulo: cortiços como espaços de alternativa e de segregação". Concurso para Titular do Departamento de Sociologia, PUC-SP, mimeo.

VILLAÇA, Flávio (1998). *Espaço intra-urbano no Brasil*. São Paulo: Studio Nobel.

VILLARES, Henrique Dumont (1946). *Urbanismo e indústria em São Paulo*. São Paulo: Editora Revista dos Tribunais.

WACQUANT, Löic (1996a). "L'Underclass urbain dans l'imaginaire social et scientifique américain". In: PAUGAM, Serge (org.). *L'Exclusion: l'état des savoirs*. Paris: La Découverte.

__________ (1996b). "Red Belt, Black Belt: Racial Division and the State in French Urban Periphery and the American Ghetto". In: MINGIONE, Enzo (org.). *Urban Poverty and the Underclass*. Oxford: Blackwell.

WEFFORT, Francisco (1974). "Origens do sindicalismo populista no Brasil". São Paulo, *Novos Estudos CEBRAP*, n. 4.

WEIL, Simone (1979). *A condição operária e outros estudos sobre a opressão*. Rio de Janeiro: Paz e Terra.

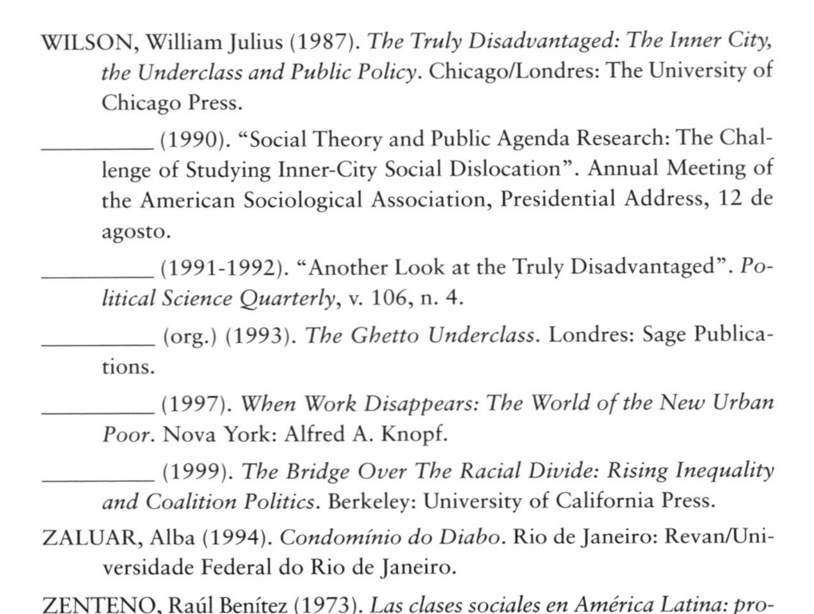

WILSON, William Julius (1987). *The Truly Disadvantaged: The Inner City, the Underclass and Public Policy*. Chicago/Londres: The University of Chicago Press.

_________ (1990). "Social Theory and Public Agenda Research: The Challenge of Studying Inner-City Social Dislocation". Annual Meeting of the American Sociological Association, Presidential Address, 12 de agosto.

_________ (1991-1992). "Another Look at the Truly Disadvantaged". *Political Science Quarterly*, v. 106, n. 4.

_________ (org.) (1993). *The Ghetto Underclass*. Londres: Sage Publications.

_________ (1997). *When Work Disappears: The World of the New Urban Poor*. Nova York: Alfred A. Knopf.

_________ (1999). *The Bridge Over The Racial Divide: Rising Inequality and Coalition Politics*. Berkeley: University of California Press.

ZALUAR, Alba (1994). *Condomínio do Diabo*. Rio de Janeiro: Revan/Universidade Federal do Rio de Janeiro.

ZENTENO, Raúl Benítez (1973). *Las clases sociales en América Latina: problemas de conceptualización*. Cidade do México, Siglo XXI.

JORNAIS, REVISTAS E SITES

Diário Popular, São Paulo, 1946.

Fanfulla, São Paulo, 1906.

Folha de S. Paulo, São Paulo, 1997, 1999, 2000, 2001, 2003.

Folha do Povo, São Paulo, 1908.

Fórum Centro Vivo, São Paulo, 2004.

Fórum dos Cortiços, São Paulo, 1999.

Hoje, 1947.

Le Monde, Paris, 1995.

Revista URBS, São Paulo, 1999, 2000.

SOBRE O AUTOR

Lúcio Kowarick é graduado em Ciências Políticas e Sociais pela Fundação Escola de Sociologia e Política de São Paulo (1961), mestre em Ciências Sociais com o Diplôme D'Études Approfondies en Sciences Sociales, obtido na França (1967), e doutor em Sociologia pela Faculdade de Filosofia, Letras e Ciências Humanas da Universidade de São Paulo (1973). Atualmente é professor titular do Departamento de Ciência Política da FFLCH-USP, onde leciona desde 1970.

Trabalhou como pesquisador do CEBRAP, nos anos 1970, e do CEDEC, nos anos 1980, em São Paulo, tendo sido professor e pesquisador visitante do Institut de Recherche pour le Développement (IRD), do Institut de Recherches sur les Sociétés Contemporaines (IRESCO) e da École des Hautes Études en Sciences Sociales (EHESS), em Paris, do Institute of Development Studies da Universidade de Sussex, em Brighton, na Inglaterra, do Institute of Latin American Studies da Universidade de Londres, do Centre for Brazilian Studies da Universidade de Oxford, e do Japan Center for Area Studies, em Osaka.

Publicou os livros *Capitalismo e marginalidade na América Latina* (Paz e Terra, 1975), *A espoliação urbana* (Paz e Terra, 1979), *Trabalho e vadiagem: a origem do trabalho livre no Brasil* (Brasiliense, 1987), *Escritos urbanos* (Editora 34, 2000) e *Viver em risco* (Editora 34, 2009, Prêmio Jabuti 2010 de Melhor Livro de Ciências Humanas), entre outros, além de ter participado na organização das coletâneas *São Paulo 1975: crescimento e pobreza* (Loyola, 1976), *As lutas sociais e a cidade: São Paulo, passado e presente* (Paz e Terra, 1988) e *São Paulo, crise e mudança* (Brasiliense, 1990). Mais recentemente, organizou os volumes *São Paulo: novos percursos e atores* (com Eduardo Marques, Editora 34/CEM, 2011) e *Pluralidade urbana em São Paulo* (com Heitor Frúgoli Jr., Editora 34, 2016).

Em 2013 recebeu o Prêmio Florestan Fernandes, concedido pela Sociedade Brasileira de Sociologia, pelo conjunto de sua obra.

Este livro foi composto em Sabon,
pela Bracher & Malta, com CTP e impressão da Bartira Gráfica e Editora em papel Alta Alvura 90 g/m² da
Cia. Suzano de Papel e Celulose para
a Editora 34, em março de 2019.